Wer wissen möchte, was Kinder dringender brauchen als Computer im Klassenzimmer (nämlich gute Lehrer aus Fleisch und Blut), warum ein Brief allemal sicherer, meistens vollständiger und manchmal sogar schneller ankommt als eine E-mail-Datei, und wie es kommt, daß ein chinesischer Astronom besser rechnet als alle Computer dieser Welt zusammen, der lese Clifford Stoll. Die schlechte Nachricht seines Buches lautet: So wunderbar, wie sie uns versprochen wurde, ist die schöne, neue Welt des Internet gar nicht. Die gute Nachricht lautet – ebenso. Es ist nur gut, wenn die Euphorie um die Datenautobahn ein wenig gedämpft wird. Denn das Leben, so zeigt der Internet-Pionier Clifford Stoll hier in einer unübertrefflichen Mischung aus Sachkenntnis, trockenem Witz und Wärme, spielt sich wohl doch woanders ab als vor dem Bildschirm.

Clifford Stoll, geboren 1951, eigentlich Astronom, ist einer der Pioniere des Internet. Er arbeitet am Harvard-Smithsonian Centre for Astrophysics und ist erfolgreicher Buchautor. Vor der »Wüste Internet« erschien sein spannender Bestseller »Kuckucksei« (Fischer Taschenbuch Nr. 13984). Nach seiner eigenen Auskunft fertigt er wöchentlich eine Sicherungskopie seiner Daten an, zahlt all seine shareware-Gebühren, verwendet Zahnseide und lebt mit seiner Frau und seinen zwei Kindern in Oakland, Kalifornien.

Clifford Stoll

Die Wüste Internet

Geisterfahrten auf der Datenautobahn

Aus dem Amerikanischen von
Hans Jörg Friedrich

Fischer
Taschenbuch
Verlag

Ungekürzte Ausgabe
Veröffentlicht im Fischer Taschenbuch Verlag GmbH,
Frankfurt am Main, Januar 1998

Lizenzausgabe mit freundlicher Genehmigung des
S. Fischer Verlags GmbH, Frankfurt am Main
Die amerikanische Originalausgabe erschien 1995 unter dem Titel
›Silicon Snake Oil. Second Thoughts on the Information Highway‹
im Verlag Doubleday, New York

Druck und Bindung: Clausen & Bosse, Leck
Printed in Germany
ISBN 3-596-13850-7

Für Zoe Rose

Danksagung

Dieses Buch entstand aus hingekritzelten Notizen auf der Rückseite eines Briefumschlags im Anschluß an ein mexikanisches Essen bei Don Alvarez. Ich bedanke mich bei ihm für Ideen und Ermutigung, von einigen großartigen Tortillas ganz zu schweigen.

Tiefe Wertschätzung und liebevolle Gedanken gelten Lisa Kadonga, der guten Freundin, Geographin und Lektorin. Trotz eines höchst erstaunlichen Balanceakts mit Hauptstudium und zahlreichen Lehrverpflichtungen half sie mir bei Ausarbeitung, Gliederung und Endredaktion dieses Buches.

Für Dienste jenseits aller Pflichterfüllung schulde ich meiner Schwester Jeannie drei Hurras, zwei Küßchen und ein gelbes Jo-Jo. Ihr gesunder Menschenverstand, ihre verrückten Ideen und ihre redaktionelles Talent hielten meine Füße auf dem Boden und den Stift auf dem Papier.

Ich möchte die Großzügigkeit von Don Woods würdigen, dem wir nicht nur das Spiel *Adventure* mit verdanken, sondern der mir freundlicherweise auch erlaubte, einen Auszug aus seinem Werk zu verwenden. Dank auch an die Teilnehmer der Bücherkonferenz im *Well*, die mit Freude einwilligten, zitiert zu werden.

Dafür, daß sie mich während der Arbeit ge- und ertragen haben, bedanke ich mich bei Louis d'Agostino, Janet Alvarez, Karen Anderson, Reva Basch, Gloria Clements, Guy Consolmagno S. J., Caroline Earhart, Chris Frank, Roberta Friedman, Mike Godwin, Pat Haber, Beverly Lynch, Garry Preneta, Cecilia Preston, John Ramsey, Mendel Sachs, Dan Sack, Stephan Stoll, Jim Thomas, Susan Wolfe und meiner Familie. Jedem schulde ich darüber hinaus einen Topf Pflaumenmus.

Weiterer Dank geht an John Brockman und die netten Leute, die mit dem Wappendelphin des *Doubleday*-Verlags schwimmen: David Gernert, Ellen Archer, Janet Hill, Chris Pavone, Kathy Trager, Amy Williams, Renée Zuckerbrot und Sylvia Coates.

Und einen Sackvoll Dank an Pat Cregan für liebevolle Unterstützung, immerwährende Geduld, freundliche Anregungen und einen besinnlichen Garten. Mögen ihre Rosen dort so gedeihen wie die unsrige in Blüte steht.

Inhalt

Vorwort

Ich, ein Internet-Süchtiger? Hören Sie mal, ich lebe ein erfülltes Leben. Ich habe Familie, Freunde und einen Beruf. Computer sind eine Nebenbeschäftigung, nicht mein Lebensinhalt.

Der Jupiter geht im Osten auf und blickt hinab auf die Farm in Connecticut, wo ich meine Ferien verbringe. Auf der einen Seite Wald, auf der anderen ein Maisfeld. Drei Typen halten ein Schwätzchen; in der Küche bereiten einige Frauen Popcorn zu. Eine von ihnen hat mich gerade gerufen. Mich kümmert das nicht. Die Finger an den Tasten, in den kalten Schein meiner Kathodenstrahlröhre getaucht, beantworte ich E-Mail. Während einer der Burschen den Nachthimmel mit dem Fernglas absucht und ein weiterer sich mit Popcorn vollstopft, hacke ich einen Brief an einen Fremden am anderen Ende des Kontinents. Meine Aufmerksamkeit gilt dem Internet.

Diese Nacht warten zwanzig Briefe auf Antwort, drei Leute im Netz wollen mit mir plaudern, es gibt ein Dutzend Newsgroups zu lesen und einen Haufen Dateien runterzuladen. Wie soll ich da hinterherkommen? Ich sehe mein Spiegelbild auf dem Schirm, und es läuft mir kalt den Rücken herunter: Nicht einmal im Urlaub kann ich den Computernetzen entkommen.

Ich hole tief Luft und ziehe den Stecker aus der Dose.

Fünfzehn Jahre lang war ich online und habe erlebt, wie sich Tausende von Rechnern zu einem allgegenwärtigen, globalen Netzwerk zusammenschlossen. Anfangs schien das gerade im Entstehen begriffene Arpanet eine Art akademisches Spielzeug zu sein, der neueste Trick zur Verbindung lebloser Computer im ganzen Land. Später versorgte das Spielzeug uns mit E-Mail und Datenmaterial von anderen Astronomen. Als sich das experimentelle Arpanet zum Internet entwickelte, verließ ich mich zunehmend auf E-Mail, um Kontakt zu meinen Kollegen und Freunden zu halten. Usenet brachte Nachrichten von nah und fern. Es wurde zu einer völlig neuartigen Kommunikationsform.

1986, ich war verantwortlich für ein Rechnersystem in Berkeley, stieß ich auf eine Gruppe von Hackern, die in Computer einbrachen. Keine gewöhnlichen *cyberpunks*, die Burschen: Sie verkauften ihre Entdeckungen an das KGB. Ich brauchte ein Jahr, um sie aufzustöbern. In dieser Zeit ging mir auf, daß unsere Netze nicht bloß Verbindungen von Kabeln und Computern sind, sondern kooperierende Gemeinwesen.

Seitdem ist das Internet für mich ein verlockendes und fesselndes Milieu geworden. E-Mail und *chat lines* halten den Kontakt zu Freunden rund um den Erdball; Datenübertragungen erlauben den Informationsaustausch mit Kollegen. Ich mische mich über Usenet in Diskussionen, stelle Rückfragen und gebe Antworten. Ein Mausklick, und ich lese Tagesmeldungen oder Monatsberichte. Eine Herausforderung, die auch noch Spaß macht.

Doch um welchen Preis! Um in der elektronischen Gemeinde auch nur auf dem laufenden zu bleiben, braucht es schon mehrere Stunden pro Nacht. Ich tappe durch Internet-Archive oder suche nach News im *World Wide Web.* Noch mehr Zeit verbringe ich mit dem Abruf von Dateien und der Verfolgung von Newsgroups. Bit um Bit tröpfeln meine Tage durchs Modem dahin. Doch bei aller Kommunikationsfülle sind nur wenige Informationen wirklich brauchbar. Der Computer hat meine ganze Aufmerksamkeit, aber mag es nun an der Form oder den Inhalten liegen, das Netz befriedigt mich nicht recht.

Ich komme vom Netz nicht los. Oder doch? Während ich dies schreibe, kratze ich mich am Kopf und überlege.

Vielleicht ist unsere vernetzte Welt nicht das weit geöffnete Tor zur Freiheit. Könnte es eine Flucht aus der Wirklichkeit sein? Ein Angebot, den Kopf in den Sand zu stecken, um unsere Aufmerksamkeit und unsere Energien von gesellschaftlichen Problemen abzulenken? Ein Mißbrauch von Technologie, der eher passive als aktive Beteiligung hervorbringt? Ich fange an, mir solche Fragen zu stellen, und ich bin nicht der erste.

Ich mache mich also aus einem Zustand der Verwirrung heraus an die Niederschrift dieser freien Meditationen. Nicht die Computer als solche bereiten mir Kopfzerbrechen, es ist die Kultur, die sie umgibt. Das Folgende zeigt, wie ich vermute, die zunehmend zwiespältigen Gefühle, die ich gegen diese voll im Trend liegende Gemeinschaft hege. Wie die Netze entwickeln sich auch meine Ansichten über sie, und meine auseinanderstrebenden Eindrücke bringen widersprüchliche Standpunkte hervor. Ich entschuldige mich im voraus bei denjenigen, die von mir eine konsistente Position erwarten. Ich bin noch immer dabei, meine Gedankenmöbel umzuräumen. Vermutlich werde ich auch Science-fiction-Romantiker enttäuschen. Niemand hat den Utopie-Lolli im Angebot, die leuchtende virtuelle Gemeinschaft, die unsere Welt durch Entdeckungen und Bindungen bereichert und die Grobschlächtigkeit der menschlichen Natur hinter sich zurückläßt. Gewiß, unsere Gemeinde der Vernetzten ist mir nicht egal. Aber wichtiger ist mir denn doch, was in der Gesamtgesellschaft passiert; es betrifft mich auch stärker. Und ebenso geht es Eltern, Professoren, Lehrern, Bibliothekaren und, ja: selbst Politikern.

Wenn ich meine kegelförmige Denkerkappe aufsetze, frage ich mich, was ich wohl vor fünfzig Jahren gesagt hätte, als erstmals über ein bundesweites Fernstraßennetz debattiert wurde. Viele waren dafür: Lastwagenfahrer, Farmer und Schiffer wollten das Monopol der Eisenbahn brechen. Parteien, Autohersteller und die Baugewerkschaften wußten, daß es Geld bringen würde. Landauf, landab dachten die Politiker, Fernstraßen wären einfach eine feine Sache. Wer sprach sich dagegen aus? Ich wüßte nicht, daß irgend jemand gesagt hätte: »He, diese Autobahnringe werden unsere Städte kaputtmachen. Sie werden jungfräuliches Land zubetonieren und uns stundenlange Pendelzeiten bescheren. Sie werden Wohnviertel in Trabantenstädte verwandeln.«

Daher also an dieser Stelle schon einmal meine starken Vorbehalte gegen die Überflutung mit Computernetzen. Sie isolieren uns voneinander und setzen die Bedeutung tatsächlicher Erfahrung herab. Sie hintertreiben Bildung und Kreativität und untergraben Schulen und Büchereien.

Verzeihung. Ich will kein Untergangsprediger sein. Ich möchte allerdings, daß die Menschen über Entscheidungen, die sie treffen, auch nachdenken. Es würde mir viel Spaß machen, über die tollen Zeiten zu schreiben, die ich *online* verbracht habe, und über die großartigen Leute, die ich übers Modem kennengelernt habe, aber hier winke ich mit der Fahne. Sie ist gelb und bedeutet: »Sie betreten ein nichtexistentes Universum. Bedenken Sie die Konsequenzen.«

Es ist eine unwirkliche Welt, ein lösliches Gewebe aus Nichtigkeit. Während das Internet winkt, um uns mit dem blitzenden Bild der Macht des Wissens zu verführen, verpfänden wir unsere Lebenszeit an einen Unort. Sie ist ein armseliger Ersatz, diese virtuelle Realität, die unendliche Enttäuschungen bereithält und in der – im geheiligten Namen von Bildung und Fortschritt – wichtige Bereiche menschlicher Beziehungen rücksichtslos entwertet werden.

Ende der Strafpredigt. Niemand soll sich ducken müssen, um Zugang zu diesem Buch zu bekommen. Und ich bilde mir auch nicht ein, mir selbst stünden die Segnungen der Technik zu, anderen aber nicht. Ganz im Gegenteil: Ich freue mich auf die Zeiten, wenn unser Internet jede Kleinstadt und jedes Wohnmobil erreicht. Aber die Segnungen des Mediums werden maßlos übertrieben, unsere Erwartungen sind vollkommen unrealistisch, und es gibt verdammt wenig kritische Diskussion über die Begleiterscheinungen der vernetzten Welt.

1//Eine speläologische* Einführung in den Zwiespalt des Verfassers

Eine Art Höhlenwanderung: Tief unter Ihnen befindet sich ein aktiver Vulkan, von dem große Klumpen geschmolzener Lava emporbranden und kaskadenweise wieder in die Tiefe sinken. Das glühende Gestein taucht die letzten Winkel der Höhle in blutroten Glanz, der alles unheimlich und grausig erscheinen läßt. Die Luft ist erfüllt von Funken tanzender Asche und schwerem Schwefelgeruch. Eingelagert in die zerklüftete Decke hoch oben sind Myriaden verschlungener Formationen aus reinweißem Alabaster, die das trübe Licht gegen unheilvolle Erscheinungen an den Wänden werfen. Auf der einen Seite liegt eine tiefe Schlucht, die mit einem bizarren Chaos aus gemartertem Fels erfüllt ist und vom Teufel selbst geschaffen zu sein scheint. Ein gewaltiger Feuerstrom bricht aus den Tiefen des Vulkans hervor, brennt seinen Weg durch die Schlucht und stürzt in einen weit entfernten Abgrund zu Ihrer Linken. Die Wand rechts hinten steht in Weißglut, was der ohnehin höllischen Szenerie eine zusätzliche infernalische Pracht verleiht.

* höhlenkundlich (*Anm. d. Lektorats*)

Uff – das ist starker Tobak. Wir schreiben das Jahr 1976. Ich habe gerade mit dem Hauptstudium an der *University of Arizona* in Tucson begonnen. Neben mir steht ein selbstgebauter Computer mit einer Reihe von Kippschaltern an der Vorderseite. Ich habe ein Computerspiel namens *Adventure* eingelegt, das von Will Crowther und Don Wood geschrieben wurde. Es geht darum, eine Höhle zu erforschen und verborgene Schätze zu finden.

Ich lese die rote Textpassage, die über meinen Sperrmüll-Bildschirm rollt. Es ist ein frühes *Virtual-Reality*-Spiel, obwohl dieser Begriff, wie auch *Internet* und *Cyberpunk*, noch nicht erfunden ist. Ich verplempere Zeit: die Hauptbeschäftigung von Studenten.

Fast zwanzig Jahre sind seitdem vergangen. Heute spielt niemand mehr *Adventure*. Es ist durch MUDs – *Multi-User-Dungeons* – ersetzt worden, wo man nicht nur programmierte Welten erforscht, sondern auch mit anderen Nutzern zusammentrifft. Diese Spiele sind virtuelle Realitäten im Internet. Wie bei ihrem Vorgänger handelt es sich um einfallsreich programmierte *Fantasy*-Rollenspiele, in denen vieldeutige Hinweise den Forscher bei seiner gefahrvollen Suche auf die Folter spannen.

Was die Höhlen betrifft, so bin ich freilich einmal von der Wirklichkeit verschluckt worden, und die war fürchterlicher und muddeliger als alles, was auf einem Bildschirm zu finden ist. Also zurück ins Jahr 1976. Irgend etwas war da nicht ganz richtig in dem Text, der über meinen primitiven Monitor flimmerte. Alabaster in einer Lavahöhle? Das stimmte nicht mit dem überein, was ich im Geologieunterricht gelernt hatte. Basalt vielleicht, aber kein Karbonatgestein.

Ich frage also den Typen in der nächsten Lernwabe. Er

trägt ein geblümtes Hawaiihemd, abgeschnittene Jeans und keine Schuhe. Auf seinem Tisch liegen ein Stapel Physiktexte, ein Rechenschieber und ein paar vertrocknete Tortillas. Sein Name steht auf einem *Pfadfinderhandbuch*: Jon Gradie.

Jon schaut von einer Fotokarte des Mars auf. »Komisch, daß du ausgerechnet nach Höhlenformationen fragst«, antwortet er. »Ich kenne eine große Höhle fünfzig Meilen südlich von hier. Neben ihr sehen die Mondgebirge aus wie ein Parkplatz. Komm mit und schau's dir selbst an.«

Ich habe den Kerl gerade erst kennengelernt – vertraue ich ihm genug, um eine Expedition durch ein Labyrinth aus Stalagmiten, Geröll und Guano zu unternehmen? Als Astronom mag er sich auf dem Asteroidengürtel auskennen, aber was heißt das schon, dreißig Meter unter einer Platte aus Arizona-Kalkstein? Andererseits hatten sich schon vier andere Studenten dazu entschlossen, und Jon versprach einen Abstecher zur Grenze von Erdkern und Erdmantel. Außerdem wollte er noch einige Angehörige des anderen Geschlechts mitbringen. Es war die Zeit der großen Tucsoner Frauenknappheit, und damit war die Sache klar.

Echte Höhlenforscher kommen mit Helm, Seil, drei Lichtquellen und einem erfahrenen Führer. Wir hatten Baseball-Mützen, ein Knäuel Bindfaden, ein paar schwächliche Taschenlampen und Jon Gradie. Zur Höhle der Glocken geht es vom Vielspiegel-Observatorium bergab und dann drei Kilometer eine trockene Schlucht entlang (in der Umgebung von Tucson führt jeder Wanderweg von irgendeinem Observatorium hinunter). Säulenkakteen säumen den Weg; in der Nähe singt ein Vogel.

»Folgt mir einfach«, sagt Jon zu uns. »Ich war vor drei Jahren mit meiner Bruderschaft hier.« Das erklärt die Bierflaschen am Eingang, vertieft aber nicht unbedingt das Vertrauen, ebensowenig wie die Klapperschlange, die neben dem Loch in der Kalkwand zischt. Jon schwenkt einen langen Stock, und sie gleitet davon.

Ich trage ein altes T-Shirt, ausgeblichene Jeans und billige Turnschuhe – wie im Seminar. An einem geknoteten Seil klettern wir in eine stockfinstere Höhle, die muddelig riecht. Die Taschenlampen sind keine große Hilfe, übrigens auch nicht die Frau, die schon etwas von Klaustrophobie daherredet. Dennoch gehen wir los und folgen einem Faden durch den schlammigen Tunnel. Alles ist voll Dreck, auch wir sechs, die Jon hinterherkriechen. Nicht etwa der gewohnte schleimige, braune Hinterhofmatsch. Es ist der Auswurf des Erdinneren, der seinen Weg durch Haar, Socken und Unterwäsche findet. »Diese Höhle ist einfach«, erklärt Jon, der vor uns her krabbelt. »Sie geht immer so weiter, bis sie aufhört.« Obwohl er nur ein paar Meter vor mir ist, sehe ich nur seine Schuhsohlen.

Das Garnknäuel ist großartig: Nach zweihundert Metern hört der Faden auf. Jon macht das nichts aus – er ist weit vor uns und schreit, wir sollten uns beeilen. Schlammbeschmiert folgen wir ihm; dann und wann werfen wir einen Blick zurück und fragen uns, ob wir jemals wieder das Licht der Sonne erblicken werden. Zeit und Entfernung sind bedeutungslos geworden. Wie viele Biegungen haben wir hinter uns, wie viele Räume durchquert?

Ferne Echos von Jons Stimme, wir sollen uns beeilen. Eine der Frauen setzt sich auf den Boden und schwört, sie würde keinen Schritt weitergehen, ohne zu wissen, wohin. Wir anderen flehen sie an, mitzukommen, da Jon uns schon weit voraus ist, irgendwo in einem Tunnel aus Schwärze.

Zwei von uns hinken, als wir Jon schließlich sieben Millionen Kilometer weiter hinten wieder einholen. Er watet in einem kobaltblauen Wasserbecken, während der Strahl der Taschenlampe von erlesenen Kalkstalagmiten reflektiert wird. »Das Blau ist von Kupfersalzen, die aus der Bisbee-Ader gewaschen wurden«, erklärt Jon. »Dieselben Säuren, die sich durch den Kalkstein fressen, nagen auch an den Eisenerzen weiter oben.«

Und dann Jon Gradie nackt beim Schwimmen, wie er über Grundwasserfiltration doziert. »Die Linien an der Wand zeigen, wie der Wasserspiegel im Laufe des vergangenen Jahrhunderts abgesunken ist; wahrscheinlich die beste bestehende Aufzeichnung.« Ich pflücke Erdplacken von meinen dreckstarrenden Jeans und frage mich, wieso dieser Kerl, der ein Dutzend Papiere über die Eigenschaften von Asteroiden im Infrarotspektrum verfaßt hat, so viel über Hydrologie und Karst-Geomorphologie weiß. Und so wenig darüber, wie man eine Höhlenexpedition leitet.

Drei andere vollführen eine Wasserschlacht, während ich mich auf dem Rücken treiben lasse und zur schattigen Decke hinaufsehe. Hoch droben liegt jetzt die Wüste in flirrender Hitze. Hier unten ist es kühl und still bei konstanten 21 Grad, und ich schwimme im größten See südlich von Tucson. Wahrscheinlich dem einzigen See südlich von Tucson.

Hinaus ist genauso schlimm wie hinein. Nur noch eine Taschenlampe funktioniert, und die meisten von uns haben sich den Kopf an Stalaktiten gestoßen. Jon ist weit vor uns und schreit, wir sollten uns beeilen. Ich versuche, in Sichtweite zu bleiben. Das geknotete Seil führt uns an die Oberfläche. Wir kriechen aus dem Loch und finden Jon am Lagerfeuer, wo er Tortillas röstet. Sie schmecken muddelig. Bericht von der Mantel-Kern-Grenze: Sie ist dunkel, feucht und muddelig. Die einzigen Frauen, auf die wir gestoßen sind, waren muddelbedeckt.

Sie haben recht: Das hat alles wenig mit Internet zu tun. Aber jedesmal, wenn jemand von MUDs und virtueller Realität spricht, denke ich an die echte Realität mit muddeligerem Muddel als alles, was ein Computer zu bieten hat.

1986 verband das aufkeimende Internet vielleicht 60000 Leute. Heute sind es weit über zwei Millionen, und monatlich werden es hunderttausend mehr. Was sich einmal wie eine Kleinstadt ausnahm, ist inzwischen ein verstopftes, unpersönliches New York des Geistes, wo Sie die Person, die Sie anspricht, nicht mehr erkennen.

Es gibt offenbar ein unstillbares Begehren nach Vernetzung. Vielleicht haben all diese Leute wichtige Verwendungen für das Internet gefunden. Vielleicht verlangt es manche nach einer Gemeinschaft, die unsere realen Wohnviertel nicht bieten. Zumindest ein paar von ihnen fragen sich wohl auch, was denn nun an der ganzen Sache so toll sein soll.

Online zu sein bringt eine seltsame Art von Prestige. Leute mit Modems stellen ihre Netzadresse auf Visitenkarten und Briefköpfen zur Schau. Was einst soviel Charme hatte wie ein Kassengestell, ist heute ein Statussymbol, die endgültige Rache der Eierköpfe. Einst benutzten nur Wissenschaftler, Ingenieure und Akademiker E-Mail, mich eingeschlossen. Netze waren ein Teil der Forschungs- und Entwicklungskultur, ein nützliches Instrument, um mit Kollegen zu kommunizieren und Daten auszutauschen. Obzwar vor allem technisch-universitären Ursprungs, wurde der Umgangston im Netz mit der Zeit ungezwungener. Mit Beginn der neunziger Jahre ist aus dem Internet eine selbstgenügsame, anarchistische Gemeinschaft ohne Gesamtverantwortung geworden. Gleichzeitig wird es als geeigneter Kanal für öffentliche und für Regierungskommunikation angepriesen. Politiker sprechen inzwischen vom Internet als einer bedeutenden Ressource in der kommerziellen und akademischen Infrastruktur der Nation. Längst der Experimentierphase entwachsen, soll es nun überall dazugehören: zu unseren Schulen, unseren Geschäften, unseren Wohnungen und unserem Leben. Doch wer weiß, wie die angestrebte Nationale Informations-Infrastruktur aussehen wird?

Wird es ein Programm für Hunderte von Videokanälen über Kabel? Wird sie das Internet aus den Universitäten in unsere Wohnstuben und Schulen bringen? Wird sie vor allem eine kommerzielle Veranstaltung oder eine öffentliche Dienstleistung? Wird die Regierung Wachstum und Inhalte regulieren? Wird die Infrastruktur zum Telefon- oder zum Kabelnetz gehören? Sollte ich mich aufregen, wenn elektronische Schwarze Bretter mit lokalen Nachrichten keine Zugangsberechtigung bekommen? Wird die Regierung weiter eine Industrie subventionieren, die heute schon genug Geld macht?

Die Antwort auf all diese und andere Fragen lautet: Ja. Die Verfasser des Fortschrittsberichts zur Nationalen Informations-Infrastruktur vom September 1994 rechnen damit, auf diesem Wege »die Gesundheitskosten um jährlich 36 Milliarden Dollar zu reduzieren, unsere Kinder auf die Wissensökonomie des 21. Jahrhunderts vorzubereiten, das Sozialprodukt im Laufe der kommenden Dekade um 100 Milliarden Dollar zu erhöhen, bis 1996 500000 neue Arbeitsplätze zu schaffen und dabei die Qualität des Berufslebens zu steigern sowie die Sozialpartnerschaft zu gewährleisten«.

Solch vollmundige Verkündigungen lassen mich rätseln, ob unsere Technologen von lemminghaftem Wahn befallen sind. Ich frage mich nämlich eher, weshalb die vernetzte Welt so viel Aufmerksamkeit auf sich zieht. Für mich klafft eine gewaltige Lücke zwischen den realen Netzen, die ich täglich benutze, und dem gelobten Land der Informations-Infrastruktur. Manche Leute ohne Modem befürchten, daß ihnen ein bedeutender Teil des modernen Lebens entgeht. Doch nur wenige Aspekte des täglichen Lebens erfordern Computer, digitale Netze oder massive Verkabelung. Zum Kochen, Fahren, Besuchen, Verhandeln, Essen, Wandern, Tanzen und Tratschen können Sie darauf verzichten. Sie brauchen keine Tastatur, um Brot zu backen, Tippfußball zu spielen, eine Decke zu flicken, eine Steinmauer zu bauen, ein Gedicht aufzusagen oder ein Gebet zu sprechen.

Am anderen Ende des Spektrums habe ich Freunde, die zehn bis zwölf Stunden täglich online sind. Sie verbringen einen bedeutenden Teil ihrer Zeit damit, E-Mail zu beantworten, Dateien zu kopieren, Spiele zu spielen, Netznachrichten zu lesen und das Internet zu erforschen. Sie wären schwer beleidigt über die Vorstellung, ihnen könnte vielleicht etwas Wichtiges fehlen – ein sinnvolles Leben. Statt dessen verweisen diese Online-Süchtigen auf die Bedeutung von Netzen, Kommunikation und Heimcomputern. Sie sehen das Internet als Werkzeug und Gemeinschaft, als Arbeitsplatz und Zuhause.

Ich nehme ihnen das einfach nicht ab.

Technologie ist in. Ich kann auf den Titelseiten von Zeitungen und Zeitschriften über Computernetze lesen, Talk-Show-Moderatoren geben ihre E-Mail-Anschriften bekannt, die Werbung verspricht eine wundervolle Zukunft, in der alles per Computer zu bekommen ist. Viel Aufregung und Glitzerkram, aber wenig dahinter, und noch weniger Überlegung. Es stimmt mich traurig, daß so viele auf die hohlen Versprechungen einer aufgemotzten Idee hereinfallen. Dermaßen angepriesen, werden die kleinen, intimen Vorteile des Internet durch seinen eigenen Erfolg wieder kaputtgemacht.

Der Glanz des Netzes lockt Journalisten an, die Jubelartikel verfassen und mit Technogeplapper die Zukunft ausmalen. Die Computerpresse verstärkt den Eindruck, man müsse das jeweils neueste Sowieso haben – ihre Reporter glauben aufrichtig, daß jeder die brandheißesten digitalen Wunder benötige. Von hier ist es dann stets nur ein kleiner Schritt zu einer Gesellschaft, in der wir die neuesten Nachrichten und Kinofilme abrufen, wo sprechende Gelbe Seiten auf den Monitoren auftauchen und interaktive Disketten die Bücher ersetzen.

Nun, ich jedenfalls glaube nicht, daß Telefonbücher, Zeitungen, Zeitschriften oder der Videoladen um die Ecke mit der Ausdehnung der Computernetze verschwinden werden. Ebensowenig denke ich, daß mein Telefon mit meinem Rechner zu einer Art Informationsapparat verschmelzen wird. Und doch sind die Auswirkungen der Online-Besessenheit schon zu spüren. Am Rande der Netze beginnt der Ausverkauf von Grundschulen und Gymnasien. Um dieser fixen Idee die Ehre zu erweisen, geben Schulbehörden viel zuviel Geld für technischen Spielkram aus, den Lehrer nicht wollen und Schüler nicht brauchen. Unterdessen sind die Beschaffungsprogramme unserer Bibliotheken in einem beklagenswerten Zustand.

Computer und ihre Peripherie kosten Geld, und nicht zu knapp. Ganze Swimmingpools voll Banknoten und Münzen hat man Leuten für Ausrüstung, Software und Netzanschlüsse abgeschwatzt, für die sie vielleicht niemals die Gegenleistung erhalten. Nun gut, es kann mir egal sein, wofür Sie Ihr Geld ausgeben. Aber Schulen, Büchereien und Regierungen geben *mein* Geld aus. Und viele der marktgängigen Programme und Dienstleistungen sind nicht die Floppy Discs wert, auf denen sie gespeichert sind.

Ich sehe, wie Firmen ihre Produkte in Computer quetschen, selbst wenn sie nicht hineinpassen. Bücher auf Papier funktionieren verdammt gut, ebenso Postämter, Zeitungen und Telefone. Trotzdem gibt es Angebote von Verlagshäusern und Telefongesellschaften, bei denen ich mich nur am Kopf kratzen kann. Ich habe nur selten jemanden getroffen, der lieber digitale Bücher liest. Ich möchte meine Morgenzeitung nicht per Computer geliefert bekommen, und die Fotos der *National Geographic* nicht auf einer CD-ROM. Halten Sie mich für einen Höhlenmenschen, aber ich sehe mir die Fotos lieber an der Seite meiner Liebsten an, hole mir die Zeitung lieber auf dem Weg zur Arbeit und blättere lieber in einem echten Buch.

Ich kann mich für die Banalität meiner Bemerkungen nur entschuldigen.* Rechner und Netzdienste frustrieren praktisch jeden. Lesen Sie die Computerliteratur, um die Trokkenheit der Digitalkultur zu erleben. Oder hören Sie einmal in die Usenet-Netzmeldungen hinein, wie dort Hohlköpfe Unfug abschicken oder Kriege ausfechten, die Erinnerungen an Ost- und Westgoten aufkommen lassen. Schauen Sie irgend jemandem mit seinem *Nintendo* zu, und Sie ahnen die Oberflächlichkeit von Computerspielen.

* Und ich beanspruche auch nicht die Urheberschaft für diese Ideen. Klarsichtige Menschen haben sie bereits vielfach diskutiert. Nachdenkliche Wissenschaftler haben philosophische Tiefen ausgelotet, über denen ich nur rücklings dahintreiben kann: Semiotik, Rationalismus, Erkenntnistheorie, Epistemologie, Ethik, Neoplatonismus, Pataphysik und die Lehre von der Strahlungsübertragung in nichtgrauen Atmosphären.

Trotz der tölpelhaften Mentalität im Netz sollen wir glauben gemacht werden, jeder ohne Modem sei ein alberner Bauernlümmel und entweder hoffnungslos hinterwäldlerisch oder eingeschüchtert vom Fortschritt der Technologie. Kaufen Sie ihnen diese Geschichte nicht ab, sonst werden uns die *Cyber*-Rüpel noch alle unter die Erde bringen.

1977 proklamierte Ken Olson, Präsident der *Digital Equipment Corporation*: »Es gibt keinen Grund für irgend jemanden, einen Computer zu Hause zu haben.« Ein Jahr zuvor hatte ich einen heißgeliebten Heimcomputer gebaut, eine flotte Steinzeitschachtel mit 4 Kilobyte Speicherkapazität, die Text auf einen Fernsehbildschirm übertrug. Fünf Jahre später war ich ans Arpanet, den Vorgänger des Internet, angeschlossen. Als das Netz wuchs, schrieb ich Programme und nutzte das Netz für Wissenschaft und Freizeit.

Doch im Laufe der letzten Jahre hat sich bei mir eine Wandlung vollzogen. Was so vielfältig, so schön, so neu begann, scheint heute weniger zu sein, als es den Anschein hat. Gelegentlich sehne ich mich zurück in die gute alte Zeit, als Computer in Glasräumen standen und mechanische Fernschreiber ratterten. Man konnte die Bits in der Lochkarte sehen und das Ozon riechen, wenn der Drucker klemmte.

Aber schreiben Sie mich nicht ab als eine Art digitalen Maschinenstürmer, der es auf Silikon-Webstühle abgesehen hat. Wie meine Freunde im Netz bin ich zuversichtlich, daß das Internet gedeihen wird. Ich fühle mich ein wenig wie ein Axolotl-Salamander, der Lungen ausbildet, zum Landtier wird und sich schließlich fragt, was wohl mit seinen Kiemen geschehen sein mag. Freilich erklärt das noch nicht mein eierköpfiges Frohlocken bei jeder neuen Generation von Mikroprozessoren, oder warum mein Macintosh nach immer schnelleren Modems verlangt. Über das *Unix*-Betriebssystem meiner Workstation schaue ich täglich in sechs Netzen und ebenso vielen Schwarzen Brettern vorbei; jede Woche höre ich jemanden das bevorstehende Ableben des Usenet vorhersagen. Tod des Netzes angekündigt, es folgt der Spätfilm.

Und doch geht mir der Gedanke an die große Kluft zwischen dem Rummel um das elektronische Utopia und der profanen Realität der vernetzten Gemeinschaft nicht aus dem Kopf. Es ist ein Motiv, auf das ich noch oft zurückkommen werde. Höre ich die digitalen Propheten vom Gelobten Land reden, werde ich nun mal verschroben und fange an, vor mich hinzumurmeln. Tun Sie also einige meiner Kommentare als Nörgelei eines alten Grantlers ab. Nehmen Sie andere als schöne Herausforderung für die Techniker, die an der nächsten Inkarnation des Internet arbeiten. Und ignorieren Sie den Rest als Phrasen eines Spötters.

Ich spreche hier nämlich vor allem zu Leuten, die sich auf geheimnisvolle Weise in das Internet gelockt fühlen: Lotus-Esser, seht Euch vor. Das Leben in der wirklichen Welt ist bei weitem interessanter, wichtiger und reicher, als irgend etwas auf dem Computerbildschirm jemals sein wird.

»Bist du so eine Art sentimentaler Reaktionär?« fragte mich ein befreundeter Bibliothekar, nachdem ich meinen Zweifeln Luft gemacht hatte. »Willst du zurück in die Ära der Postkarten und Versandhauskataloge?« Etwa zur selben Zeit erregte ich das Mißtrauen einiger Computerfritzen in Berkeley, die sich fragten, ob ich mich wohl vor der digitalen Front fürchte. Im Internet habe ich gelesen, ich sei »das willige Werkzeug oder der betrogene Mitläufer der Feinde des menschlichen Überlebens«. Nein. Ich liebe meine vernetzte Gemeinschaft und das Gefühl einer Nachbarschaft mit

Freunden. Jeden Tag bin ich aufs neue entzückt beim Lesen der E-Mail von Fremden und Bekannten, beim Schwatz online und beim Erforschen des wachsenden Internet. Warum also dieses vage Angstgefühl, wenn ich mich an meine Workstation setze?

Nehme ich bewußt nur die beunruhigenden und abstoßenden Aspekte dieses vielfältigen Mediums zur Kenntnis? Nun ja, zum Teil schon. Die Technologie braucht heutzutage nicht noch mehr Reklame. Schlagen Sie irgendeine Zeitschrift auf, und holen Sie sich Ihren Schuß tosenden Beifall und vierfarbiges Hochglanzstaunen. Plaudern Sie mit euphorischen Computer-Cowboys, und hören Sie, wie die elektronische Revolution uns alle im universalen Internet vereint und wie Online-Erfahrungen Ihnen ein besseres Leben bescheren können. Oder wählen Sie sich ein – verbringen Sie eine Woche in der elektronischen Welt. Sie werden sicherlich eine komplexere Umgebung vorfinden, als ich Ihnen hier einrede.

Aber denken Sie daran, es ist eine Welt, die nicht existiert. Während der Woche im Netz hätten Sie Tomaten anpflanzen können, freiwillig im Krankenhaus arbeiten, mit dem Lehrer Ihres Kindes sprechen und dem Kleinen von nebenan zeigen, wie man einen Baseball fängt. Sie meinen, Sie könnten all das tun und trotzdem ein reiches Leben online führen? Nichts da. Jede Stunde, die Sie vorm Bildschirm verbringen, sind sechzig Minuten, die Sie etwas anderes bleibenlassen. Eine Vase zu töpfern erfordert dieselbe Konzentration und Hingabe wie die Erforschung eines *Multi-User-Dungeons*. Und nur etwas weniger, als sich mit Jon Gradie in einer Höhle zu verirren.

2//Eine bunte Mischung von Volksmärchen über das Internet, Ausflüge nach China und in die Stadt ohne Illusionen inbegriffen

»Unsere Erfindungen sind gewöhnlich hübsche Spielsachen, die unsere Aufmerksamkeit von ernsten Dingen ablenken. Sie sind nur verbesserte Mittel für einen unverbesserten Zweck«, schreibt Thoreau in *Walden.** »Wir beeilen uns stark, einen magnetischen Telegraphen zwischen Maine und Texas zu konstruieren, aber Maine und Texas haben möglicherweise gar nichts Wichtiges miteinander zu besprechen.«

Jene Telegraphenleitung hat sich zum Internet entwickelt. Wie wird sich die Verheißung der computerisierten Kommunikation erfüllen?

Ich habe schon eine ganze Menge expliziter und impliziter Versprechungen über Computernetze gehört. Alle scheinen sie vernünftig und begründet; meistens sind es einfache Fortschreibungen der digitalen Revolution, wie sie heute im Internet stattfindet. Ich behaupte, daß es sich bei diesen Hoffnungen um Mythen handelt, die in Träumen von einem Shangri-La der Information wurzeln, das nie zu verwirk-

* Henry David Thoreau: Walden oder Leben in den Wäldern. Zürich 1979, S. 61

lichen ist. Und wenn es doch so käme, würden viele von uns lieber zurückbleiben.

Man braucht nur vernetzte Computer zu erwähnen, und alles denkt an schnelle Kommunikation. Mit der Weiterentwicklung digitaler Technologie könnten wir preiswerte, anwenderfreundliche Systeme erwarten, die uns rasch die Arbeit abnehmen. Und da sich ja nur Bits und Bytes bewegen müßten, werde die Datenautobahn der billigste Weg sein, Informationen rund um den Globus zu transportieren.

So jedenfalls will es der Mythos. In Wirklichkeit ist das Internet zur Geschäftszeit quälend langsam. Mitunter braucht jeder Anschlag eine Minute, um von Ihrer Tastatur ins Zielsystem zu gelangen – zu träge für interaktive Sitzungen. Tagsüber ist es fast immer schneller, einen einseitigen Brief per Fax anstelle von E-Mail zu senden. Ein schnelles Modem benötigt drei Tage, um den Inhalt einer normalen Bildplatte zu übertragen. Es geht viel rascher, durch die Stadt zu radeln oder die CD mit der Post zu schicken. Und es würde auch nichts nützen, die Kommunikationswege zu beschleunigen und Modem-Pools zu erweitern – neue Anwender würden die Sache eher noch weiter verlangsamen. Durch schicke Dienste wie Online-Audio, -Video und grafische Anwenderschnittstellen wie *Mosaic* im *World Wide Web* werden die Netze nur noch mehr verstopft.

Die CD-ROM, das Archiviermedium des Digitalzeitalters, sind langsam. Fallen Sie nicht auf die Versprechen von Laufwerken mit Doppel- oder Vierfachgeschwindigkeit herein. Ist die Datenbasis nicht mit dem richtigen Indextyp versehen, tappen Sie im dunkeln. Und wenn viele Nachfrager über Netz Zugriff auf eine CD-ROM suchen, hängen alle wie Bananen im Wackelpudding – ohnehin nicht mein Leibgericht.

Meine Freunde aus dem Netz bitten mich, nicht gleich den ganzen Traum aufgrund von Durchführungsschwierigkeiten in die Pfanne zu hauen. Sie erwarten einfachere, einfühlsamere Computer mit Grafikschnittstelle, fixer Dialogverarbeitung und Hardware, die einem nachgeschmissen wird. Wenn ich mit diesen Gläubigen spreche, fühle ich mich wie der Postkutscher, der über die Prärie schaut und sagt: »Diese verdammte Eisenbahn wird niemals richtig funktionieren, weil sie zu sehr qualmt.« Aber ich habe mir solche Versicherungen anhören müssen, seit ich die erste Lochkarte ausgestanzt habe. Gewiß, es gab beeindruckende Fortschritte. Die Hochrechnungen meiner Freunde scheinen einzutreffen – neben den Dingern von heute nehmen sich die frühen Computer wie Klappergestelle aus. Aber ich erinnere mich nicht, jemals dreistere Übertreibungen gehört zu haben als die über das Internet.

Wir nehmen zum Beispiel an, daß das Netz eine gewaltige Teilnehmerzahl hat, vergleichbar einer mittelgroßen Stadt. Die Zeitschrift *Time* meint, wir gehörten »zur ersten Nation im *cyberspace*«. So viele Leute erreichen zu können gibt einem ein Gefühl von Macht und Gemeinschaftlichkeit. Und ihre Zahl wächst rasch, verdoppelt sich jedes Jahr.

Doch niemand kennt die *tatsächliche* Anzahl vernetzter Anwender. Mark Lottors *Internet Domain Survey* verzeichnet für Januar 1994 etwa zwei Millionen Netzadressen. Rechnet man zehn Nutzer pro Computer, kommt man auf rund zwanzig Millionen. Doch das ist eine grobe Übertreibung, die auf zweifelhaften Annahmen beruht. John Quarterman, Herausgeber der *Matrix News*, führte im Januar 1994 eine Studie zum Internet durch und entdeckte reihenweise leere Adressen und unerreichbare Systeme. Quarterman schätzt die Zahl derer, die das Internet in irgendeiner

Weise nutzen, auf 2,5 Millionen und kommt auf ungefähr fünf Millionen Menschen mit Zugang zum Netz. Das sind weit weniger, als sonst proklamiert wird.

Nimmt man die Zahl der Netzknoten, verdoppelt das Internet Jahr für Jahr seine Größe. Das kann nicht lange so weitergehen: Bei solchen Wachstumsraten ist im Jahre 2003 jeder online – unmöglich.

In Zeitschriftenartikeln wird uns erzählt, die Nationale Informations-Infrastruktur werde nützliche Dienste für Unternehmen bereitstellen und den Handel wie geschmiert laufen lassen. Nachrichten, Dienstleistungen und Unterhaltung würden uns rasch erreichen, ohne daß wir auf die Post zu warten hätten. Eine Umwelt mit Idealbedingungen für Zukunftsindustrien.

Nach jahrelanger Erfahrung mit dem Internet sehe ich um mich herum eine ganz andere Welt. Da wird zum Beispiel behauptet, E-Mail biete billige und direkte Kommunikation, die sich durch kein Hindernis aufhalten lasse und geradewegs am Terminal des Empfängers lande. Man laufe nicht mehr Gefahr, eine wichtige Mitteilung zu verpassen, weil der Anschluß besetzt ist oder das Postamt zu langsam arbeitet. Ich hingegen empfinde den Zugang zur E-Mail häufig als unzuverlässig und ärgerlich; und in der Regel ist sie unpersönlich und langweilig. Ein handgeschriebener Brief ist nachweislich preiswerter, zuverlässiger und bei weitem ausdrucksvoller. Mitunter sogar schneller.

Von den multinationalen Konzernen bis hin zum freiberuflichen Berater herrscht in Unternehmen der Eindruck vor, es komme darauf an, vernetzt zu sein. Das Internet ist angeblich ein ausgezeichneter Weg, mit Kunden in Kontakt zu treten, Informationen zu liefern und Einkäufe von der guten Stube aus zu erledigen. In dem Maße wiederum, wie das

Netz weniger akademisch und kommerzieller wird, steht uns online eine immer breitere Palette von Produkten und Dienstleistungen zur Verfügung.

Shopping per Modem? Klar doch, hört sich praktisch und bequem an. In Online-Katalogen samt Farbbildern kann man am Computer schmökern; man verhandelt direkt mit dem Kaufmann, anstatt in die Stadt zu fahren. Ich würde erwarten, daß die schnelle Interaktion und der große Kundenstamm der Netze den perfekten Ort abgeben, um Waren zu verkaufen; insbesondere Software, Computer und High-Tech-Spielzeug.

Aber schauen Sie sich den Schrott, Schutt und Schund an, der auf den Heimkauf-Fernsehkanälen feilgeboten wird. Warum sollten die Computerkauf-Netze sonderlich anders aussehen? Sie tun es wohl nicht. Dieselben Leute, die uns den Heimkauf-Kanal brachten, nur diesmal im *Internet Shopping Network*. Da erstaunt es kaum, daß das derzeitige Internet ein so geringes Warenangebot aufweist. Sie finden dort nicht ein Hundertstel dessen, was Sie per Versandhauskatalog bekommen. Es gibt ein paar Floristen, ein halbes Dutzend Buchläden, jede Menge Computerverkäufer und keine Spirituosenhandlung.

So ungefähr das einzige Geschäft im Internet, das wirklich Geld bringt, ist der elektronische Zeitungskiosk. Sie können Auszüge aus mehreren hundert Magazinen bekommen und für ein paar Dollar im Monat eine Zeitschrift abonnieren, die durchs Netz geliefert wird.

Aber selbst hier wird wenig verkauft: knapp ein Dutzend Abonnements täglich. Manche Magazine werden überhaupt keine los. Anderen Häusern geht es nicht viel besser: Der *Economist* berichtet, die meisten erzielten täglich ein bis zwei Verkäufe. Nimmt man alle Online-Unternehmen zusammen, macht das rund 25 000 Dollar Umsatz pro Tag. Das schafft der Supermarkt um die Ecke an einem Nachmittag.

Warum gibt es so wenig Handel im Internet? Einkaufen per Netz nimmt uns das Erlebnis, das Geschäft selbst zu besuchen. In Dundas, Ontario, gibt es einen Buchladen in einem alten Haus mit Wassergarten vorm Eingang und drei Katzen, die dort leben. Wie in allen echten Buchläden können Sie kostenlos herumblättern, ohne daß sich das Personal beschwert. Die Atmosphäre dieses Ladens ist im Internet nicht zu haben.

Bei Computern und Netzen lassen sich Angebote allein über die Preise vergleichen. Sie können nicht in Ruhe aussuchen. Ebensowenig wissen Sie, ob der Händler morgen noch da ist. Ihr Laden um die Ecke schenkt Ihnen mehr Aufmerksamkeit, als Sie jemals übers Netz erhalten werden. Es gibt keine Schaufenster und nicht einmal Fotos – zehn Minuten können vergehen, ehe sich ein vernünftiges Bild durch Ihr Modem gequetscht hat.

Das Internet-Kaufhaus, derzeit noch in den Kinderschuhen, versucht Waren und Dienstleistungen über Modem zu verkaufen. Aber kein elektronischer Geschäftsbummel kann es an Vielfalt, Qualität und Erfahrungsreichtum mit einem Besuch in der alltäglichsten Fußgängerzone aufnehmen.

Sprach ich von Qualität? Na, vielleicht sollte ich etwas tieferstapeln. Ich bin im Schatten der *Central Park Plaza* von Buffalo aufgewachsen, eines dieser Her-damit-Einkaufszentren aus den fünfziger Jahren. Ich kann mich noch gut an die Paar-Mark-achtzig-Preiskriege mit Damenunterwäsche erinnern; die miesen, tyrannischen Verkäufer, die wiederum von noch mieseren Filialleitern tyrannisiert wurden; den schäbigen Plastikkram; die Einkaufswägelchen mit den wackligen Rädern; den optimistisch riesigen, aber schlechtgepflasterten Parkplatz, der sich im Winter für fünf Monate in eine Eisbahn verwandelte. Nicht ohne Grund bezeichnet ein beliebtes T-Shirt Buffalo als die »Stadt ohne Illusionen«.

Eine Illusion ist mir jedoch allem zum Trotz geblieben. Es begab sich eines Nachmittags im Sommer auf dem Spielplatz in Dewey. Er war berühmt für seine beiden kahlen Betonmauern, die Handballfelder abgrenzen sollten, jedoch, da diese Sportart unbekannt war, zum Solotennis zweckentfremdet wurden. Der Betreuer, wohl ein welker Achtzehnjähriger kurz vor der Einberufung nach Vietnam, sah ein paar von uns bei den Schaukeln herumhängen. Statt uns hinauszujagen, rief er uns zu sich, um eine Schnitzeljagd zu organisieren.

Ich war vielleicht zwölf – alt genug, um Kinderspielen aus dem Weg zu gehen. Ich blickte meinen kleinen Bruder Don an, und wir versuchten, uns davonzustehlen. Aber der Typ sprach nicht von einer gewöhnlichen Schnitzeljagd, bei der man Eisstiele, Kohleklumpen, vierblättrige Kleeblätter und runde weiße Steine suchen muß. Statt dessen hatten wir eine Stunde, um einen Eimer Smog, eine Flasche Sonnenlicht, die Zeitung von morgen, ein Stück Niagarafälle, einen ehrlichen Politiker und vier weitere unmögliche Dinge aufzutreiben. Das zehnte auf der Liste war ein gelbes Jo-Jo. Er setzte es drauf, damit jeder wenigstens einen Punkt kriegen könnte.

Und so machten wir uns auf und durchstreiften das nördliche Buffalo. Eine Stunde später schleppte Don einen alten Stahleimer an, mit einer Papiertüte darüber. Eine andere hatte eine zerknitterte Ausgabe der *Buffalo Evening News*. Ich brachte das abgefüllte Sonnenlicht mit. Wir versammelten uns um die Sandkiste, und der Betreuer fragte einen nach dem anderen, was er gefunden hätte. Don zeigte den rostigen alten Eimer vor und erzählte, wie er ihn den ganzen Weg vom Smogwerk zurück getragen hätte. Der Eimer sei voll Smog. Zum Beweis zog er die Abdeckung weg.

Nichts passierte.

»Na ja, Smog gibt's überall«, sagte mein Bruder. »Es ist ein Eimer mit Smog.«

Dann war ich an der Reihe. Ich hatte herumgebuddelt und eine kleine Bierflasche gefunden. Mein Daumen war in der Öffnung, und ich zeigte sie herum. »Ich habe Sonnenstrahlen in dieser Pulle gesammelt«, erzählte ich ihnen. »Ich lasse den Daumen bis morgen früh drauf, dann entkorke ich sie, und die Sonne scheint.«

Die nächste berichtete, wie sie die Zeitung von morgen aufgetrieben hatte. Es fehlte die Ecke, wo sonst das Datum steht, aber »so was kommt halt vor bei Zeitreisen«, sagte sie. »Besonders seltsam ist natürlich, daß das, was gestern passiert ist, morgen alles noch mal geschieht.«

Ein anderer hatte eine Spritzpistole mitgebracht. »Sie ist mit echtem Wasser vom Eriesee gefüllt, das demnächst ein Teil der Niagarafälle sein wird.« Auf Gott weiß welche Art machte ein Mädchen einen aufrichtigen Politiker vor, was eine ganze Menge Phantasie erforderte, da unser Bürgermeister gerade um Haaresbreite einer Anklage wegen Immobilienschwindels entronnen war. Wir hatten die neun unmöglichen Gegenstände gefunden. Alle, mit Ausnahme des gelben Jo-Jo.

Seitdem habe ich überall nach diesem einen echten gelben Jo-Jo gesucht. Vielleicht steckt es in irgendeinem Spielzeugladen, oder es wird in der Zeitung von morgen inseriert. Mit Sicherheit wird es nicht im Internet verkauft.

Ob nun Jo-Jos, Bücher, Schallplatten oder Versicherungen, es gibt gute Gründe, weshalb die Geschäfte im Internet nicht laufen. Wie wir später sehen werden, gibt es keine Möglichkeit, Geld via Internet zu überweisen. Bit-Köppe reden vom digitalen Bargeld, können aber nur experimentelle Systeme mit Phantasienamen wie *DigiCash* oder *First Virtual* aufbieten. Für lange Zeit wird das Spielgeld bleiben.

Ich kann nicht einmal sicher sein, ob eine Transaktion gültig ist. Ich weiß nicht, wer sich am anderen Ende der Leitung befindet. Eine Netzadresse hat nichts mit wirklichen Orten zu tun, was dem Betrug Tür und Tor öffnet. Nicht gerade beruhigend, seine Kreditkartennummer an einen Fremdling zu senden, von dem nichts weiter bekannt ist als *bizness@nocturnal-aviation.com.*

»Nur technische Details, die man klarkriegen kann und wird«, sagt Bill Cheswick, ein Programmierer bei der Telefongesellschaft *AT&T.* »Nach Einführung des digitalen Bargelds werden wir Geschäfte direkt übers Netz abwickeln.« Womit auch gesagt ist, daß wir im Normalfall keine Kaufleute mehr brauchen. Ich bin anderer Meinung: Auch Beglaubigungs-Software wird niemals dieselbe Vertrauensbasis schaffen wie ein Handel von Angesicht zu Angesicht. Kein Computernetz mit hübschen Grafiken wird je die Kaufleute ersetzen, die unsere Gesellschaft in Gang halten.

Dann wäre da noch die Legende, daß unsere Computernetze Vielfalt, Kultur und Neuigkeiten in unsere Wohnungen und Klassenzimmer bringen. Ich habe dasselbe schon zur raschen Ausdehnung des Kabelfernsehnetzes gehört – sie versprechen fünfhundert Kanäle, in denen wir uns aus Hunderten von Programmangeboten die passende Informations- oder Unterhaltungssendung heraussuchen können.

Was mich an die Erklärung erinnert, die David Sarnoff,

der technische Leiter des Medienkonzerns RCA, im Jahre 1939 abgab: »Es ist wahrscheinlich, daß Fernsehspiele hoher Qualität unter Mitwirkung erstklassiger Schauspieler das Niveau des Publikumsgeschmacks landesweit substantiell anheben werden.«*

Die daraus entstandene Einöde breitete sich schon bei nur drei Fernsehnetzen gewaltig aus. Ein Kabelsystem mit fünfhundert Kanälen wird fraglos unermeßliche und grenzenlose Mittelmäßigkeit ins Haus liefern. Und mit jedem neuen Kanal werden die Produktionsstandards sinken, weil für die einzelne Sendung weniger Geld ausgegeben wird.

Netze können unser soziales Leben auf vielfältige Weise verändern, indem sie uns neue Freundschaften schließen lassen und ein Ventil für unsere unbändige Kreativität bieten. Interaktive Spiele gibt es für jeden Geschmack in allen Formen und Farben, und Multimedia-Programme können raffinierte, nie dagewesene Bilder zeigen. Mir will jedoch scheinen, daß es sich hierbei in der Regel um platte und kurzlebige Beziehungen handelt. Computerspiele entwickeln Fertigkeiten, ohne Freundschaft zu fördern. Multimediale Extravaganz ist beeindruckend, befriedigt aber nur selten. Es gibt dort kein *dort.*

Seit den siebziger Jahren wird der interaktive Medienverbund als die Zukunft der Unterhaltung angepriesen. Er soll wichtige kulturelle Ereignisse am Schreibtisch erlebbar machen und uns erlauben, unseren Fernsehgeräten zu widersprechen. Videoproduktionen werden wahrhaft *live* sein, weil die Zuschauer den Ausführenden sofortige Rückmel-

* In *Die unglaubliche Zukunft. Amerika 1980* bemerkte General Sarnoff ferner: »Es darf als sicher gelten, daß noch vor 1980 Schiffe, Flugzeuge, Lokomotiven und sogar Automobile automatisch betankt werden.«

dung geben. Aber ich habe nie richtig kapiert, was mit Schlagworten wie *interaktiver Medienverbund* eigentlich gemeint ist. Eben das, was dieser Begriff verspricht, nämlich Kommunikation und eine Verknüpfung von Informationsträgern, scheint es schon heute allenthalben zu geben.

Ist ein Fußballspiel vielleicht nicht interaktiv? Fünfzigtausend johlende Fans im Stadium stacheln die Spieler sicherlich zu besserer Leistung an. Und ein Ballett ist zweifellos multimedial, indem es Tanz, Musik, Lichteffekte und Bewegung kombiniert. Überhaupt, versuchen Sie's mal in der Kneipe oder im Klubhaus nebenan: Da hören Sie echte Live-Musik, direkt vor Ort. Garantiert interaktiv. Ich bezweifle dagegen, daß tausend Zuschauer ernstlich das Ergebnis einer Video-Performance beeinflussen können. Und bei allem Gerede über interaktive Unterhaltung am Heimcomputer – will die eigentlich irgend jemand?

Interaktives Fernsehen eröffnet die Wahl zwischen vielen verschiedenen Ergebnisvarianten, die alle vorprogrammiert sind. Das Erlebnis ist ungefähr so interaktiv wie ein Zigarettenautomat. Sogar der Begriff *Multimedia* ist falsch, weil nur ein Medium benutzt wird: der Computer.

Ich bin vielleicht kein Fachmann für Ästhetik, aber unter den Unmengen elektronischer Multimedia-Produktionen, die ich mir angesehen habe, erinnere ich mich an keine, die schön gewesen wäre. Diese Erzeugnisse, die aufregend und phantasievoll sein sollen, halten dem Vergleich mit einer Live-Darbietung nicht stand. Computerspiele mit eingebauten Bildern auf CD-ROM sind dafür gedacht, Kindern bei den Hausaufgaben zu helfen und ihnen zu zeigen, daß Lernen Spaß machen kann. Schlaue Freizeitprogramme und Trickfiguren sollen die Klügsten herausfordern und auf jeden unserer Züge reagieren. Gewiß doch. *Nintendo*-Experten sind bestens vorbereitet, die nächste Angriffswelle der Invasoren vom Mars zurückzuschlagen. *Myst*-Zauberer finden verborgene Hinweise in Schlössern und Höhlen. Nicht wenige Spieler von *Where in the World is Carmen Sandiego* wissen schon, daß Paris die Hauptstadt von Frankreich ist.

Viele dieser Spiele basieren auf der Tyrannei der richtigen Antwort. Man wählt unter mehreren Möglichkeiten aus und rückt vor, wenn man es getroffen hat.

Der Computer eignet sich hervorragend für die Ausbildung schneller Auge-Hand-Reaktionen, trainiert aber wenig Muskeln mit Ausnahme derer, die zum Stirnrunzeln oder für Pupillenbewegungen gebraucht werden. Ein Fußballspiel auf der Straße ist weitaus gesünder als irgend etwas auf dem Monitor. Ein Kasten Buntstifte und ein großer Bogen Papier bietet Kindern (und Erwachsenen beim Warten auf den Kellner) ein ungleich ausdrucksstärkeres Medium als computerisierte Malprogramme. Und im Gegensatz zu einer gepflegten Partie Schach ist beim Rechner kein Gegner auf der anderen Tischseite, der Ihre Brillanz mit einem wehmütigen Lächeln der Bewunderung belohnt. Sie bewundern also letztlich sich selbst.

Außerdem entwickeln Computer vergängliche Fähigkeiten, die rasch veralten. Wie viele von denen, die sich einst auf *Pac Man und Pong* stürzten, spielen das heute noch? Drei Jahre alte *Multi-User-Dungeons* im Internet sind heute passé. Vergleichen Sie das mit Skat, Go, Fußball und Monopoly.

Bedenken Sie auch die Ausrüstung, die Sie benötigen. Für das bescheidenste Computerspiel brauchen Sie Zentraleinheit, Monitor, Direktzugriffsspeicher; nicht zu vergessen die Software, die von 50 Dollar aufwärts kostet. Für die Netzverbindung kommen dann noch Modem, Telefonanschluß und Zugangsberechtigung hinzu.

Nehmen Sie dagegen einen Satz Karten für zwei Dollar. Sie können unzählige Spiele damit spielen oder auch neue erfinden, Regeln verändern, Häuschen bauen oder künftigen Reichtum voraussagen. Sie funktionieren auf dem Autorücksitz ebensogut wie am Lagerfeuer. Wen Sie auch treffen, er kann es verstehen und mitmachen. Und wenn Sie sich ärgern, schmeißen Sie das Blatt aus dem Fenster. Probieren Sie das mal mit Ihrem Pentium-Prozessor.

Das Internet soll ein guter Ort sein, um Leute zu treffen. Eine Umgebung, in der man seine Schüchternheit überwinden lernt und andere mit ähnlichen Interessen findet, Freundschaften schließt und vielleicht einen Partner aufgabelt. Der Erfahrungsaustausch mit Fachleuten aus dem ganzen Land bringt Hilfe und Rat.

Gewiß: Die oberflächlichen Beziehungen im Netz bringen weniger Risiken mit sich als das Gespräch von Angesicht zu Angesicht. Ihnen fehlen aber auch Tiefe, Verbindlichkeit und die üblichen Umgangsformen. Aus diesem Grund erhielt ich wahrscheinlich auch einmal die Nachricht »Ich will Deinen Körper«. Es ging weiter mit »Ich will Dich von oben bis unten ablecken«.

Ich habe mich beim Anbieter *America Online* eingewählt, wo mit den Netzkonferenzen oft Schindluder getrieben wird. Ich schaue erst einmal in einen öffentlichen Raum – die Vorhalle. Dort zeigt mein Bildschirm Online-Botschaften von zwei Dutzend anderen. Alles, was ich eintippe, erscheint auf ihren Monitoren. Ihre Namen reichen von *Aztec Kong* bis *Yetta Notha*.

Ich spreche mit Unbekannten, ohne sie wirklich zu treffen. Mein Gesprächspartner könnte ein Teenager von nebenan sein oder auch ein Rentner am anderen Ende des Landes. Und wenn Sie dann doch jemandem persönlich begegnen, wird es peinlich. Vielleicht entspricht ja die Realität Ihren Erwartungen, aber eine Beziehung macht mehr aus, als über den Bildschirm zu entdecken ist.

Elektronische Kommunikation ist ein momenthafter und illusionärer Kontakt, der ein Gefühl von Intimität schafft, ohne die emotionalen Investitionen zu verlangen, die zu enger Freundschaft führen. Wie die Menschen nun einmal sind, kommt es online zu Freundschaften, die sich gelegentlich zu Beziehungen oder gar Ehen weiterentwickeln. Wie in Cafés, Büchereien, Synagogen und Fußballstadien. Zweifellos sind die Netze ganz ausgezeichnet für Männerbekanntschaften. Auf jede Frau kommen online mehrere Kerle. Doch wie für Frauen in Alaska sind die Umstände günstig, aber die Günstlinge umständlich.*

In San Francisco und Chicago gibt es mittlerweile Nachtclubs mit eingebauten Computerterminals. Man sitzt am Tisch und kommuniziert via *Internet Relay Chat*, liest Netznachrichten oder spielt *Netrek*. Welch einsame Art, einen Abend zu verbringen – umgeben von Menschen, aber auf der Flucht zu Fremden in der Ferne.

Jenny Frost ist eine Audioproduzentin aus New York. Sie beschreibt, wir sich ihr Mann mit seinem Modem verzettelte. Sie hatte ihm das Computerspiel *Myst* gekauft, und er pfuschte jede Nacht daran herum. Nachdem er mit einer Spur nicht weiterkam, meldete er sich bei *America Online* an, um dort Wege zu finden, das Geheimnis zu lüften.

* Wortspiel im Original: »The odds are good, but the goods are odd«; A. d. Ü.

»Zwei Monate lang verbrachte er ganze Abende am Schwarzen Brett, klönte mit anderen und erlernte die Feinheiten dieses Computerspiels«, erzählte sie mir. »Das Fünfzig-Dollar-Spiel wuchs an zur Vierhundert-Dollar-Netzrechnung.«

Aber das sei noch gar nichts gegen ihren Freund David, fuhr Jenny fort: »Er kam wunderbar mit seiner Frau klar, bis er jede Nacht drei Stunden im Netz zubrachte. Sie ist keine egoistische Frau, aber sie fühlte sich von ihm vernachlässigt. Es wurde der große Riß in ihrer Ehe.«

Treiben wir dafür die landesweite Vernetzung voran? Diese Verführung des Geistes ohne körperlichen Austausch untergräbt soziale Beziehungen, und die Störung scheint geschlechtsspezifisch zu wirken. Wir produzieren eine Welle von Computer-Witwen.

Eine der besonders schädlichen Legenden über die vernetzte Welt ist die vom Comeback der Schreibkultur. Wer früher das Telefon benutzte, tippt heute E-Mail, sendet an Newsgroups und schreibt in *chat lines*. Jon Carroll vom *San Francisco Chronicle* glaubt, daß »E-Mail und Computer-Konferenzschaltungen einer ganzen Generation die Flexibilität und den Nutzen von Prosa vermitteln«. Viele Lehranstalten sind an der Verbreitung dieses Mythos beteiligt. Kaliforniens *Sonoma State University* erwartet von jedem Erstsemester den Besitz eines PC. Der Rektor meint, das trage dazu bei, die schriftlichen Arbeiten der Studenten zu verbessern und verschaffe ihnen Zugang zu Lehrmaterial übers Internet. Damit sich die Wirkung auch überall bemerkbar macht, bestellte die Hochschule 250 der schnellsten *Apple*-Computer und verteilte sie an sämtliche Fakultätsangehörige.

Al Rogers, der die *Global SchoolNet Foundation* in Bonita, Kalifornien, betreibt, schreibt: »Datenfernverarbeitung ist vielleicht die äußerste Grenze des Schreibens, die Studenten an die traditionellen literarischen Fertigkeiten heranführt.« Er fährt fort, daß das Publikum in den Netzen künftig die Studenten anregen werde, »eifrige, gewissenhafte Autoren auf jedwedem Themengebiet zu werden, von den Naturwissenschaften über Mathematik und Geographie bis hin zu Geschichte und Zeitgeschichte«.

Da sich die Netze auf das geschriebene Wort stützen, könnte man eine Renaissance des Lesens und Schreibens erwarten. Das Internet wäre demnach ein Treibhaus zur Aufzucht schriftkundiger, gutausgebildeter Anwender, die die Vorteile einer neuen Kommunikationsform zu nutzen wissen. Außerdem unterstützen die Netze unsere Schulen mit kreativer Software und Lehrmaterial fürs Klassenzimmer. Damit müßten die literarischen Fähigkeiten den letzten Schliff erhalten, und eine neue Welle kreativer Schreibkunst stünde bevor. Doch anstelle der Renaissance per Internet strömen mir mittelmäßige Texte und halbdurchdachte Argumente ins Modem. E-Mail und Schriftstücke für Newsgroups im Netz sind häufig frei von Grammatik, falsch geschrieben und stilistisch mangelhaft. Wenn ich das Usenet von oben nach unten durchforste, finde ich zwischen *alt.best-of-usenet* und *zer.z-netz.telecom.modem* schwerlich artikulierte und schöpferische Prosa.

Und trotz digitaler Utensilien hat mir noch niemand glaubhaft versichern können, daß die Seminararbeiten besser geworden wären. Ich habe der *Sonoma State University* einen Besuch abgestattet und mir zwei Englischdozenten angehört, die sich über schlecht geschriebene Aufsätze beklagten. Zumindest ihre Studenten sind durch den Kauf eines Computers nicht zu guten Autoren geworden. Computer fördern Spezialkenntnisse wie die Anwendung von Programmen oder das Andocken an Netze auf Kosten grundlegender Fähigkeiten wie sinnvollen Satzbau, Gedankengliederung, Wortschatzentwicklung und das freie Spiel der Einbildungskraft.

Unglücklicherweise lehrt einen der Umgang mit dem einen Computernetz nicht viel über die anderen. Jedes Netz steht und fällt mit geheimnisvollen Befehlen, die je nach Ort und Rechnertyp wechseln. Außerdem veralten diese Befehle sehr schnell, weil sich die Netze umstrukturieren und die Betriebssysteme ändern. Im Gegensatz zu Physik, Biologie, Schreiben oder Geschichte gibt es hier kein Grundlagengerüst, das zu lehren wäre.

Zugegeben, ein paar Kenntnisse reichen über einzelne Netze hinaus. Zum Beispiel weiß jeder Computernutzer von Dateien und Befehlen. Mit etwas Erfahrung im Netz kennen Sie den Unterschied zwischen direktem Lesen von Text und dem Runterladen eines Dokuments. Aber wesentlich sind solche Fähigkeiten nicht und sicherlich nicht unverzichtbar für ein produktives Leben.

Vor langer Zeit erlernte ich die Betriebsanleitung für *Hayes*-Modems. Heute machen sich neue Software-Versionen verschiedene Besonderheiten der Modems zunutze und zwingen mich, mir wahrlich mysteriöse Befehle anzueignen. Statt dessen hätte ich Pfefferkuchen backen oder Klarinette üben können – Künste, die sich in den vergangenen fünf Jahren nicht überlebt haben.

Computer verlangen von uns geistige Tätigkeit und hindern uns, Gegenstände mit den Händen herzustellen. Sie stumpfen die Fähigkeiten ab, die wir im täglichen Leben brauchen. Nach jahrelanger Programmierarbeit beherrsche ich ein Dutzend Computersprachen, aber mein Mandarin ist auf der Strecke geblieben.

Nicht, daß ich jemals das Chinesische beherrscht hätte. Aber meine Universität hatte diese verrückte Idee, daß wir uns mit Menschen in anderen Ländern unterhalten können sollten, gab sich also mit Fortran nicht zufrieden. Ich schrieb mich für Mandarin ein, nachdem Jon Gradie berichtet hatte, der Französischkurs sei voll mit Physikstudenten.

Es stellte sich heraus, daß Chinesisch nicht schwierig war – jeden Tag zehn Zeichen lernen, und schon bald kann man die eine oder andere einfache Geschichte lesen. Nach zwei Jahren wußte ich genug, um mich in die Nesseln zu setzen, aber nicht, wie ich wieder herauskommen sollte.

So landete ich also in Nanjing, China. Obwohl mir durchaus bewußt war, daß es auf der Welt keine große Nachfrage nach Astronomen mit dem Spezialgebiet Planeten gab, hatte ich das Glück, über das akademische Austauschprogramm zwischen den USA und China zu stolpern. Die *National Science Foundation* wollte Wissenschaftler in der Volksrepublik studieren lassen. Fortuna ließ sie mich auswählen.

Mao Zedong schrieb von den sieben Bergen, die sich um Nanjing legten wie ein schlafender Drache. Der Purpurberg ist der höchste von ihnen, gekrönt von acht Teleskopen, zwei Armillar-Sphären* aus der Ming-Dynastie und einem Dual-Astrographen von Zeiss-Jena. Die Viererbande stand gerade vor Gericht, als ich mit einem Dutzend Astronomiebüchern, einem Koffer mit Klamotten und einem tragbaren Computer eintraf... acht Jahre vor dem Aufstand am Tiananmen-Platz.

Ich sollte mit Professor Chen Dao Han über die Wechselwirkung zwischen Kometen und Sonnenwind arbeiten.

* Alte astronomische Geräte zum Messen der Himmelskreise (*Anm. d. Lektorats*)

Da er Theoretiker ist, nahm ich an, mein neuer *Hewlett Packard* HP-85-Computer könnte unsere Forschung beschleunigen – er verfügte über Plotter, Drucker und Bandlaufwerk, alles in einem schnittigen Desktop-Kasten. Gleichzeitig sollte ich moderne naturwissenschaftliche Techniken unterrichten. Bot sich mir hier also die Chance, einem dankbaren Publikum westliche Technologie vorzuführen? Wohl kaum. Vielleicht hatten sie keine modernen Instrumente, aber die Burschen glichen das mit Einfallsreichtum und harter Arbeit aus. In der dritten Woche am Observatorium traf ich Professor Li Fang in Maojacke und blauer Hose. Er war gerade von vier Jahren Zwangsarbeit auf dem Land zurück – so etwas verpaßte die Kulturrevolution den Intellektuellen.

Er forscht über die Sternbeobachtungen der Sung- und Ming-Dynastien. In meinem gebrochenen Mandarin frage ich ihn, was man mit einer jahrtausendealten Serie nicht besonders zuverlässiger Sternmessungen anfangen könne. Langsam sprechend erklärt Dr. Li in vereinfachtem Chinesisch: »Wir suchen nach periodischen Bewegungen und bekommen vielleicht Informationen über Bewegungen des irdischen Nordpols.«

Das Wandern des Nordpols. Diese aus Jahrtausenden zusammengesuchten Beobachtungen zeigten, wie die Erdachse durch die Zeitalter wackelte. Ein dünner Datensatz, mitunter nur wenige Aufzeichnungen pro Jahrhundert, aber von einzigartigem Wert. Dr. Li benutzt auf seiner Jagd nach periodischen Bewegungen einen Fourier-Konverter – ein Standardwerkzeug von Astronomen überall auf der Welt. Man füttert ihn mit einer Zahlenkolonne, dreht eine ideelle mathematische Kurbel, und heraus kommt eine Liste mit Perioden und Zyklen.

Doch wie Dr. Li diese Berechnung durchführte! Da sitzt

er also in einem unbeleuchteten Raum vor einem Tisch, auf dem sich wohlgeordnet Bücher mit Daten, trigonometrische Tabellen und handgeschriebene Zahlenkolonnen befinden. Neben sich hat er zwölf Abakus. Er erledigt die Fourier-Transformation von Hand.

Zwanzig Minuten lang schaue ich ihm über die Schulter. Wir unterhalten uns in Mandarin-Kauderwelsch; er zeigt mir, wie er Sinus und Cosinus nachschlägt, Zahlen multipliziert und jeden Koeffizienten auf einem Abakus summiert. Mit perfekter Schrift trägt er sämtliche Lösungen in ein Rechnungsbuch ein. Dieser Astronom verarbeitet Zahlen manuell, ohne auch nur einen Rechenschieber zu benutzen.

Ich schüttele den Kopf, als ich in mein Büro zurückkehre, wo ein Frosch Moskitos am Fenster fängt. Zur Erinnerung: All das spielt in den frühen achtziger Jahren, als noch nicht jeder einen Top-Computer besaß. Ich schmeiße also meinen Desktop-Computer an, wühle mich durch die Details einer schnellen Fourier-Transformation und kriege das verflixte Ding dazu, Kurven zu plotten. Ich werde ihm zeigen, wie man Daten richtig analysiert. Nach ein paar Tagen funktioniert mein BASIC-Programm tatsächlich und zeigt alle möglichen originellen Kurven. Ich führe es Professor Li vor und gebe einige seiner Polarstern-Daten ein.

Er hat fünf Monate gebraucht, um rund fünfzig Koeffizienten für die Wanderkurve des Pols zu errechnen. Mein Programm erledigt das in einer Minute. Professor Li nickt mit dem Kopf, sieht den Ausdruck durch und vergleicht ihn mit seiner sorgfältigen Handschrift-Tabelle. »*Bu tswo.*« Nicht schlecht. Hohes Lob von diesem Astronomen. Ich hätte es verstanden, aus den Daten ein Spektrum zu machen.

Nun, freilich habe ich das verstanden. Aber er sieht nicht, worauf ich hinaus will. Dieser Computer spart ihm gewaltige Mengen Zeit. Statt Abakus und trigonometrischen Tabellen tippt er die Daten ein, wartet eine Minute und sieht sogleich das Resultat. Vor lauter Aufregung falle ich rein und raus aus dem Mandarin.

Er lächelt und spricht dann gleich auf englisch, und zwar mit britischem Akzent: »Wenn ich die Ergebnisse des Computers mit meinen eigenen vergleiche, bemerke ich, daß sich ein Fehler eingeschlichen hat. Ich vermute, es liegt an der Annahme des Computers, daß unsere Daten auf perfekten Erhebungsreihen über alle Zeiten hinweg basieren. Das ist nicht der Fall, vor allem nicht während der Sung-Dynastie. Daher müssen wir die Daten auf etwas andere Weise analysieren.«

Schließlich vergleiche ich die beiden Kolonnen – seine sorgfältigen handschriftlichen Zahlen stimmen nicht mit dem mechanischen Ausdruck meines Computers überein. Ähnlich, aber nicht gleich. Ich schaue mir den ausgeklügelten Berechnungsweg an, den Professor Li eingeschlagen hat. Da haben wir es: Er hatte den Sommer nicht mit mechanischen Rechenübungen verbracht, sondern eine komplexe Methode der Datenanalyse entwickelt, die die unterschiedliche Exaktheit verschiedener Beobachter und die Zweifelsfälle der Geschichtsschreibung berücksichtigte. Seine Ergebnisse, buchstäblich Kunsthandwerk, bewiesen nicht nur seine besondere Sorgfalt. Vor allem waren sie richtig.

Ich ging gedemütigt in mein Büro zurück. Als Computerbesitzer hatte ich die Aufgabe wie selbstverständlich als simple Datenanalyse gefaßt. Die Berechnungen waren nicht das Problem, ebensowenig wie ein bißchen Chinesischlernen. Die eigentliche Herausforderung bestand darin, die Daten zu verstehen und sinnvoll zu nutzen.

Die meisten Küchen verfügen inzwischen über eine beträchtliche Datenverarbeitungskapazität: Es gibt Kaffeemaschinen, Mikrowellenöfen und automatische Brotbacker, die von Mikroprozessoren gesteuert werden. Sie funktionieren perfekt, aber Ihnen entgeht das Zeremoniell, der Eindruck, dabeizusein, das Gefühl, etwas vollbracht zu haben.

Folgen Sie einfach der Gebrauchsanweisung an der Seite des Brotbackers: Wasser, Mehl und Hefe hineingeben, ein paar Stunden abwarten, und schon kommt ein Laib Brot heraus. Schmecken wird's auch. Trotzdem haben Sie das Beste verpaßt: das Gefühl des Mehls zwischen den Fingern, das Kneten des Teigs, Luftblasen plattdrücken, einen warmen Platz fürs Gehen suchen. Sie sind mit Ihrer Mahlzeit verbunden und ebenso mit früheren Generationen von Bäckern. Das Lächeln Ihrer Freunde am Tisch ist ein Kompliment für Sie, nicht an eine Maschine.

Wie die Datenverarbeitung unser Heim verbessern soll, so erwartet man von ihr auch effizientere Arbeitstage. Wenn wir Dokumente über *Ethernet* schicken, sparen wir Papier und beschleunigen die Kommunikation. Auf ähnliche Weise kann uns das Netz mit brandheißen Neuigkeiten versorgen und Bitten um spezifische Hilfsleistungen weiterleiten. Es heißt, wir könnten uns ohne Umwege auf unser jeweiliges Anliegen konzentrieren.

Mir ist es anders ergangen. Ich habe etwa genausoviel Zeit damit verbracht, herauszufinden, was mit meinem Computer nicht stimmt, als ihn tatsächlich zu benutzen. Vor allem die Netz-Software muß häufig erneuert und instandgehalten werden, was einen immer wieder aus der Erledigung von Routinearbeiten herausreißt.

Ich habe schon eine ganze Weile nichts mehr vom *papierlosen Büro* gehört, nehme also an, daß inzwischen jeder eingesehen hat, daß Computer mehr Schreibarbeit erzeugen als die Systeme, die sie ersetzt haben. Ich erinnere mich an die *Verordnung zur Verminderung der Schreibarbeit*, deren Hauptwirkung darin bestand, daß jedes amtliche Formular um einige Absätze verlängert wurde, in denen stand, weshalb das jeweilige Dokument notwendig sei. Unter Berücksichtigung der mit diesen Hinweisen verschwendeten Quadratzentimeter Papier hat der Erlaß die Schreibarbeit wahrscheinlich vergrößert.

Gehört habe ich hingegen, daß E-Mail und Netze unseren Arbeitsplatz effizienter machen werden, so daß wir täglich mehr Aufgaben erledigen können. Ich denke, hier handelt es sich um die Anschlußlegende zu der vom papierlosen Büro. E-Mail braucht Zeit zum Lesen, selbst wenn es Unfug ist. Andere Netzdienste, wie die Netznachrichten, können Stunden von jedem Arbeitstag wegfressen. Und die rasche Reaktionsfähigkeit von Computern und Netzen veranlaßt uns, immer wieder zu verschönern, was früher wahrscheinlich gut genug gewesen wäre. Da es so leicht ist, Dokumente zu layouten, überarbeiten wir sie halt noch mal.

Die Netze beschwören unermüdlich die Verheißung der Datenfernverarbeitung. Irgendwann werden viele von uns zu Hause arbeiten können, zu jeder Tages- oder Nachtzeit. Wir werden Benzin sparen, unsere familiären Beziehungen vertiefen und einen schöneren Arbeitsplatz haben.

Ach ja? Ich bezweifle, daß unsere Büros durch Angestellte ersetzt werden, die von zu Hause aus arbeiten. Ohne Besprechungen und persönlichen Austausch werden die Arbeiter isoliert und das Zugehörigkeitsgefühl geschwächt. Und mit seinen ständigen Unterbrechungen und dem fehlenden Büroinventar ist das Wohnhaus auch nicht unbedingt ein effizienter Arbeitsplatz. Die Idee mag sich ja für Aufgaben eignen, bei denen man nie jemanden treffen muß, wie Dateneingabe oder Telefonverkauf. Aber so wird die Wohnung zum Gefängnis.

Die allermeisten Berufe benötigen jedenfalls einen Arbeitsplatz. Kann ein Supermarktkassierer, ein Kfz-Mechaniker, ein Zahnarzt oder ein Polizeibeamter von seiner Wohnung aus arbeiten? Und was ist mit den altmodischen Jobs – Lkw-Fahrer, Bergleute, Hirten, Lehrer, Bauern, Kellnerinnen und Kneipenwirte? Sie halten jedes Land am Laufen. Computer können ihre Plätze nicht übernehmen.

Ebensowenig kann ein Computer Boogie-Woogie-Musik ersetzen. Seit einiger Zeit spielen bei mir Radio, Kassettenrecorder und Plattenspieler ständig Meade Lux Lewis, Art Tatum, Fats Waller und Albert Ammons. Ich tippe im Acht-Achtel-Takt und synkopiere die Tabelleneingabe.

Der erste Boogie, der je gewoogiet wurde? Das war am 29. Dezember 1926, als Pinetop Smith zum erstenmal die unsterblichen Worte »I wanalla y'all to know Pinetop's Boogie Woogie!« ausstieß. Drei Monate später wurde Pinetop bei einem Kneipenkrawall erschossen – der erste Mensch, der für seinen Boogie starb.

Der Mythos will, daß unsere Netze das Nonplusultra der Demokratie seien: Alle Stimmen finden Gehör. Bytes kennen weder Rasse noch Geschlecht, Alter oder Religion. Was wird geschehen, wenn die Regierung sich online präsentiert?

Der Computerzugriff wird uns erlauben, Botschaften an Regierungsbeamte zu senden und rasche Antworten zu erhalten. Wir werden wissen, was in den Hinterzimmern unserer Parlamente vor sich geht. Wir können Ausschußberichte am selben Tag lesen, an dem sie geschrieben wurden, und bekommen schnelle Reaktionen auf unsere Rückfragen.

Der Mythos wächst weiter: Auch die Wahlen werden anders. Politiker stehen elektronischen Foren zur Verfügung; die Bedeutung des teuren Fernsehspots schwindet. Sie schikken Positionspapiere ins Netz und antworten auf E-Mail aus ihren Wahlkreisen. Zu guter Letzt werden wir die elektronische Stimmabgabe erleben – ein Schritt auf dem Weg zu weiterer Demokratisierung über Meinungsbilder, die Abgeordnete in Echtzeit mit Rückmeldungen versorgen.

Und die Wirklichkeit? Jeder kann Botschaften ins Netz einspeisen. Praktisch jeder tut es auch. In der daraus entstehenden Kakophonie geht jede sinnvolle Diskussion unter. Netzdebatten zu kontroversen Themen werden oft durch extreme Ansichten polarisiert. Es ist eben ein großartiges Medium für Belanglosigkeiten und Hobbies, aber nicht der Ort für begründete, vernünftige Urteile. Erstaunlich häufig arten Diskussionen aus und enden in Verbitterung, Beleidigungen und *flames*. Und obwohl das Internet schnell wächst, wird es noch lange dauern, bis Computerterminals ähnlich weit verbreitet sind wie Zeitungen und Fernsehen. Bis dahin werden nur die Technoalphabeten mit Netzzugang das Wahlrecht ausüben können.

Der elektronische Wahlkreis ist mit Sicherheit nicht repräsentativ. Landesweit hat bestenfalls einer von fünfzig Wählern Zugang zum Netz, und dieser kommt aus der höchsten Einkommensgruppe. Selbst von den Modem-Besitzern werden nur wenige politische Erklärungen lesen – per Computer sind sie nicht weniger langweilig als auf Papier. Und die überwältigende Mehrheit besitzt keinen Computer und ist somit von der Online-Demokratie ausgeschlossen.

Norm Jacknis erstellte ein elektronisches Schwarzes Brett für Andy Spano, einen Kandidaten für das Amt des Bezirksamtsleiters von Westchester County im Staat New York. In seinem Wahlprogramm hieß es unter anderem, der Staat solle die Vorteile des Internet nutzen – er versprach zum Beispiel, Finanzen aus dem Haushaltsposten für Straßenbau zum Datenfernverkehr umzulenken. Er brachte jede Presseerklärung und jedes Positionspapier ins Netz, beantwortete jedes Stück E-Mail und veröffentlichte die Nummer des Schwarzen Brettes in sämtlichen Periodika.

Westchester ist ein wohlhabender Bezirk mit beinahe einer Million Einwohner. Dort befinden sich die Zentralen von Firmen wie *IBM* und *Prodigy*, und mehr als die Hälfte aller Haushalte besitzt Computer. Was glauben Sie, wie viele die Netzadresse anwählten?

Ein paar Dutzend.

Das Schwarze Brett trug dazu bei, die Basis zu organisieren und zu motivieren. Doch das reichte nicht zum Wahlsieg von Mr. Spano – er verlor knapp gegen einen traditionellen Abgeordneten. Das Fazit von Norm Jacknis: »Im Gegensatz zur Lehrmeinung an den Universitäten ist Wissen nicht immer Macht.«

Da Leser oft Argumente überspringen, die mehr Platz als den Bildschirmausschnitt benötigen, werden komplizierte Sachverhalte auf elektronischen Konferenzen meistens vereinfacht. Das ermuntert zu kurzen, schlichten Fragen und entsprechend knappen Antworten. So wie das Fernsehen Klanghappen feilbietet, versorgt uns das Online-Interview mit Einzeilern. Und nehmen wir einmal an, es gäbe einen Online-Wahlkreis, der seine Stimme kollektiv via Modem erhebt. Eine solche elektronische Bürgerschaft beseitigt heute gültige Argumente für das repräsentative Regierungssystem. Wozu braucht man noch Abgeordnete, wenn jeder von uns zu jeder Frage sofort selbst abstimmen kann?

Elektronische Referenden zur Tagespolitik würden den

politischen Ereignishorizont weiter verkürzen. Anstelle von Legislaturperioden würde im Rhyhthmus von Monaten über Regierungsprogramme entschieden. Das ist kaum der Weg zu langfristiger Planung. Die elektronische wäre eine höchst launenhafte Wählerschaft.

Von der Erfahrung der Herren Jacknis und Spano einmal abgesehen, sind vielbeschäftigte Staatsbeamte wohl schwerlich in der Lage, auch nur einen winzigen Teil ihrer E-Mail zu lesen. Mit Sicherheit erwarte ich nicht, daß der Präsident seine E-Mail beantwortet. Es ist einfacher, darüber wegzusehen oder einen Angestellten ein paar Musterbriefe entwerfen zu lassen. Eine derartig standardisierte Kommunikation ist kein gutes Barometer der öffentlichen Meinung. E-Mail ist nicht nur nicht repräsentativ; es ist auch leicht, eine Petition mit Tausenden vervielfältigter elektronischer Botschaften auszustaffieren. Irgend jemand kann seinen Computer programmieren und Serienkopien abschicken. Handgeschriebene Briefe, die Engagement und Überlegung verlangen, sind als Indiz für die Stimmung draußen im Lande weitaus ernster zu nehmen.

Ich habe einmal dem kalifornischen Gouverneur Pete Wilson dabei zugesehen, wie er sich einem Online-Interview stellte. Er war nicht gut im Maschineschreiben – binnen einer halben Stunde beantwortete er kaum fünf Fragen. Wie ich so seinen Text mit Unterbrechungen über meinen Bildschirm rollen sah, wurde mir klar, daß ich gar nicht wissen konnte, ob da nun seine Exzellenz persönlich an der Tastatur saß oder bloß einer seiner Handlanger.

Die digitalen Netze verheißen eine transparentere Regierung. Parlamente der Bundesstaaten schicken bereits Abstimmungsvorlagen, Änderungsanträge und Gesetze ins Internet. Auch Verordnungen können durch elektronische

Archive und Schwarze Bretter bekanntgemacht werden. Schon bald dürften wir raschen Zugriff auf einen Großteil der amtlichen Bestimmungen haben.

Nun sind diese Berichte und Verordnungen bisher immer gedruckt und verteilt worden. Einmal im Netz, könnten diese papierenen Spuren teilweise verschwinden und durch ein digitales Archiv ersetzt werden. Man hofft, daß der Computerzugriff Geld spart und Regierungen von der Verpflichtung befreit, Broschüren zu veröffentlichen.

Aber es gibt hier eine ernste Schattenseite: Das neue Verfahren könnte unser Recht auf freien und ungehinderten Zugang zu Regierungsinformationen in Gefahr bringen. Wie wir später sehen werden, gibt es gute Gründe, Aufzeichnungen auf Papier aufzubewahren – es ist das einzige Medium, das niemals aus der Mode kommt. Und wenn Regierungen Informationen online verbreiten, werden diejenigen, die ans Netz angeschlossen sind, mächtiger werden, während jene anderen ohne Modem erst recht von demokratischen Prozessen ausgeschlossen bleiben. Hoffen wir also, daß Bundes- und Landesregierungen der Versuchung widerstehen werden, die Druckschriften abzuschaffen.

In diesen Zusammenhang gehört auch die Nationale Leistungsevaluierung, bei der mit elektronischen Hilfsmitteln bewertet werden soll, ob die Regierung ihre Zielsetzungen erreicht hat. Theoretisch wird damit die Qualität von Dienstleistungen eingestuft, die Arbeit der Erfolgreichen gewürdigt und auf Defizitbereiche hingewiesen. Das Instrument soll eine starre, unzugängliche Bürokratie auf Vordermann bringen.

Ich habe starke Zweifel an diesem Vorschlag. Zentralisierte Planung und Leistungsvorgaben erzeugen interne Paranoia und grassierenden Opportunismus – jedenfalls war das so in allen Organisationen, denen ich jemals angehört habe, einschließlich der Jungpfadfinder.

Mir ist auch aufgefallen, daß die Computerexperten ihre Arbeitsstellen sichern, indem sie Systeme entwerfen, die sie an die strategischen Punkte der Organisation rücken lassen. Arbeiter, die sich mit Computern nicht auskennen, werden überrannt, abgeschrieben oder weggestoßen. Aber, einmal ehrlich: Wäre Ihnen ein Wildhüter mit Computerkenntnissen lieber als einer, der Erfahrung mit Tieren hat?

Die Privatsphäre ist ein ernsthaftes Anliegen aller Netzaktivisten – sie wissen, wie einfach es für Institutionen aller Art ist, über jeden von uns gewaltige Berge von Daten zu sammeln. Dabei geht es nicht nur um den Großen Bruder. Unternehmen, Politiker und Verfasser lästiger *junk mail*, sie alle können die Informationen gut gebrauchen.

Was ist über uns gespeichert? Unsere Parteizugehörigkeit ist öffentlich bekannt. Manche Gemüseläden führen Buch über unsere Einkäufe. Versandhäuser heben sich oft Mitschnitte von Telefonaten auf – Anrufer werden elektronisch identifiziert, noch bevor der Hörer abgenommen ist. Um den Fernverkehr zu beschleunigen, führen die Bundesstaaten automatische Kfz-Identifizierungs-Systeme ein: Ein Computer registriert jede Überquerung einer mautpflichtigen Brücke und verschickt monatlich Rechnungen.

Für sich genommen stellt keines dieser Datentröpfchen eine große Bedrohung dar. Zusammengenommen freilich gefährdet der Ozean ernsthaft Anonymität und Privatsphäre in unserer Gesellschaft.

Die Verteidiger der Privatsphäre, die derzeit anscheinend stark im Netz vertreten sind, argumentieren nach dem Motto: »Wasch mir den Pelz, aber mach mich nicht naß.« Sie schätzen die Geschwindigkeit automatischer Kassen, automatischer Überweisungen und automatischer Mautgebühren, fordern aber gleichzeitig strikte Gesetze gegen die Nutzung solcher Informationen durch den Staat.

Wenn jedes Geldgeschäft elektronische Fußabdrücke hinterläßt, werden Computer sehr bald manches von uns wissen, was wir möglicherweise geheimhalten möchten. Ich spreche hier nicht von illegalen Machenschaften, sondern von ganz simplen Dingen: Ein Rechner weiß vielleicht, wieviel jemand letzte Woche für Alkohol ausgegeben hat, wie oft ich nach San Francisco gefahren bin und wen ich angerufen habe. Viele Menschen beschleicht ein ungutes Gefühl bei der Vorstellung, daß solche Daten gesammelt werden, und sie sind ausgesprochen besorgt, daß sie gespeichert und weitergegeben werden könnten. Selbst wenn man nichts zu verbergen hat, könnten manche dieser Details in unangenehmer, wenn nicht aufdringlicher Form Verwendung finden. Aus dieser Befürchtung heraus entsteht eine Maximalposition: Laß den Großen Bruder keine Informationen über mich sammeln.

Wenn ich mir die Verteidiger der Privatsphäre anhöre, wird mir auch klar, daß wir uns ständig zwischen Offenheit und Zurückgezogensein hin- und herbewegen – zwischen Gemeinschaft und Privatem. Wenn ich in ein Café gehe, lasse ich mich mit meinen Freunden und Nachbarn ein. Der Extremfall ist hier, daß ich für ein öffentliches Amt kandidiere und meine Lebensführung im Fernsehen untersucht wird. Am anderen Ende des Spektrums befindet sich der menschenscheue Einsiedler, der sich kaum mit anderen abgibt, alle seine Rechnungen mit Bargeld bezahlt und auf den Straßen von niemandem erkannt wird. Er hinterläßt wenig Spuren, macht aber auch keinen Gebrauch von den Annehmlichkeiten der Gesellschaft.

Die meisten von uns bewegen sich tagtäglich zwischen dem Privaten und dem Öffentlichen hin und her. Wir geraten durcheinander, wenn uns unsere digitalen Schatten nicht folgen. Obwohl mir niemand in den Laden nachgegangen ist, weiß ein Computer, daß ich einen Viertelliter Tomatensaft gekauft habe. Sein Schwestercomputer glaubt jedoch nicht, daß mein Scheck gültig ist und verlangt zwei Ausweisdokumente.

Das Internet wird sicherlich verschiedenen Rechnern einen rascheren Datenabgleich gestatten und mehr Datenbanken online verfügbar machen. Spezielle Programme können dann die Netze durchpflügen und öffentliche Informationen über jeden von uns aufstöbern, was ausgesprochen ungemütlich wäre.

Ich bin nicht so besorgt. Heute sind wir gegen diese Art von Datenabgleich durch tiefe Inkompatibilitäten zwischen den verschiedenen Computersystemen geschützt. Es ist verdammt schwierig, Informationen von multiplen Quellen auf einen Nenner zu bringen, weil die Datenbanken auf bizarre Weise organisiert sind. Da Datenstrukturen generell schwer zu durchschauen sind, erfordern Quervergleiche Programmierkenntnisse.

Ferner sind viele Informationen im Netz ganz einfach veraltet. Personenbezogene Datenbanken überleben sich rasch, wenn sie nicht laufend aktualisiert werden. Geschäftliche Quellen sind wenig vertrauenswürdig – wenn ich die Adressen von Freunden in Online-Verzeichnissen nachprüfe, finde ich regelmäßig grobe Fehler. Und das öffentliche Internet ist vollends unzuverlässig – mehrere meiner E-Mail-Anschriften sind falsch wiedergegeben.

Wer hält diese Datenbasen auf dem neuesten Stand? Namen und Adressen einzugeben ist ein mieser Job, für den

Angestellte zum Mindestlohnsatz beschäftigt werden. Unter allen denkbaren Arbeiten ist es die langweiligste, kaum anerkannt und selten geschätzt. Die Ausführenden haben nicht den geringsten Grund, irgend etwas richtig zu machen, und doch hängt alles, was danach kommt, von ihrer Sorgfalt ab. Ihre Fehler und langsamen Reaktionen vermasseln High-Tech-Überwachungsbemühungen.

Ich vermute daher, daß es dem Großen Bruder nicht leichtfallen wird, uns aufzuspüren. Viele wichtige Computer werden auf ewig außerhalb des Netzes bleiben. Die meisten haben so verrückte Datenstrukturen, daß es einfach die Mühe nicht lohnt, sie mit anderen Basen abzustimmen. Und das System ist mit unzuverlässigen Daten durchsetzt. Wie bisher wird unsere Privatsphäre ganz einfach durch das Unbekannte geschützt und durch die hohen Kosten der Informationsbeschaffung.

Das *Great Wall Vegi and Seafood* ist ein winziges Restaurant ein paar Ecken von mir zu Hause. Mr. Tho lächelt immer, wenn ich reinkomme, weil er weiß, daß ich jetzt wieder seine Muttersprache durch die Mangel drehen werde. Geduldig korrigiert er meine Aussprache – »Chieu, nicht Chow«, sagt er. In letzter Zeit verweigert er die Bedienung, bis ich die Wörter richtig artikuliere.

Er weiß wie ich, daß Chinesisch sprechen im Vergleich zum Schreiben einfach ist. Sieht man sich einmal in seinem Restaurant um, wird klar, weshalb: An jeder Wand finden sich schöne Kunstwerke, die Poesie, Malerei und Kalligraphie vereinen.

Als ich einmal eine Gruppe chinesischer Wissenschaftler in Berkeley herumführte, nahm ich sie mit in mein Stammrestaurant. Mr. Tho tauschte ein paar Ehrenbezeugungen aus, servierte eine Kanne grünen Tee und ließ uns dann mit einem Schreiber und einem Blatt Papier allein.

Meine fünf Besucher sahen sich einen nachdenklichen Augenblick lang an und nickten dann dem Ältesten zu. Schweigend war gerade eine wichtige Entscheidung gefallen. Ich begriff: Die Gruppe hatte beschließen müssen, wer die Bestellung notieren sollte. Natürlich konnten alle perfekt und deutlich schreiben. Bei der unausgesprochenen Diskussion war es darum gegangen, wer von ihnen die *ausdrucksstärkste* Handschrift hätte. Es ist eine Ehre zu schreiben. Die Kalligraphie wird im gesamten Orient hochgeschätzt; es gilt dort als Kunstform. Jeder Weise, Naturwissenschaftler oder Forscher hat eine virtuose Handschrift eingeübt. Ein Philosoph ohne elegante Handschrift wurde verachtet. Die kalligraphischen Gedichte an der Wand klingen nicht nur schön, sie sehen auch schön aus.

Etwa ein Jahrhundert lang wurde in den USA nach der Palmer-Methode unterrichtet – sie war erfunden worden, um leserliche Schrift zu fördern. Heute trifft man Menschen, die alles daransetzen, zu kritzeln, vielleicht als Hohn auf solche Trainingsmethoden. Anstelle der Schriftkunst unterrichten wir Textverarbeitung. Daran ist nichts auszusetzen – Schreiber mit goldenen Händen kamen zur gleichen Zeit aus der Mode wie Pumphosen und Stehkragen. Handgeschriebene Briefe tendieren zur Konversation; verarbeitete Texte zur Kommunikation. Verstehen Sie mich recht: Textverarbeitung ist fabelhaft, eine der großen Erfindungen des Jahrtausends. Unsere Kultur schätzt eher die Kommunikation als die Schriftkunst. Wir müssen die richtigen Worte rüberbringen.

Der Mythos sagt nicht nur, daß Computer uns von der Handschrift befreien und uns Briefe im Flug überarbeiten lassen. Sie statten angeblich auch jeden von uns mit einer Druckerpresse aus. Mit Modem und Internet-Zugangsberechtigung kann jede Datei ins Netz eingespeist werden. Sind Sie erst einmal in einem Dateiserver, einem Archiv oder einer Usenet-Newsgroup, stehen Ihre Texte anderen Lesern offen.

Electronic publishing, so heißt es, bietet jedem von uns ein potentielles Millionenpublikum. Und das Internet der Zukunft verspricht mehr als bloß das geschriebene Wort: Wir werden Klänge, Bilder und sogar Videos durchs Netz senden können. Wahrscheinlich gibt es dort draußen auch eine Sammlung chinesischer Kalligraphie.

Netz-Junkies erzählen mir aufgeregt, daß der elektronische Selbstverlag Herausgeber, Lektoren und Redakteure überflüssig mache. Das Netz übermittelt Botschaften von ihrer Tastatur direkt an tausend andere Monitore. Es ist nicht die Von-mir-zu-dir-Kommunikation des Telefons oder die Ich-an-euch-Sendung des Radios, sondern eher das Viele-für-viele-Medium, ein Garten, in dem die Freiheit des Wortes blüht.

In Wirklichkeit jedoch verliert sich das Wertvolle im Firlefanz der Millionen Nutzer, die Botschaften ins Netz schikken. Es gibt keine Hinweise auf die guten Sachen – man weiß nicht, welche Texte das Lesen lohnen. Man kann nach Themengebieten wählen, aber es gibt keine Möglichkeit, nur die interessanten Kommentare aufzurufen. Mit der Chance eines jeden, seine Arbeiten ins Netz zu schicken, erinnert das Internet langsam an die Ramschkisten vor den Buchhandlungen: Es bleibt dem Leser überlassen, den Bodensatz noch einmal zu durchsieben. Was im Netz fehlt, sind echte Lektoren.

O ja, die Lektoren. Fluch aller Schriftsteller, Reporter

und Verleger, dienen sie doch letztlich im Interesse des Lesers als Seismographen literarischer Qualität. Ohne sie hat man im Netz ganz einfach keine Möglichkeit zu beurteilen, was die Lektüre lohnt. Durch den Verzicht auf Redakteure und Lektoren veranschaulichen unsere Netze deren Bedeutung. Im Usenet gibt es viele Autoren, aber nur wenige Redakteure. Man merkt's.

In der Tat greifen die besten Newsgroups auf ehrenamtliche Moderatoren zurück, die als unbezahlte Filter arbeiten. *Rec.humor.funny*, *news.announce.newusers*, *comp.risks* – – hinter jedem dieser Kürzel steckt ein meist unsichtbarer Freiwilliger mit der undankbaren Aufgabe, das Grundrauschen herauszufiltern. Ihre Versuche, Ordnung in das Chaos zu bringen, rufen Unmut, Zensurvorwürfe und gelegentlich Unterwanderung hervor, aber sie sind es, die den Newsgroups Form und Richtung geben. Die Zahl der moderierten Newsgroups ist so klein, weil niemand die langen, unbezahlten Stunden investieren will.

Wenn Sie einen Netzhocker wie mich beeindrucken wollen, opfern Sie ein paar Stunden Ihrer Zeit, um den Datenverkehr einer Newsgroup zu filtern. Nachdem Sie Dutzende Botschaften angenommen oder zurückgewiesen, aufgelaufene Post entwirrt und einen nie versiegenden Strom von Erkundigungen beantwortet haben, werden Sie verstehen, weshalb es so wenig Netzmoderatoren gibt.

Moderatoren, Rezensenten und Redakteure braucht es an vielen Stellen, auch bei den Netzzeitschriften und *mailing lists*. Diese bieten einen schnellen Weg, Nachrichten loszuwerden, ob nun an Science-fiction-Fans, Feministinnen oder Astronomen. (Vermutlich gibt es einen Verteiler, der alle drei Gruppen abdeckt.) Dennoch haben Netzzeitschriften nicht viele erstklassige Schriftsteller angezogen; vielleicht, weil

Online-Veröffentlichungen als trivial gelten. Es ist eine Art Selbstverlag, der nichts einbringt – Internet-Autoren sind Freiberufler.

Forscher heben sich natürlich ihre besten Arbeiten für Zeitschriften- und Buchveröffentlichungen auf, wobei sie wissen, daß der Redaktionsprozeß nur den besseren Manuskripten den Weg zum Druck garantiert. Sie werden guten, originellen Stoff schwerlich erst einmal im Netz herausbringen – jemand könnte ihr Material klauen. Es sind also die weniger guten Sachen, die ins Netz gehen. Pat Berger, der ehemalige Präsident der *American Library Association*, weist darauf hin, daß das Internet als Instrument für Forscher geschaffen wurde, nicht als Archiv. Seit dem Debakel der Kaltfusion im Jahr 1988 tauschen Naturwissenschaftler Online-Nachrichten aus, die sonst als Leserbriefe in Fachzeitschriften veröffentlicht worden wären.

Infolgedessen geht so manches an naturwissenschaftlicher Forschungsarbeit, vor allem unbedeutendere Resultate und Sackgassen, niemals in Druck. Sie mögen denken, darauf komme es nicht an, doch gute Forscher müssen auch wissen, welche Ansätze nicht der Mühe wert sind.

Nun werden Botschaften ans Internet nicht – wie Magazine und Fachzeitschriften – katalogisiert. Manche landen vielleicht auf Disketten, aber diese werden nicht in Bibliotheken durchgesehen und ins Verweissystem integriert. Es ist schwierig, eine Nachricht wiederzufinden, die man vor einem Jahr ans Usenet gegeben hat, und es ist praktisch unmöglich, neu danach zu suchen.

Auf dieselben Probleme trifft man in den Programmarchiven des Internet. Sie sind mit Terabytes von Daten vollgestopft. Manche spezialisieren sich auf Public-Domain-Software für Windows, andere auf Regierungsdokumentationen, wieder andere sammeln Wettersatelliten-Fotos. Es gibt auch Literaturarchive, von wo man ein Science-fiction-Manuskript oder eine Examensarbeit zu Shakespeares *Othello* abrufen kann. Aber welche Texte sind gut geschrieben? Was lohnt den Zeitaufwand des Lesens? Kurz, was hat irgendeinen Wert? Sie wissen es nicht, bis Sie es runtergeladen, entpackt und gelesen haben. Ohne Rezensionen der einfachsten Art, sich gezielt zu informieren, und ein Dewey-Dezimalsystem, das Ihre Aufmerksamkeit auf die richtigen Stellen lenkt, verschwenden Sie haufenweise Zeit. Ohne die Möglichkeit zur raschen Durchsicht bleiben Dokumente ohne Zusammenhang. Ihnen fehlt nicht nur ein Rezensent, um die guten Sachen auszuwählen; Sie wissen auch nicht, welche benachbarten Informationen von Nutzen sein könnten. Das Internet liefert praktisch beliebige Fakten – ungeprüft und unsortiert.

Die Internet-Archive umfassen Tausende von Hochqualitäts-, Public-Domain- und Shareware-Programmen. Viele sind besser als die, die es zu kaufen gibt; in manchen steckt die mehrjährige Entwicklungsarbeit von Amateur- und Fachprogrammierern.

Leider sind jedoch weit mehr Programme fehlerhaft, unbrauchbar und kaum den Platz im Laufwerk wert. Auf der Jagd nach einem guten Kalenderprogramm habe ich zwanzig Shareware-Versionen abgerufen und ausprobiert. Einerseits gab es sie umsonst: ich zahlte kein Geld. Andererseits aber waren sie teuer: Die Übung vergeudete einen vollen Tag meiner Lebenszeit. Ich seufze also, greife ins Portemonnaie und kaufe kommerzielle Software.

Und wie steht es mit elektronischen Büchern? Sie können jetzt Computerversionen von Klassikern abrufen, darunter

Shakespeare, Milton und Voltaire. Auch moderne Arbeiten: Man achte nur einmal darauf, wie eilig es die Verlage haben, die neueste Belletristik formatiert für tragbare Computer herauszubringen. Ich machte mich immer darüber lustig, bis ich von einem Freund die folgende Nachricht erhielt:

Hallo Cliff,
Probier mal die *Hypercard*-Version der *Zeitmaschine* von H. G. Wells aus. Es ist cool, wie Du von Seite zu Seite springen kannst. Man sieht, wo alle großen Science-fiction-Bücher ihren Ursprung haben. Versuch's heut nacht an Deinem Powerbook zu lesen.
Carl.

E-Mail über Internet. Carl hat gerade einen Science-fiction-Klassiker entdeckt, diesmal als Computerprogramm. Er ist so voll davon, daß er es mich im Bett lesen lassen will. Ich schüttele den Kopf, lese die Post noch einmal und zucke die Achseln. Ich kann's ja probieren.

Stöhn. Der Laptop läßt sich nicht auf die Brust stellen. Ein Taschenbuch wiegt vielleicht ein halbes Pfund; dieses Teil aber zweieinhalb Kilo. Ich bette ihn also aufs Kissen, schalte das Licht aus und klappe den Leuchtschirm auf.

Report aus dem Online-Schlafzimmer: Ja, Sie können ein elektronisches Buch im Bett lesen. Die Bildhintergrundbeleuchtung ist perfekt, wenn Sie Ihren Partner nicht aufwekken wollen. Und trotz des steifen Nackens gewöhnen Sie sich allmählich daran, per Tastatur zur nächsten Seite zu kommen. Aber all Ihre Befürchtungen treffen zu: Es ist anstrengend, umständlich, gräßlich langsam und mechanisch. Der Text liest sich gar nicht einmal schlecht, aber man hat ein unfreundliches Gefühl. Abdrücke von Fettfingern zeigen sich auf Tasten und Trackball. Als ich am nächsten Morgen aufwache, schmust der Computer an meiner Wange.

Man braucht nicht umzublättern und keinen Schutzumschlag anzufassen. Im Hypertext gibt es sogenannte virtuelle Lesezeichen – Befehle, um zu einem bestimmten Absatz zurückzukehren. Sie sind nicht so gut wie die realen aus meinem Buchladen.

Vielleicht habe ich ja nicht den richtigen Roman erwischt – keinen echten ROM-Reißer –, aber ich finde, Computer sind einfach keine nette Art, ein Buch zu lesen. Sparen Sie das Geld, und kaufen Sie ein wirkliches Buch samt Taschenlampe.

Wo ich gerade darüber nachdenke, fällt mir auf, daß ich elektronische Bücher auch nicht im Bad, am Strand, oder in der U-Bahn lesen kann. Die traditionellen Verleger brauchen sich keine Sorgen zu machen.

3//Weitere Erforschung der Computerkultur und Behandlung weiterführender Themen wie die Einsamkeit des Anwenders, die Natur der Werkzeuge, die Nützlichkeit der Kanalisation sowie den andauernden Zwiespalt des Verfassers; mit einer Abschweifung in die Allraddiskussion über den Unterhalt der nationalen Infrastruktur

Ich habe mir gerade ein Werbevideo von *Pacific Bell* – ich meine die *Pacific Telesis Group* – angesehen, in dem ein erfundenes Paar einen Mantel aus der Mongolei kauft. Wir hören sie mit einem Yak-Händler schwatzen; ein Computer dolmetscht simultan. Im Hintergrund spielen glückliche Kinder mit einem 3-D-Spiel, das ihnen Mathematik beibringt.

Die Telefongesellschaft möchte mir weismachen, daß man die automatische Übersetzung und das weltweite Bildtelefon erfinden und daß virtuelle Realität eines Tages vor allem Unterrichtszwecken dienen wird.

Sie könnten uns genausogut eine weniger segensreiche Zukunft zeigen. Langweilige Konzernkonferenzen über Satellit und Musikvideos in Großbildprojektion. Ungebetene *junk mail*, die uns mit Lichtgeschwindigkeit erreicht. Kinder, die sich anstelle der Hausaufgaben lieber mit *Abknallen-und-aufschlitzen*-Spielen befassen. Pornographie auf Abruf für den Heimcomputer. Kredithaie, die einem jungen Paar Mahnbriefe per E-Mail schicken.

Gewiß, ich habe auch manches Ermutigende in den Netzen gesehen: Siebtkläßler, die mit Freunden Gedichte austauschen. Eine schüchterne Frau, die ihren künftigen Ehemann übers Usenet kennenlernte. Internationale Zusammenarbeit in Natur- und Geisteswissenschaften. Sonderpost für gemeinnützige Gesellschaften. Wohlwollende Unterstützung für einen Mann, dessen Kind an Leukämie erkrankt ist. Eine Familie, die sich über Internet die neuesten Forschungsergebnisse zu einer Krankheit kommen ließ. Eine zurückgebliebene Fünfundzwanzigjährige, die ein Kinderrechenprogramm benutzte, um Addieren zu lernen. All das sind keine spektakulären Anwendungen wie computerisiertes Dolmetschen oder dreidimensionale virtuelle Realitäten, sondern die Blumen im Garten der Gegenwart – um vieles wirklicher als das Traumland der Netzfuturisten.

Als ich 1986 eine Gruppe von *Unix*-Workstations verwaltete, hielt ich Netze ganz mechanistisch für eine Ansammlung von Kabeln, Verbindungen und Computern. Schließlich war es mein Job, das System am Laufen zu halten, und die Hauptzutat war Hardware. Es war mir noch nicht in den Sinn gekommen, das damals so junge Internet könne eine Gemeinschaft sein.

Die Erfahrung, mit Menschen zu arbeiten – nicht mit Computern –, veränderte meine Einstellung. Andere Systembetreuer und Staatsbeamte setzten alles daran, mir aus einer Klemme zu helfen. Die Zusammenarbeit – nicht bloß der Zusammenschluß unserer Computer, sondern das gemeinsame Aufspüren eines Verräters – zeigte mir, daß das Netz tatsächlich eine Gemeinschaft ist. Doch welch eine armselige! Ohne Kirche, Café, Kunstausstellung, Theater oder Kneipe. Viel menschlicher Kontakt, aber keine Menschlichkeit. Cybersex, Cybernutten, Cyberporno, doch kein richtiger, lustvoller Bett-im-Kornfeld-Sex.

Und die Vögel singen auch nicht.

Alles Handfeste einmal außer acht gelassen: Kinderlachen, Pflaumenmus, den grünen Sportwagen meiner Schwester Rosalie – was fehlt dieser Ersatzumgebung? Die Empfindung von Dauer und Zugehörigkeit, Ortssinn, Wärme aus der örtlichen Geschichte. Es verschwindet das eigentliche Wesen der Nachbarschaft: freundschaftliche Beziehungen und das Gefühl, darin gemeinsam aufgehoben zu sein. Oh, ich höre schon den Einwand: Es ist nur eine Gemeinschaft im übertragenen Sinn. Ja; vieles, was übers Netz geschieht, ist metaphorisch: Wir schwatzen, ohne zu sprechen, lächeln, ohne das Gesicht zu verziehen, und umarmen uns ohne Berührung.

Auf meinem Monitor sehe ich mehrere Symbole: einen Briefkasten, ein Theater, eine Zeitung. Sie stehen für eingehende Botschaften, ein Unterhaltungsvideo und einen Nachrichtenkanal. Aber sie sind nicht echt. Der Briefkasten klappert nicht, im Filmtheater gibt es kein Popcorn, und die Zeitung kommt nicht zusammen mit einer Tasse Kaffee im Café um die Ecke. Traurig, traurig – ohne lebendige Erfahrung in einer Metapher zu wohnen. Die einzigen Sinneswahrnehmungen sind ein strahlender Schirm, das Gefühl der Tasten und ein gelegentliches *Biep*. Alles künstlich.

Und noch etwas fehlt in dieser vernetzten Welt: meine Fliegenklatsche aus Bambus. Gleich neben dem *Drum Tower Building* in Nanjing betrat ich einen kleinen Laden unterhalb eines gigantischen Mao-Zedong-Plakats. Ich war auf der Suche nach einer Fliegenklatsche.

»Ehrenwerter Herr«, sprach ich den Kaufmann in meinem stümperhaften Mandarin an, »könnten Sie mir liebenswürdigerweise sagen, ob Ihr tugendhafter Laden eine einzelne flache Maschine verkaufen könnte, mit der man kleine fliegende Tiere schlägt.« So was bringen sie einem im Sprachlabor nicht bei.

Er erwiderte sinngemäß, er sei nicht in der Lage, den ehrenwerten ausländischen Gast aus Übersee zu verstehen. Er verbeugte sich leicht. Ich führte eine kleine Szene mit Brummen und Klatschen vor, und, schwupp, hatte ich meine Fliegenklatsche. Zehn Cent.

Ein echtes Schnäppchen. Heute liegt die Klatsche griffbereit neben meinem Monitor, falls irgendwelche kleinen fliegenden Tiere hierherbrummen sollten. Sie kommt ohne Piktogramme, Batterien oder Netzanschlüsse aus und trifft fast immer.

Das übliche Argument lautet, Netze seien Werkzeuge wie die Computer; Mittel, um Arbeiten zu erledigen. Ich habe das so oft gehört, daß ich beginne, daran zu zweifeln.

»Werkzeuge wofür?« frage ich meine Freunde. Ihre Antworten sind bezeichnend: Werkzeuge fürs Denken.

Autsch. Wir benötigen ein Werkzeug, um uns die Anstrengung des Denkens zu ersparen? Tut Nachdenken so weh, daß wir dafür ein arbeitsparendes Instrument benötigen? Worum wollen wir uns da drücken? Vielleicht sind wir so versessen auf die Computer als Werkzeuge, weil der Mensch ein Werkzeug verwendendes Tier ist, wie Thomas Carlyle schrieb ... ohne Werkzeug ist er nichts, mit Werkzeug alles.

Und so wird alles in unserer Reichweite zum Werkzeug. Die Reklame preist Stifte, Wörterbücher und Textverarbeitung als Schreibhilfen an. Vergeblich suche ich nach etwas, das kein Werkzeug wäre: Meine Schuhe sind Personentransportwerkzeuge, Kaugummi ist ein Entspannungswerkzeug, der Mond ein Werkzeug, um die Zeit zu bestimmen und den

Abend zu erleuchten. Aber ich habe noch nie von Nutzergruppen für Schreibmaschinen gehört, und auch noch nicht von Schulen, die Tausende von Dollar ausgeben, um an jedem Klassentisch eine Kreissäge zu installieren. Ebensowenig ist mir ein Schraubenzieher bekannt, der eine ähnlich sklavische Hingabe hervorrufen würde wie das Internet. Der Computer ist eine auffallend andere Art Werkzeug – eines, das Kinder in reaktive Zombies und Erwachsene in frustrierte Fummler verwandelt.

Einen Computer als Werkzeug zu bezeichnen vermittelt uns das warme Gefühl, Handwerker voll körperlicher Fertigkeiten und manueller Geschicklichkeit zu sein. Aber es bleibt bei dem Gefühl. Der Computer verlangt nämlich praktisch keinerlei physische Wechselbeziehung oder Gewandtheit mit Ausnahme der Fähigkeit des Tippens. Und anders als Meißel, Bohrer oder Schaufel erfordert er das Einpauken unersichtlicher Regeln. Sie unterwerfen Ihre persönlichen Denkmuster denen des Rechners. Der Gebrauch dieses Werkzeugs verändert unsere Verstandestätigkeit. Als Gutenberg die Buchdruckerkunst erfand, wandelte sich der vorherrschende Schreibstil. Das geschah aufs neue mit der Verbreitung der Schreibmaschine. Auch der Telegraf beeinflußte die Literatur. Stop. Denken Sie an die Knappheit eines Hemingway. Textverarbeitungsprogramme wiederum verändern nicht nur das Wie, sondern auch das Was des Schreibens. Das handschriftliche Dankeschön der Gäste weicht dem E-Mail-Gruß.

Datenbanken müssen nicht unbedingt Computerprogramme sein – es gibt auch andere Arten, Informationen zu sortieren, etwa Rollregister, Adreßbücher und Schnellhefter in Aktenschränken. Diese mechanischen Ordnungssysteme sind unmittelbar einsichtig, leicht zu benutzen und einfach einzurichten. Doch wer sich zutiefst der relationalen Datenbank verpflichtet fühlt, dem werden die Gelegenheiten entgehen, bei denen jene einfachen, greifbaren Hilfsmittel besser geeignet sind.

Ebensowenig ist der Computer das einzig mögliche Instrument für mathematische Aufgaben – analytische Gleichungen, Integralrechnung, Näherungswerte und Trigonometrie haben Hunderte, wenn nicht Tausende von Jahren funktioniert.

Allein der Rückgriff auf einen Computer zur Lösung eines Problems verringert schon Ihre Chance, andere Lösungen zu erkennen. Wenn das einzige Werkzeug, das Sie kennen, ein Hammer ist, sieht alles wie ein Nagel aus.

Wer ist nun das Werkzeug: der Computer oder der Anwender?

Dies führt zu einer Reihe wichtiger Fragen. Leider bin ich nicht begabt genug, sie in die richtige Form zu bringen. Wenn jemandes Denken streng logisch funktioniert, also durch die digitale Arbeitsweise beschränkt ist, verliert es die Fähigkeit, begriffliche Schranken zu überspringen.

Die steife Computerlogik kommt denjenigen entgegen, die strikten Regeln folgen können, ohne nach rechts oder links zu blicken. Mit diesem Anreiz gehen auch Prestige und Beschäftigung einher... unsere Software und die Netze päppeln Drohnen auf. Gleichzeitig machen es die Rechner den Einfallsreichen und Phantasievollen schwer, indem sie diese auf vorgeschriebene Denkbahnen und Handlungsroutinen festlegen.

Wir denken zum Beispiel, daß Mal- und Zeichenprogramme dem darstellenden Künstler neue Möglichkeiten eröffnen. Statt dessen setzen sie ihm enge Grenzen hinsichtlich Farbe, Größe, Form und Grundierung. Außerdem muß er streng den Programmvorschriften folgen. Der am Computer arbeitende Künstler kommt niemals mit Medien wie Origami, Leinwand oder Alabaster in Berührung. Tanz und Musik im Computer zu entdecken ist deshalb so erfrischend vergnüglich, weil das Wesen der Datenverarbeitung im direkten Widerspruch zum Flug der Phantasie steht.

Und wie steht es mit dem Menschen, der Instruktionen nicht folgen kann? Oft ist es gerade er, dem originelle Problemlösungen einfallen. Aber er ist eben auch derjenige, der kein Programm laden kann, ohne steckenzubleiben. Er hat ständig Ärger mit Rechnern, weil seine Gedanken schlankweg auf einer anderen Wellenlänge liegen als die der Softwareentwickler. Im Darwinschen Sinne sind schöpferische Menschen schlecht ans Überleben in der Computerumwelt angepaßt.

Kurz: Das Medium, in dem wir kommunizieren, ändert die Art und Weise, wie wir unsere Gedanken formen. Wir programmieren Computer, aber diese programmieren auch uns.

Marshall McLuhan unterteilte die Medien in heiße und kühle – Kino und Radio waren heiß, Fernsehen und Telefon kühl. Heiße Medien bieten geringe Partizipationsmöglichkeiten, kühle demgegenüber hohe. Ich bin mir nicht ganz sicher, wie er das meint, aber in dieser Hinsicht sind Internet und insbesondere Usenet sicherlich kühl.

Stellen Sie sich diese Medien unter dem Aspekt sozialer Interaktion vor. Kinofilme können partizipativ sein, selbst wenn Sie nicht bestimmen können, wer auf der Leinwand ist. Überreden Sie ein paar Freunde, Sie am Wochenende in das Kino im Univiertel zu begleiten und sich dort *Casablanca* anzusehen. Da gibt es Klatsch und Tratsch in der

Schlange an der Kasse, den Duft von Popcorn und die Vorfreude auf einen Klassiker. Während der guten Szenen stoßen Sie sich gegenseitig an oder legen den Arm um Ihre Liebste. Oder Sie gehen in die *Rocky Horror Picture Show*, und vergessen Sie den Reis nicht!

Vergleichen Sie das mit einem leidenschaftlichen Nachtflug durchs Internet: Sie haben niemanden zum Erfahrungsaustausch, niemanden, der einstimmt, wenn Sie *As Time Goes By* summen, niemanden, der Popcorn auf Ihre Lieblingsdecke krümelt. Ihre Begleitung verschwindet, sobald sich Ihr Modem abschaltet.

Was ist das Wesen dieser vernetzten Gemeinschaft? Sie dehnt sich nach allen Seiten aus: professoral, technokratisch, punkig. Funken des Intellekts, die ziel- und richtungslos über elektronische Felder verstreut sind.

Wenn ich mich in den Nachrichtenverkehr im Usenet einwähle, fällt mir eine ausgeprägt libertäre politische Tendenz auf: Bleib mir vom Leib und laß mich tun, was ich will. Das ruft extremistische Positionen und altbekannte internationale Fehden auf den Plan. Sie ergießen sich aus Newsgroups, die von Türken und Armeniern, Israelis und Palästinensern oder Serben und Kroaten genutzt werden.

Und bei den einzigen ernsthaften Petitionskampagnen im Internet, von denen ich gehört habe, ging es beide Male um das Thema Privatsphäre. Die erste brachte *Lotus* dazu, auf den Verkauf einer CD-ROM zu verzichten, die individuelle Kundenpräferenzen verzeichnete. Die zweite richtete sich gegen die Regierungsvorlage zur Clip-Codierung. Beide mobilisierten weit über fünfzigtausend elektronische Unterzeichner. Interessanterweise galt keine der Initiativen einer Frage von übergeordnetem öffentlichen Interesse. Technologen äußern sich offenbar nur zu ihren ureigensten Angelegenheiten. Das alles andere in den Schatten stellende gemeinsame Interesse der Netznutzer ist das Medium selbst.

Tausende von Internet-Anwendern werden sagen, daß ich nur einen Aspekt eines komplexen Zusammenhanges behandle. Sie werden auf Hunderte von Selbsthilfegruppen verweisen, die ebenso erfolgreich arbeiten wie die organisierte Nachbarschaftshilfe. Sie werden auf das *comp. risks*-Forum aufmerksam machen, wo sich jeder über die sozialen Auswirkungen der Datenverarbeitung informieren kann. Sie werden vom *World Wide Web* sprechen, in dem ein Mausklick die neuesten Nachrichten aus London, Tokio oder Berlin herbeiholt. Und sie haben recht. Das Usenet ist eine Gemeinschaft, in der Hunderttausende miteinander Spaß haben. Übers Netz und aus Übersee höre ich die neuesten Witze auf *rec.humor.funny*, Berichte über Reiseabenteuer auf *rec.travel* und Stellenangebote auf *misc. jobs. offered*. Bevor ich ein altes Dracula-Video ausleihe, wähle ich mich bei *rec.arts.movies* ein.

Wollte ich dem Usenet Gerechtigkeit widerfahren lassen, müßte ich die Fachleute mit der undankbaren Aufgabe erwähnen, Einsteiger in Foren wie *comp.unix.questions*, *news.answers* und *news.newusers.questions* weiterzuhelfen. Ich hätte wahrscheinlich einige der weniger bekannten Oasen erwähnen müssen, etwa *rec.arts.books*, wo Bücherwürmer zusammenkommen, und *alt.best-of-usenet*, wo ich jeden Tag Dummheiten von Anfängern, aber auch außergewöhnlich kreative Ausbrüche erlebe.

Verstehen Sie mich also nicht falsch: Eine Menge guter Sachen passieren online. Ich habe Schwarze Bretter für vom Krebs Geheilte, für Dudelsackspieler und für Höhlenforscher gesehen. Auch eine Gewerkschaft von Zimmerleuten im Staat New York bringt auf diese Weise Nachrichten in

Umlauf. Eine andere Möglichkeit dafür sind elektronische Verteilersysteme. Diese lassen exklusive Gruppen im Netz gedeihen, seien es nun Erforscher des mittelalterlichen England, feministische Autoren oder japanische Zeichentrick-Süchtige.

Solche *mailing lists* sind allenthalben über E-Mail zu bekommen. Um in den Verteiler für Postkartensammler aufgenommen zu werden, benachrichtigen Sie einfach *postcard-request@bit.listserv.postcard* mit der Themenzeile *Abonnement. Mailing lists* sind auch bedienungsfreundlich: Ein Anwender schickt Post an eine Netzadresse, und alle anderen auf der Liste erhalten eine Kopie.

Die Vorteile der Verteilersysteme reichen über ihre Unkompliziertheit und breite Verfügbarkeit hinaus. Sie bieten großartige Möglichkeiten für Diskussionen mit beschränktem Teilnehmerkreis, etwa für sensible Themen wie die Politik der Geschlechter oder für Rehabilitationsgruppen. Es gibt Orte für Volkstanzliebhaber, um Schrittfolgen zu vergleichen, und für Akkordeonspieler, um Noten auszutauschen. In der Umgebung von San Francisco senden Buchfanatiker Post an *ead@netcom.com*, um sich die letzten Meldungen aus dem Buchhandelsgeschehen zu holen.

Aber bei Verteilersystemen ist das Überlaufen der Mailbox praktisch vorprogrammiert. Als der Komet *Shoemaker-Levy 9* in den Jupiter stürzte, las ich fünfzig Nachrichten aus dem Netz auf; weitere hundert landeten im *bitbucket*. Und wie in den Usenet-Newsgroups ist das, was über *mailing list* kommt, oft wenig gehaltvoll.

Praktisch alles wird im Usenet diskutiert: ob Computer über Nacht am besten eingeschaltet bleiben sollten, ob Katzen vegetarisch gefüttert werden können und ob Schwangerschaftsabbruch legalisiert werden müßte. Absehbare

Antworten: vielleicht, vielleicht und vielleicht, aber jedesmal schriller. Reichlich aufgeregte Meinung, aber kaum informierter Dialog, und noch weniger Konsens.

Da es keine einfachen Antworten gibt, verlaufen Debatten im Internet natürlich oft ergebnislos. Sie verlieren an Niveau und enden mit Beschimpfungen; schließlich verläßt einer der Teilnehmer symbolisch den Saal, und eine neue Auseinandersetzung hebt an.

Nun sind wiederkehrende Debatten nichts Schlimmes – sie drehen sich halt im Kreis und sind langweilig. Wenn ich das nächste Mal eine Woche im Streckverband verbringen muß, werde ich im Usenet vorbeischauen. Was man mit dem Computer großartig kann, ist Zeit verplempern, von der man sonst nicht wüßte, wie man sie sich um die Ohren schlagen soll.

Stellen Sie sich die Route vor, auf der Sie mit dem Auto vom Yankee-Stadion in der Bronx nach Jones Beach auf Long Island fahren würden. Wahrscheinlich würden Sie die Cross-Bronx-Stadtautobahn nehmen, dann die Throngs-Neck-Brücke, die Insel-Durchgangsstraße, die Long-Island-Autobahn und schließlich die Meadowbrook-Bundesstraße. Bedanken Sie sich bei Robert Moses – er hat diese öffentlichen Bauten geschaffen.

Von 1930 bis 1970 baute Robert Moses Straßen, Brükken, Parkanlagen und Häuser. Nichts konnte ihn aufhalten – weder Politiker noch Bürgermeister, Stadtplaner oder Anwohnerinitiativen. Im Gegenteil: Er bestach die Politiker, schüchterte die Bürgermeister ein, kaufte die Stadtplaner ein und pflügte die Wohnviertel unter. Und 1955 hätte sich ohnehin nur ein Reaktionär wie Luddite gegen den Schnellstraßenbau ausgesprochen. Das Auto war ganz eindeutig der Schlüssel zur Zukunft.

Ihre Phantasiereise über die Cross-Bronx-Autobahn zeigt Ihnen nicht die Tausende aus ihren Wohnungen vertriebenen Menschen, die unterm Asphalt begrabenen alten Sandsteinhäuser, die durch lärmende Verkehrsadern zerschnittenen Stadtteile. Robert Moses hat mehr zur Zerstörung von New York City beigetragen als irgend jemand sonst. Er verachtete Menschen, die sich kein Auto leisten konnten, und konstruierte daher Durchgangsstraßen mit Unterführungen, die zu niedrig für Autobusse waren. Es gab auch keine Fuß- oder Radfahrwege. Computerfreaks wiederum meiden Leute, die Angst vor moderner Technik haben, und schreiben dann Handbücher, die kein Anfänger versteht. Internet-Händler hätten gern staatliche Subventionen, um immer schnellere Verbindungen einzurichten, doch werden sie keine niedrigeren Anschlußgebühren für arme Haushalte bieten.

Die Internet-Wühler von heute dringen nicht mit Beton, sondern mit Computern in unsere Gemeinden ein. Indem sie das Internet als Allheilmittel vorantreiben, bieten sie eine verführerische Fluchtmöglichkeit aus unserer allzu profanen Welt. Sie erzählen uns, daß wir mit unseren Nachbarn nicht klarzukommen brauchen, Teufel auch, wir brauchen uns nicht einmal um sie zu kümmern. Ich muß auch nicht zur Bücherei fahren, weil die Bücher direkt auf meinem Tisch landen. Interaktive Multimediatechnik wird die Probleme in den Schulen lösen. Fette Gehälter und Arbeitsplätze auf Lebenszeit warten auf denjenigen, der Computer beherrscht.

All das ist natürlich gut gemeint. Man glaubt ehrlich an virtuelle Gemeinschaften und elektronische Klassenzimmer. Uns wird erzählt, Computer seien Arbeitswerkzeuge, die nicht mißbraucht werden sollten. Denn es liegt auf der Hand, daß sie der Schlüssel zur Zukunft sind. Die wichtigste Ingredienz dieser Silikon-Wundersalbe ist der technokratische Glaubenssatz, daß Computer und Netze eine bessere Gesellschaft schaffen werden: Zugriff auf Informationen, verbesserter Kommunikationsfluß und elektronische Programme könnten soziale Probleme beseitigen.

Ich glaube nicht daran. Es gibt keine simplen technologischen Lösungen für gesellschaftliche Aufgaben. Es besteht jede Menge Mißtrauen und Feindseligkeit zwischen Menschen, deren Kommunikationsfluß ausgezeichnet funktioniert. Der Zugang zu einem Universum der Information kann diese Schwierigkeiten nicht beheben: Wir werden uns immer daran abarbeiten, einander zu verstehen. Der wichtigste Austausch im Leben vollzieht sich zwischen Menschen, nicht unter Computern.

Als ich einmal in einem verstopften Badewannenabfluß herumstocherte, sehnte ich mich nach einem virtuellen Gulliprogramm – einem Computer, der den Dreck wegsaugen und meine Kanalisation freimachen würde. Nur ein Doppelklick auf das nette Piktogramm mit dem sauberen Rohr, und das Problem wäre beseitigt. Während ich den Saugschlauch Schmutzklumpen aus dem Abfluß baggern sah, fragte ich mich, ob das Internet nicht anstelle der Datenautobahn besser als Wasserleitung zu beschreiben wäre. Schließlich liefert es auf Wunsch einen Datenstrom. Das Modem wäre dann ein Ventil, das Informationen in den Computer fließen läßt. Auf den zweiten Blick ist das freilich eine schlechte Metapher, denn ich kann recht gut ohne Internet leben, aber nicht ohne funktionierende Wasserversorgung.

Die Nationale Informationsinitiative der US-Regierung unterstützt den allgemeinen Netzzugang. Wie die allgemeine Gesundheitsfürsorge bedeutet das für jeden etwas anderes.

Einerseits könnte »allgemeiner Zugang« darauf hinauslaufen, daß jeder Staatsbürger im Gebrauch des Netzes ausgebildet wird und eine Workstation nebst Modem und Zugangsberechtigung erhält. Andererseits könnte es aber auch bedeuten, daß jeder willkommen ist, solange er die Gebühren zahlt. Das aber ist heutzutage eine ganze Menge – kommerzielle Anbieter wie *CompuServe*, *PSI* und *UUNET* stellen ihre Dienstleistungen in Rechnung.

Um die Jahrhundertwende warben die *Bell Laboratories* ebenfalls mit einem Dienst für alle. Damals hieß das, daß ein Telefon mit jedem anderen verbunden werden konnte – sofern beide das Netz der Muttergesellschaft *American Telegraph & Telephone Company (AT&T)* benutzten. Vollständige technische Kompatibilität ist ein bedeutender Vorteil für einen Monopolisten. Und so entstand das heutige Telefonnetz, das nach Meilen und Minuten berechnet wird. Ortsgespräche sind billig, Fernverbindungen teurer. Eine einstündige Unterhaltung kostet doppelt soviel wie ein Dreißig-Minuten-Anruf. In Nordamerika sind Ortsgespräche normalerweise schon mit der monatlichen Grundgebühr abgegolten. Sie können fünf Stunden am Telefon verbringen und doch nicht mehr als die dreißig Dollar zahlen. Dienstleistung gegen Pauschalpreis.

Die meisten Telefongesellschaften bieten auch die Möglichkeit der Abrechnung nach Zähler, wobei jedes Ortsgespräch bezahlt werden muß. Obwohl dieses System den meisten von uns Geld sparen würde, bevorzugt die Mehrheit die Pauschale. Man hat das Gefühl, die Ortsgespräche wären umsonst, obwohl dafür die monatliche Grundgebühr bezahlt wird. Damit besteht wiederum kein Anreiz, seine Ortsgespräche einzuschränken.

Das Fernstraßennetz ist ebenfalls allgemein zugänglich – jeder Autobesitzer kann es benutzen. Es ist eine streng nutzerbezogene Dienstleistung: Sie zahlen pro Kilometer. Die Benzinsteuern teeren sozusagen die Fahrbahn; je mehr Sie fahren, desto mehr kostet es auch. Diese Ausgaben werden Ihnen nicht bewußt, weil Sie glauben, daß sie für den Treibstoff anfallen.

Das heutige Internet wird pauschal berechnet. Oder auch nicht. Seine Architekten haben nie über Rechnungen nachgedacht, so daß Sendungen nach nebenan dasselbe kosten wie welche nach Übersee, nämlich gar nichts. Später werde ich auf die Auswirkungen dieser Freifahrt zu sprechen kommen. Fürs erste genügt es, festzuhalten, daß die Anwender nichts für die Infrastruktur bezahlen – sie ist hochsubventioniert.

Wie bei Postamt, Telefonnetz und Bundesstraßen verschlingt auch beim Internet die Infrastruktur das meiste Geld. Die Grenzkosten für den Versand eines zusätzlichen Dokuments liegen praktisch bei Null. Praktisch, aber nicht ganz: E-Mail gibt es nicht umsonst. Jemand muß für die Übertragung all der Bytes im Netz zahlen. Selbst wenn wir von der Infrastruktur einmal absehen – Kabel, Satellitenverbindungen, *router* und Paketweichen –, bleiben beträchtliche allgemeine Verwaltungskosten. Jemand muß alles einrichten und dann am Laufen halten, wenn sich die Hardware verändert, muß die Software erneuern und Fragen verrückter Nutzer beantworten. Im Internet zahlen die Anwender nichts. Das kann nicht lange so weitergehen.

Ebenso muß irgend jemand die Kosten von Straßenreparaturen tragen. Landesweit zeigt der Belag von Fahrbahnen und Brücken Gebrauchsspuren. Niemand will für Unterhalt und Ausbesserung aufkommen.

Gut; fast niemand. Ich kenne einen Burschen, der die Reparatur der nationalen Infrastruktur selbst in die Hand nahm. Der Name Andy Odell steht heute für nichtradiale Oszillatoren in Sternen und Protoplaneten. Als er sein Hauptstudium an der *University of Wisconsin* absolvierte, fiel ihm der beklagenswerte Zustand des nationalen Eisenbahnetzes auf. Wegen dessen jahrzehntelanger Vernachlässigung war Wisconsin kreuz und quer mit ungepflegten Strekken überzogen. Mit schmuddeligem Bart, schmuddeligen Bluejeans und schmuddeligen Turnschuhen machte sich Andy daran, etwas aus der Situation zu machen. Er hantierte nachts in der Werkstatt der astronomischen Fakultät mit einer zweieinhalb Meter langen Sperrholzplatte, vier Wagenrädern aus Gummi, einem Paar 1374-mm-Achsen und einem Rasenmähermotor: Andy baute eine Seifenkiste für Eisenbahnschienen.

»Man muß Gummireifen nehmen«, erklärte er, »sonst leiten sie den Strom und man schaltet auf dem Weg die Signale um.«

Um die Draisine in der Spur zu halten, schweißte er Stahlplatten an die Räder: Das Gummi liegt auf der Schiene, während die Metallflächen an der Innenkante entlanggleiten, was ein wunderbar zischendes Geräusch ergibt, während man die Gleise entlangrollt.

Ich erwähne die konstruktionstechnischen Details nicht, um zur Nachahmung von Andys Experiment zu ermuntern, sondern um zu verdeutlichen, daß die Arbeit an nationalen Infrastrukturprojekten sowohl Planung als auch Verständnis erfordert. Andy sagte, man müsse den Schwerpunkt tief halten, weil die Fahrt ziemlich holprig ist.

Nun nehmen Sie vermutlich an, daß jedem Kenner pulsierender Sterne auch das Paulische Ausschließungsprinzip bekannt sein müßte: Zwei Gegenstände können nicht gleichzeitig denselben Raum einnehmen. Wahrscheinlich hatte Andy einen eher theoretischen Zugang zu diesem physikalischen Gesetz; jedenfalls ließ er sich davon in der experimentellen Praxis nicht beirren.

Denn es ist schon verrückt, per Seifenkiste eine Strecke entlangzurollen, auf der Züge fahren. Daher nahm Andy auch stets einen anderen Studenten mit – einer guckte nach vorn, der andere nach hinten. Sobald sie einen Zug sahen, schalteten sie also den Motor ab, sprangen hinunter, und zerrten den Wagen von den Schienen. Eine einfache Methode, abzubiegen, die der Eisenbahn nur bei Unglücken einfällt.

Der Typ vorn hatte noch eine andere Aufgabe: nach Bäumen Ausschau zu halten. Die alten Personenzüge pflegten die Toiletten direkt auf den Bahndamm zu entleeren, was einen prächtigen Dünger abgab. Infolgedessen gedeiht entlang vernachlässigter Strecken eine üppige Vegetation – mitunter auch zwischen den Gleisen. Wenn Sie mit dreißig Stundenkilometern dahinflitzen, kann die schmächtigste Zeder ein mächtiges Hindernis darstellen. Der Vorwärtsbeobachter hatte also die Hand am Gashebel, verlangsamte die Fahrt, hielt vor dem Bäumchen an, beseitigte es mit einer Handsäge, und weiter ging die Reise. Auf diese Weise half Andy, wichtige Verkehrslinien in gutem Zustand zu halten, und verbesserte meßbar die nationale Verkehrs-Infrastruktur.

Es klappte phantastisch: an einem Tag die Route von Madison nach Monroe. Nachdem die Verbindung von Bäumen befreit war, träumte Andy von seiner eigenen Pendlerlinie auf der alten *Illinois-Central*-Strecke. Die *Odell-Cannonball.*

Um zum Eisenbahnbaron zu werden, brauchte Andy freilich noch eine Verlängerung nach Westen in Richtung *Continental Divide* und schließlich zum Pazifischen Ozean. Er pirschte sich also auf den Milwaukee-Eisenbahnstrecken entlang und drang bis nach Darlington vor.

Diese Kreisstadt in Wisconsin hat vielleicht sechstausend Einwohner nebst etwa zwanzig Kneipen, einigen Tankstellen und einem Sheriff. Andy war hier noch nie gewesen, sonst hätte er gewußt, daß die Schienen direkt über die Hauptstraße laufen – genau vor den Kneipen, Tankstellen und dem Büro des Sheriffs.

Mit blödem Grinsen rodelten Andy und sein Begleiter Samstag abend gegen elf Uhr in die Stadt hinein. Mit knapp zwanzig Stundenkilometern gelangten sie durch den größten Teil des Ortes, vorbei an Straßen mit Namen wie Lucy, Minerva, Harriet, Ann, Alice und Louisa. Irgendwo entlang der drei letztgenannten blickten sie auf und sahen neben sich im Schrittempo einen Polizeiwagen fahren.

Sie würgten den Motor ab, als der Sheriff von Darlington sie einholte und mit ihm eine ganze Menge Leute aus den Wirtshäusern. »Sie reisen auf Eisenbahneigentum«, sagte der Sheriff zu Andy. »Wenn die *Milwaukee Road* sich beschwert, muß ich Sie wegen Verdachts auf unbefugtes Betreten festnehmen.«

Andy kam nicht unvorbereitet. In seinem Rucksack befanden sich, außer einem Sixpack Huber-Bier, auch Anzug und Krawatte, um im Falle eines Falles anständig gekleidet vor dem Untersuchungsrichter zu erscheinen. Der Wiederaufbau unserer nationalen Infrastruktur verlangt Voraussicht und Erfindungsgabe.

Nun ist Samstagabend nicht die beste Zeit, um die Rechtsabteilung der *Milwaukee Railroad* zu erreichen, aber der Sheriff tat sein Bestes. Er drang bis zu einem Stationsvorsteher in Milwaukee vor, der sich erkundigte, ob der Wagen Weichen und Signale umschalten würde. Andy erklärte, daß die Gummiräder als Isolierung wirkten, und der Angestellte gab sich damit zufrieden. »Sprechen Sie Montag mit der Rechtsabteilung«, sagte er, »und halten Sie mich raus aus der Sache.« Ohne Unterstützung der Bahnlinie konnte der Sheriff keinen Grund finden, die beiden Abenteurer in Gewahrsam zu nehmen; Andy fürchtete jedoch noch immer, die Nacht im Kittchen verbringen zu müssen.

Als die Kneipen um ein Uhr morgens schlossen, wurden die Umstehenden unruhig. Man wußte nicht recht, wie der Wiedereintritt der Stadt ins Eisenbahnzeitalter zu begehen sei. Die Atmosphäre entspannte sich, als Andy den Schaulustigen Spazierfahrten anbot. Der Sheriff war als erster dabei.

»Er war recht freundlich, nachdem wir ihn mitgenommen hatten«, berichtet Andy. »Statt uns festzunehmen, ließ er uns laufen und sorgte dafür, daß uns niemand belästigte.«

Inzwischen hatte Andy sich einen Ausweg aus der Klemme überlegt. Sollte die *Milwaukee Railroad* Ansprüche erheben, würde er in der Untergrundpresse erklären, wie man sich seinen eigenen Eisenbahn-Go-Kart baut. Und jeder *dope*-rauchende Hippie, der ein paar Sperrholzplatten zusammenhämmern konnte, würde bald die superleichte Schiene entlang von Küste zu Küste trippen. Falls sich die Gesellschaft hingegen entschloß, über den Vorfall hinwegzusehen, würde Andy sein technologisches Experiment für sich behalten.

Und so geschah es auch. Andy verriet niemandem eine Silbe, und dank seiner engagierten Beseitigung eines halben Dutzends Bäume blieb die *Milwaukee Railroad* im Geschäft, zu Nutz und Frommen der abendländischen Zivilisation. Heute können Sie Andys Projekt nicht mehr nachahmen – jemand hat die Gleise weggerissen und nur ein paar verrottende Schwellen sowie einen Radfahrweg hinterlassen. Andys Beitrag zur nationalen Infrastruktur lebt fort.

Heute ist er Professor der Astronomie an der *Northern Arizona University* in Flagstaff, wo die nächste vernachlässigte Bahnstrecke eine Stunde entfernt liegt. Er streitet rundheraus ab, von der Stadt Williams auf der alten Santa-Fe-Strecke zum Grand Canyon hinaufzufahren.

Ich wünschte, ich könnte unser nationales Verkehrsnetz auf ähnliche Weise wie Professor Odell unterstützen. Ich habe das Internet nach Plänen durchforstet, mit denen man Andys motorisierte Draisine nachbauen könnte, und nach Karten, auf denen stillgelegte Strecken verzeichnet sind. Alles, was ich gefunden habe, ist eine Newsgroup für Eisenbahnfans und eine Netzspinne der New Yorker U-Bahn. Anregend, aber nicht genau, was ich suche. Fürs erste werde ich mich also an eine weniger sichtbare Infrastruktur halten: das Internet selbst.

Etwa ein Jahr lang lebte ich mit einem 110-Baud-Fernschreiber gleich neben meinem Bett. Ein großartiges Gerät – ich konnte zusehen, wie Relais und Nocken elektrische Impulse in Druckzeichen auf Papier verwandelten. Langsam, aber befriedigend. Ich träumte von einem 1200-Baud-Modem – nicht von schnelleren, weil das in etwa mein Lesetempo ist.

Heute kriegt man keine Fernschreiber oder 1200-Baud-Modems mehr; die Norm liegt bei 14400. Nicht, daß die Menschen jetzt schneller lesen würden: Sie laden Dateien runter, lassen interaktive Spiele laufen und schauen sich Bilder auf dem Monitor an. Würde Text in dieser Geschwindigkeit über den Schirm rollen, könnten Sie vielleicht eines von zehn Wörtern aufschnappen. Diese Schnelligkeitsmanie wird schmerzhaft deutlich an der Art und Weise, wie wir mit Botschaften aus Computernetzen umgehen. E-Mail braucht ungefähr eine Minute, um den Kontinent zu durchqueren, und irgendwie fühlen wir uns verpflichtet, genauso rasch zu antworten.

Beinahe jeder Computer hat ein Rechtschreibprogramm. Mit *Entfernen*-Tasten und Vollbild-Editoren braucht man keinen Radiergummi mehr. Wie kommt es also, daß ich so viel E-Mail mit Orthographie- und Grammatikfehlern erhalte?

Warum nehmen wir uns nicht etwas mehr Zeit, Antworten zu verfassen und unsere Kommunikation etwas aufzupolieren? Vielleicht sind es die Online-Gebühren: Wenn ich zehn Dollar die Stunde zahle, möchte ich keinen Absatz ummodeln oder ein Rechtschreibprogramm laufen lassen. Doch selbst unter Nutzern, die in einem gebührenfreien Netz wie dem Internet angemeldet sind, überprüfen nur wenige ihre Briefe, bevor sie sie abschicken.

Liegt es also vielleicht an der umständlichen Syntax vieler Online-Editierprogramme (sie haben wahrlich obskure Regeln)? Oder versenden wir unkorrigierte E-Mail aufgrund der Zwanglosigkeit im Netz? Wir erwarten, daß unsere Botschaften zwar gelesen, dann aber weggespeichert oder ausrangiert werden.

Ich habe den Verdacht, daß ein Grund in der stets mitgedachten Geschwindigkeit der Datenverarbeitung besteht. Wir bemühen uns, dem Netz gerecht zu werden und mit dem Textstrom Schritt zu halten, der auf unseren Bildschirm quillt. Die Kurzlebigkeit von Netzverbindungen ermuntert ebenfalls zu raschen Antworten. Weil es so einfach ist, Text zu editieren, halten wir seine Überarbeitung für unwichtig. Ich schreibe also einen Bildschirm voll zusammen, drücke *Eingabe*, und es ist im Äther. Schnell, informell und direkt.

Über das geschriebene Wort sind wir gewohnt, nachzusinnen. Wenn ich ein Buch lese, stehe ich vielleicht auf, schreite einmal auf und ab und kehre an meinen Platz zurück. Aber von der Kathodenstrahlröhre reiße ich mich nicht so leicht los. Ich könnte eine langsamere Rollgeschwindigkeit einstellen oder eine Dateiübertragung unterbrechen, aber ich lehne mich kaum je zurück und betrachte in Ruhe, was da auf dem Schirm ist. Es ist zu unmittelbar, zu fordernd, und die nächste Datei wartet schon.

America Online, *CompuServe* und öffentliche *Free-nets* haben die Netze leicht zugänglich gemacht und damit viele Neueinsteiger angelockt. Diese sind jung und vorwiegend männlich – inoffizielle Erhebungen deuten darauf hin, daß weniger als ein Viertel der Anwender weiblichen Geschlechts ist.

Einmal drinnen, fällt es schwer zu sagen, mit wem man es zu tun hat. Bei der Jane Fonda, die in einer Rücksendeanschrift auftaucht, könnte es sich gut um einen Typen handeln; jemand anderer ist vielleicht nur als K8366 aufgeführt. Da man sich im Internet nicht ausweisen muß, können Sie so anonym bleiben, wie Sie es wünschen. Sie können Namen und Identität wechseln, wenn es Ihnen gefällt, und Ihre Ortsangabe muß nicht viel mehr sein als ein Rechner mit Netzzugang. Sie können eine selbstbewußtere Person erfinden, die frei von Schüchternheit und körperlichen Handicaps ist. Eine Hausfrau in Boise, Idaho, nennt sich *Amazon Gal*; ein Teenager aus New York City wird zu *Ranchhand.* Bei diesem Maskenball wissen Sie wirklich nicht, mit wem Sie sich einlassen.

Anonymität und Unauffindbarkeit scheinen das Schlechteste im Menschen hervorzulocken. Es verwundert mich kaum noch, wenn Online-Konferenzräume Bezeichnungen tragen wie »Suche MF für Affäre« oder »Teenagerbeichte«.

In den Texten, die vor mir abrollen, gleichen sich alle Personen in Schriftart, Stil und Formatierung. In Wirklichkeit würden wir Unterschiede in Kleidung, Gesichtsausdruck, Akzent und Geschlecht wahrnehmen. All das verschwindet online.

Treffen Sie auf der Straße einen Fanatiker, der Obszönitäten brüllt, suchen Sie rasch das Weite. Wenn dieselbe Person etwas in die Netznachrichten schickt, haben Sie den größten Teil der Botschaft schon gelesen, bevor Sie zur nächsten wechseln. Der Zugang zum Netz verschafft extremistischen Auffassungen Glaubwürdigkeit und Publikum.

Die schon erwähnten MUDs – *Multi-User-Dungeons* – sind interaktive Rollenspiele, die über das Internet laufen. Dabei stellen Leute Verbindung zu einem entfernten Computer her, denken sich ihre eigenen Figuren aus und treten über getippte Befehle und Kommentare in Wechselbeziehung mit anderen. Keiner kennt die Identität des jeweiligen Gegenübers; nur die Online-Persönlichkeit zählt. Wir können aus dem überkommenen Bereich sozialer Zwänge hinaustreten, Fremden Vertrauen schenken und mit völlig fiktiven Personen intim werden.

Sowohl bei den Rollenspielen als auch in Online-Konferenzen präsentiert das Netz eine irreale Welt, in der Sie jegliche Gestalt annehmen können. Wählen Sie den Menschenfreund oder den Griesgram. Aber Sie sind nicht, was Sie vorgeben. Innen drin bleiben Sie immer noch Sie selbst.

Den Teilnehmern an diesem Maskenball steht es frei, über ansonsten unangenehme oder »verbotene« Themen zu sprechen. Beliebte elektronische Diskussionsgruppen befassen sich mit Sex, Hörigkeit und Pornobildern – all das in einem entschieden unerotischen Medium. Es gibt keine Gelegenheit zu körperlicher Intimität, allenfalls die Hoffnung, der Online-Partner möge so sein, wie Sie ihn sich vorstellen. Wobei es gut möglich ist, daß er sich in Alter und Geschlecht verstellt hat.

Sich eine Persönlichkeit zu schneidern ist eine Erfahrung des Andersseins, eine Möglichkeit, dem Hier und Jetzt zu entfliehen. Ich möchte wetten, daß irgendein bärtiger Philosoph – Martin Buber vielleicht – schon erörtert hat, wie authentische Erfahrung die Entfremdung von unserem wahren Selbst zurücknehmen kann. Diese einst von den Umständen diktierte Spaltung wird heute von Netz-Süchtigen bewußt gewählt.

Doch in all diese Netz-Kreaturen haben Sie körperlich nichts investiert. Egal, wo Sie zu sein scheinen, Sie sind doch immer am selben Ort. Egal, wie gefährlich die Situation aussieht, Sie sind immer in Sicherheit. Egal, wie sinnlich die Unterhaltung Ihnen vorkam, Sie können die Beziehung nicht sinnlich werden lassen. Egal schließlich, welche Figur Sie gewählt haben, im Innern bleiben Sie doch derselbe.

Computernetze isolieren uns eher voneinander, als uns zusammenzubringen. Wir brauchen uns nur mit einem Teil des Individuums am anderen Ende der Leitung auseinanderzusetzen. Und wenn uns der nicht gefällt, ziehen wir den Stecker. Oder wir machen es fertig. Es besteht keine Notwendigkeit, die Unzulänglichkeiten realer Menschen zu tolerieren. Es herrscht dieselbe Intoleranz wie auf der Autobahn, wo die Fahrer ihre Wut aneinander auslassen.

Wenn wir uns in Netze einwählen, verlieren wir die Fähigkeit, spontane Beziehungen zu wirklichen Menschen aufzubauen. Der Feierabend wird nun damit zugebracht, einen

Fernsehschirm oder Computermonitor zu betrachten – sichere Häfen, in denen man sich verstecken kann. Gespräche auf der Veranda sterben ebenso aus wie der Brauch, Kindern etwas vorzulesen. Das Internet bringt uns mit Tausenden von Leuten aus dem ganzen Land in Kontakt. Aber es ist wichtiger, sich Freunden und Nachbarn zuzuwenden. Karen Anderson, Pinguinpflegerin in San Franciscos *Steinhart*-Aquarium, formuliert das so: »Die Menschen an meiner Seite sind mir die wichtigsten im Leben. Weshalb sollte ich mich wegen persönlicher Beziehungen in irgendeinem Computernetz verrückt machen?«

Karen erzählte mir von der Arbeit des Dr. Luis Baptista, Kurator für Ornithologie an der kalifornischen Akademie der Wissenschaften. Dieser Bursche kennt seine Vögel – er kann die Lieder von Tauben und Sperlingen peifen. Er hat sogar seine Dissertation über die Dialekte dieser Tiere geschrieben. Um zu verstehen, wie Vögel ihren Gesang erlernen, zog er Weißkopfspatzen auf. Wenn sie das Nest verließen, setzte Dr. Baptista einzelne Junge in einen Käfig, in dem sie einen asiatischen Erdbeerfinken hören und sehen konnten. Der Nachwuchs vernahm im selben Raum auch verschiedene Bandversionen des eigenen Dialekts, sah die Sänger jedoch nicht.

Die Jungen lernten ihre Spatzenlieder nicht. Statt dessen wuchsen sie heran und pfiffen die Lieder der asiatischen Finken, mit denen sie Umgang gepflegt hatten. Und als Eltern brachten sie wiederum ihren Jungen den chinesischen Gesang bei. Sperlinge lernen also von lebendigen Lehrern, nicht von Maschinen.

In gewisser Weise bringt uns die Isolation der Computer und Online-Netze dazu, die Lieder der anderen zu singen. Sozial vernachlässigte Kinder übernehmen die Eigenarten der ersten Menschen, mit denen sie in enge Berührung kommen. Das ermuntert zur Lösung von elterlichen Werten und fördert die Dominanz der Clique. Jugendlichen, die nicht mit ihren Eltern, sondern mit Computern kommunizieren, entgeht der wichtigste Teil des Heranwachsens: die Nähe zur Familie.

Sie meinen, ich übertreibe? Ein Teenager in Berkeley begann einen Computer zu benutzen, als er drei Jahre alt war; heute kennt er das Internet in- und auswendig, kann sich aber nicht mit einem Erwachsenen unterhalten. Ich kenne mehrere Computerhexer, die Ihnen die Feinheiten des Hintergrundspeichers in ihrem Computer erklären können, aber nicht wissen, wann ihre Familie in die USA eingewandert ist. Und ich habe Dutzende von Gymnasiasten getroffen, die die Textverarbeitung souverän beherrschen, aber noch nie einen Dankesbrief geschrieben haben.

4//Der Autor untersucht die umfassende Fähigkeit des Computers, Frustration zu erzeugen

Was ist eigentlich so besonders an einem Computer? Weshalb ist es so schwierig, den Seitenrand einzustellen? Weshalb ist meine Mutter, die im Zweiten Weltkrieg Illustrationen komplexer Flugzeugteile anfertigte, frustriert, wenn sie einen Brief aufsetzen will? Weshalb kommen uns Worte wie Hexer, Guru und *Swami* in den Sinn, wenn sich Leute mit Rechnern auskennen?

Es liegt an dem ausschließenden Charakter technokratischer Kulturen. Bei allem Gerede von freundlichen, offenen Systemen gibt es kein herzliches Willkommen für Anfänger. Es bleibt dem Nutzer überlassen, sich mit einer neuen Terminologie herumzuschlagen, in der es von Fachausdrükken und Abkürzungen wimmelt; sich für das geeignete System zu entscheiden; die Software zu installieren und zu warten.

Auf ähnliche Weise ist die Gemeinschaft der Vernetzten ein exklusiver Club der Eingeweihten. Viel zu oft ist dem Netzanschluß ein schikanöses Ritual vorgeschaltet. Erst probieren Sie es direkt mit dem System, machen Fehler und geben ernüchtert auf. Dann besorgen Sie sich die Bedienungsanleitung und hoffen, daß die Handbücher der aktuellen Software entsprechen.

Vielleicht gibt es online sogar eine Hilfedatei – sie erscheint auf dem Schirm, wenn Sie den Menübereich verlassen. Softwareentwickler meinen, die Online-Hilfe sei ein ausgezeichneter Weg, Fragen zu beantworten. Folglich haben wir die Sprechblasen-Hilfe bei Macintosh, Funktionstaste 1 unter *Windows* und Online-Hilfen in den Netzen. Alle setzen voraus, ich hätte Probleme mit einem bestimmten Befehl. Doch häufig komme ich ins Schwimmen, weil ich nicht weiß, welchen Befehl ich brauche. Die einzige Möglichkeit ist dann, jemanden zu fragen.

Ich krieche also zum Techniker oder zahle für Ferngespräche, die mich in ein Dickicht automatischer Hilfsbotschaften führen. Oder ich schaue einem Fachmann zu, der rasch ein paar Zeichen eingibt und sich ohne weitere Erklärung wieder davonmacht. Ich wiederhole dieses Ritual einen Monat lang und bin aufgenommen.

Ungezählte Stunden habe ich damit zugebracht, Musik in der Warteschleife zu hören, während sich in mir die Enttäuschung darüber breitmachte, keine Antwort auf eine einfache Frage zu bekommen. Man hat das Gefühl, daß jede Frage dumm sein muß. Denn schließlich arbeitet der Computer streng logisch, die Kommandos sind online dokumentiert, und der allmächtige Ausputzer ist zu beschäftigt, um mir die Hand zu halten.

Vielleicht entsteht die Frustration aus der Komplexität der Computer. Mit den vielen Teilen und all ihren Wechselwirkungen sind sie naturgemäß schwer zu benutzen. Aber Moment: Welches ist das komplizierteste Gerät in Ihrem Haushalt? Der Fernsehapparat. In ihm steckt eine erstaunliche Vielfalt an Radio-, Audio-, Digital- und Analogschaltkreisen. Es gibt einen Millivolt-Detektor neben einem 20000-Volt-Transformator; magnetische Ablenkspulen, die eine dreiteilige Vakuumröhre umgeben; demodulierte Bildsignale, die den Elektronenstrahl steuern; Verstärker, Puffer und Oszillatoren von 800 MHz an aufwärts. All dies ist an ein Dutzend Netze mit hoher Bandbreite angeschlossen. Stellt man sich das Ganze noch in Verbindung mit den elektromechanischen Wundern eines Videorecorders vor, so sollte man annehmen, daß nur ein gutausgebildeter Fachmann in der Lage ist, damit umzugehen.

Doch trotz dieser Komplexität ist jedes Kind mit der Handhabung von Fernsehapparat und Videorecorder vertraut. Die Bedienungsanleitung ist kaum zwanzig Seiten lang und wird gleichwohl selten gelesen. Gewiß hat jeder Videorecorder eine Menge ungenutzter Besonderheiten – etwa Zeiteinstellung und Programmierung –, aber wir hören nie von Leuten, die Angst vor der Benutzung ihres Fensehgeräts hätten. Es sei denn, sie müssen mit einem computerisierten Fernsehgerät klarkommen. Am Tag nach einem Flugzeugabsturz bei Pittsburgh hörte Don Alvarez drei Freunden zu, die über die Berichterstattung diskutierten. Eine vierte saß still daneben und erklärte schließlich, daß sie an ihrem Fernseher den lokalen Nachrichtensender nicht einstellen konnte. Das Gerät war darauf programmiert, ihre Lieblingssender abzusuchen, und sie konnte die Anleitung zum Umprogrammieren nicht finden. Die hinter schwarzen Tafeln verborgenen unbezeichneten schwarzen Knöpfe machten ihre Aufgabe nicht einfacher.

Es verursacht unnötige Schwierigkeiten, daß die Einstelleiste des Fernsehers versteckt ist. In diesem Sinne stellt sich auch die Frage, ob der Gebrauch von Computern so verzwickt sein muß. Jahr für Jahr werden die Benutzeroberflächen theoretisch einfacher: Befehlszeilen-Interfaces wurden von Multiple-choice-Menüs abgelöst, diese wiederum von *pull-down* und *tear-off*-Menüs und später von Paletten. Doch mit jeder Verbesserung versinke ich im Überfluß der Wahlmöglichkeiten.

Gestern benutzte ich *Turbocad*, ein computergestütztes Designprogramm, das meinen Bildschirm mit fünf Paletten und fünfzig unbezeichneten Piktogrammen bevölkerte. Die Online-Systeme sind noch schlimmer: Jede Ebene bietet Hunderte von Alternativen. Ich irre durch ein Labyrinth verschlungener Gänge; keine ist wie die andere und nirgends ein Wegweiser oder eine Karte.

Ich halte den Herstellern zugute, daß Benutzeroberflächen verflixt schwer zu fabrizieren sind. Es gibt kein Rezept. Je größer die Zahl der Wahlmöglichkeiten, desto härter wird die Aufgabe, weil die Befehle sich gegenseitig beeinflussen. Doch die Softwareproduzenten kaprizieren sich darauf, die Programme mit zusätzlichen Eigenschaften zu versehen, statt sie anschaulicher zu gestalten.

Das Resultat: Die Computerelite behauptet, ihre Welt stünde jedem offen, während sie den Outsidern durch technologische Riten den Zugang versperrt.

Im *Byte*-Magazin vom Oktober 1994 berichtet der Schriftsteller Craig Nova, daß er das Internet nutzen möchte, aber auf eine kaum verhohlene Feindseligkeit gegen diejenigen stößt, die im Umgang mit Computern weniger vertraut sind. »In vielerlei Hinsicht komme ich mir vor wie ein Barbar am Tor«, schreibt er. »Ich kann die süßen paradiesischen Düfte riechen, doch bin ich dazu verurteilt, am Schloß herumzubasteln. Es gibt viele wie mich, die unvollkommen ins Internet integriert sind. Ungeduldig warten wir auf etwas, von dessen Existenz wir bereits wissen, das wir aber dennoch knapp verfehlen: einfacher, vollständiger Zugang zur Information.«

Mit der Feindseligkeit hat er recht. Doch wie wir später sehen werden, ist der süße paradiesische Duft eine olfaktorische Halluzination, der Geruch eines Einhorns. Es gibt keinen einfachen, vollständigen Zugang zur Information. Es gab ihn nicht und wird ihn nie geben.

Im März 1949 beschrieb *Popular Mechanics* das allerneueste Elektronengehirn: »Wo ein Rechner wie der *Eniac* mit 18 000 Vakuumröhren ausgerüstet ist und 30 Tonnen wiegt, wird der Computer der Zukunft mit nur 1000 Röhren auskommen und vielleicht nur anderthalb Tonnen wiegen.«

Krötengleich hockt dieses Elektronengehirn der Zukunft nun auf Ihrem Schreibtisch. Lange ist Hardware gebaut worden, ohne einen Gedanken an die Anwender zu verschwenden. Der An/Aus-Schalter versteckt sich auf der Hinterseite zwischen Kabeln und Anschlüssen. Die Steuerungstaste meines PC sitzt unter der Großschreibungstaste; auf dem Macintosh ist diese Stelle durch die Optionstaste belegt; bei meiner Sun-Workstation ist es noch eine andere. Die nur selten benutzte Feststelltaste für Großschreibung erhält stets Grundstücke in bester Lage, wo sie leicht aus Versehen gedrückt wird. Die häufig gebrauchte Entfernen-Taste ist mittlerweile in die hinterste Ecke verbannt. Und war nicht auch die Tastatur ursprünglich mit dem Hintergedanken entworfen worden, Schreibkräfte künstlich langsamer zu machen, indem man die am häufigsten benutzten Buchstaben so weit wie möglich von den Fingern anordnete?*

* In der Tat: C. Latham Sholes und James Densmore bauten 1868 in Milwaukee die erste Schreibmaschine. Man tippte damit leicht zu

Mein Modem hat Lämpchen, die mit CTS, DTR, CD, RX, TX und AA bezeichnet sind. Nun weiß ich, daß sich dahinter *clear to send*, *data terminal ready*, *carrier detect* und Ähnliches verbirgt. Aber ich bin wütend darüber, daß Ingenieure systematisch kryptische Bezeichnungen verwenden, die die Technologie mystifizieren und normalen Menschen den Zugang verwehren. Und überhaupt, wozu *clear to send*? Warum keine Lämpchen mit den Informationen *Computer nicht angeschlossen*, oder *Modem hat Problem*, oder gar *Verbindung ganz ausgezeichnet*?

Ich vernehme ein befriedigendes *plonk*, wenn ich eine Taste auf meiner *Sears*-Schreibmaschine anschlage. Wenn das Papier feststeckt oder das Band reißt, gibt das unterschiedliche Laute. Die meisten Autofahrer können den Zustand ihrer Fahrzeuge einschätzen, indem sie einfach auf das Motorengeräusch achten. Ein Mechaniker kann auf diese Weise oft sogar die Fehlerquelle diagnostizieren.

Mein Computer jedoch hört sich immer gleich an. Ob das Programm arbeitet oder nicht, ich vernehme das Wimmern des Laufwerks und das Rauschen des Ventilators. Der Ventilator heult nicht auf, wenn er sich durch ein *spread sheet* frißt, und die Festplatte summt auch bei Systemabsturz weiter. Glücklicherweise gibt sie ein sanftes Knurren von sich, wenn ich abspeichere – eine angenehme Bestätigung, daß das Gerät tatsächlich arbeitet.

Allerhand *blieps*, *pings* und *sings* signalisieren mir, daß

schnell und blockierte die Walze. Um diese Unannehmlichkeit zu beenden, fragte Densmore seinen Schwiegersohn, einen Schuldirektor, welche Buchstaben im Englischen am häufigsten sind. Und 1872 konstruierte er dann eine Tastatur, bei der die am häufigsten benutzten Buchstaben so weit wie möglich voneinander entfernt lagen. Daher der Horror von QWERT.

mein Computer Eingaben erwartet; desgleichen die Dialogfelder und phantasievolle Schreibmarken. Aber eine kontinuierliche Rückmeldung ist das nicht. Ich sehne mich nach subtileren Klängen wie denen eines Automotors, die mir sagen, was los ist: ein Tonwechsel, wenn das System abstürzt, oder sanfte Laute, die sich im Laufe der Arbeitsschritte verändern. Die entsprechende Hardware ist simpel: Die meisten Computer haben ohnehin Resonanzböden und Stereo. Doch man findet kaum Geräusche, die intelligent in die Nutzungsumgebung eingebettet sind.

Die Software ist kaum besser: Befehle sind nicht anschaulich, kaum standardisiert und oft hinter Funktionstasten versteckt. Das führt selbstverständlich zu Fehlern und erschwert das Lernen. Gibt es einen Anwender auf dieser Welt, der noch nicht versehentlich eine Datei gelöscht hätte?

Wenn Sie ein neues Programm installieren, wird vermutlich eine Systemdatei modifiziert, was Risiken für die übrige Software bedeuten kann. Solche Veränderungen laufen versteckt und undokumentiert ab, so daß Software nur schwer entfernt werden kann. Und schlimmer: Programmdateien werden quer über die Festplatte verteilt und mit schlechterdings mystischen Kennungen wie WP1422.INI versehen.

Ist es zuviel verlangt, Software möge getestet und fehlerfrei aus dem Werk kommen? Offenbar ja, denn ich habe solche Ware nie erhalten. Nie? Nun gut, fast nie. Auf meinem Heimcomputer beeinträchtigen solche Defekte nicht nur die jeweilige Anwendung; sie lassen das ganze Gerät zusammenbrechen. Häufig benutze ich vier Programme gleichzeitig – Textverarbeitung, Datenbank, Tabellenkalkulation und Übertragungssoftware. Hat meine Telefonleitung einen Schluckauf, hält das Online-Programm an, und alles friert ein. Die einzige Abhilfe besteht darin, neu zu laden, wobei alle Veränderungen seit der letzten Speicherung verlorengehen. Aber eines Tages werden derartige Wechselwirkungen ja durch bessere Betriebssysteme und Qualitätskontrolle der Software aufgehoben sein. Gewiß doch.

Die gesamte Computerkultur erscheint mir besessen von Leistung. Diese wiederum wird mit Geschwindigkeit gleichgesetzt. Es ist einfach, zu vergleichen, welcher von zwei Rechnern der schnellere ist; jeder kann verstehen, was das bedeutet. Weit schwieriger zu messen sind Einfachheit, Anwenderfreundlichkeit und Lernkosten. Und doch sind es gerade diese Dinge, die in der Regel bestimmen, wie die Leute mit ihren Systemen klarkommen. Die längste Zeit bleibt unsere Hochgeschwindigkeits-Zentraleinheit ungenutzt und wartet darauf, daß wir etwas tun. Oder auf dem Monitor erscheinen animierte Bildschirmschutz-Grafiken.

Aber ist ein Programm wirklich leistungsfähiger, wenn es mehr Funktionen aufweist, eine eingebaute Programmiersprache unterstützt oder schnell arbeitet? Vermag eine Sprache mehr als die andere? Vergleichen Sie Englisch mit Jiddisch. Gewiß mag es schwerfallen, ein Differential auf jiddisch zu beschreiben, aber versuchen Sie mal dasselbe mit einem Schlemihl auf englisch.

So wird mir langsam klar, daß Leistung in der Datenverarbeitung ähnlich definiert sein sollte wie in der Physik: als die Fähigkeit, innerhalb einer gewissen Zeitspanne Arbeit zu erledigen. Ein kompliziertes Online-System mag viele Möglichkeiten bieten, aber seine Unübersichtlichkeit behindert meine Tätigkeit. Ich verbringe mehr Zeit damit, die verflixten Befehle zu erlernen, als mir die Informationen zu beschaffen, die ich brauche.

Computer und Netze stehen nicht nur der Arbeit im Wege. Sie trennen uns auch von den Genüssen des täglichen Lebens. Ich habe einmal einen Programmierer getroffen, der den Junk Food, den er im Laufe des Tages zu sich nahm, mit Vitaminpillen ausglich. Und an fast jeder Universität gibt es Geschichten über Studenten, die selbst nachts in Scharen an die Terminals schleichen.

Da komme ich ins Nachdenken: Die Kerle essen an der Konsole und nehmen Kalorien auf, ohne das sinnliche Erlebnis einer Mahlzeit zu haben. Ihre Augen sind stundenlang auf denselben Punkt gerichtet. Sie betätigen lediglich ihre Finger. Kein Wunder, daß Erkrankungen der Handwurzelknochen geradezu epidemisch auftreten.

Ich frage mich, ob man Computerfreaks nicht verpflichten sollte, im Interesse der Gesundheitsvorsorge während der Arbeit in Tretmühlen zu laufen. Und eigentlich müßte auch jeder, der mit Rechnern arbeitet, zwecks Hebung des seelischen Wohlbefindens jeden Morgen fünf wirkliche Menschen grüßen, bevor er sich einwählt. Und jedes Computerhandbuch sollte abends durch einen Roman abgelöst werden.

Mein Mitgefühl gilt aber eher den Menschen mit dem umgekehrten Problem. Sie sind von den Rechnern so frustriert, daß sie diese nur benutzen, wenn es unvermeidlich ist. Vielleicht rühren ihre Schwierigkeiten daher, daß sie ihre Denkweise den Erfordernissen des jeweiligen Programms anpassen müssen. Sie wissen, wo sie den Seitenrand gern hätten, aber die Software versteht es nicht. Möglicherweise verursacht auch die isolierte Arbeit am Computer den Streß: Wenn man Hilfe braucht, ist niemand da.

Diesen Leuten verschreibe ich sechzig Minuten Gartenarbeit für jede Stunde online. Als zusätzliche Ermutigung verordne ich einen Spaziergang im Grünen, wenn sie eine Telefonhilfe anwählen und in der Warteschleife landen. Vielen Menschen graut es davor, sich durch Bedienungsanleitungen zu fressen. Sie müssen sich dazu zwingen, genug zu lernen, um auch nur kleinste Aufgaben zu bewältigen. Sie reagieren mit Angst auf Hochtechnologie, was ihnen kaum vorzuwerfen ist: Techniker und Telefonhilfen behandeln sie mit gönnerhafter Herablassung oder feindseliger Lakonie. Sehen Sie sich einmal die Titel einführender Handbücher an: *DOS für Dumme*, oder *Der idiotensichere Führer durchs Internet*. Intelligente Leser gelten als Trottel, weil sie nicht flink an den Tasten sind.

Selbst in Handbüchern für Anfänger stoße ich beim Durchblättern auf Seiten, die von Akronymen wimmeln. Wie andere Insider bin ich *ftp, tcp/ip, telnet* und *biff* gewohnt (beim letztgenannten handelt es sich um den Hund eines Programmierers). Aber ich verstehe gut, warum andere keinen Zugang dazu finden. Das Vokabular der Datenverarbeitung ist so trocken und fast aller Eigenschaftswörter beraubt, daß die Sprache verarmt. Kein Wunder, daß Neulinge das Lesen von Einführungen hassen.

Doch auch abgesehen vom beschränkten Vokabular sind die Software-Handbücher in der Regel grottenschlecht. Wenn Sie nicht schon im Besitz von Microsoft Word sind, würden Sie nie auf den Gedanken kommen, die Gebrauchsanweisung in die Hand zu nehmen. Sie wiegt zweieinhalb Kilo – mehr als mancher Laptop. Microsoft benötigt tausend Seiten, um gewöhnlichen Leuten ein populäres Programm zu erklären. Wird von mir erwartet, all das zu wissen, um einen Brief an meine Freundin Gloria zu schreiben? Sind Computer so komplex, daß sie nicht einfach beschrieben werden können? Ein Auto ist teurer, komplizierter und gefährlicher als jeder PC. Und doch gibt es keine tausendseitigen Bedienungsanleitungen, und man braucht keinen Freund zu fragen, um das Fenster zu schließen, in der zweiten Reihe zu parken oder die Motorhaube zu putzen.

»Oh, aber Textverarbeitung leistet mehr«, antworten meine Freunde an der Tastatur. »Sie kann Tabulatoren setzen, Wörter zählen und die Rechtschreibung korrigieren.« Doch kann sie auch links abbiegen und im Leerlauf bergab fahren?

Wenn Sie die idiotischste Gebrauchsanweisung kennenlernen wollen, probieren Sie es mit *Unix*. Sie ist ganz und gar online – man braucht bloß *man* einzugeben und kann anfangen, darin zu lesen. Möchten Sie wissen, wie nach einem Satz gesucht wird, tippen Sie *man grep*. Um zu erfahren, wie ein Dokument ausgedruckt wird, wird *man cat* eingegeben. Wenn Sie den Rand einstellen wollen, hm, also das habe ich noch nicht herausgefunden.

Dafür wird *Unix* Sie informieren, daß »von *grep* benutzte Muster begrenzt reguläre Ausdrücke im Stil von *ex(1)* sind; es verwendet einen kompakten, nichtdeterminierenden Algorithmus ...« Sie fragen sich, was *ex* ist? Es handelt sich um einen Text-Editor für *Unix* – die Online-Hilfe rät davon ab, ihn zu verwenden.

Und was, wenn Sie den Namen eines *Unix*-Befehls nicht kennen? *Hilfe* tippen führt zu nichts. Sie müssen den *Unix*-Befehl *apropos* eingeben. (Das Wort bedeutet im Englischen »angemessen«, nicht »Hilfe«.)

»Das ist unfair«, erwidert Bill Cheswick von den *AT&T* Bell Laboratories. »*Unix* ist als leistungsfähiges Instrument für professionelle Anwender konzipiert worden. Es läßt sich eher mit einer Lokomotive oder einem Flugzeug als mit einem Pkw vergleichen. Es ist grausig zu installieren und gräßlich zu verwalten. Für Oma war es nicht gedacht.«

Aber raten Sie mal, auf was Oma stößt, wenn sie sich ins Internet einwählt.

»Ich arbeite mit einer Benutzeroberfläche, die von Heranwachsenden entworfen und bewußt so konstruiert worden ist, daß Anfängern der Zugang so schwer wie möglich fällt«, sagt Rachel Padman, eine britische Astronomin und übrigens keine Großmutter. »Mnemosyne, die Göttin der Erinnerung, würde sich im Grab umdrehen.«

Sie übertreibt natürlich. Von einem profanen Betriebssystem würde sich die Mutter der Musen, Frau des Zeus und Tochter von Uranus und Gaia nicht aus der Ruhe bringen lassen. Aber jedenfalls weist Dr. Padman darauf hin, daß *Unix* weite Verbreitung gefunden hat, weil es nichts kostet. Das ermöglicht Computerproduzenten, sich auf die Herstellung flotter Hardware zu konzentrieren. In einer Welt, die Geschwindigkeit für den einzigen Indikator der Rechnerleistung hält, gilt Greshams Gesetz: Solange sie schnell ist, verdrängt schlechte Software die gute.

In der *Unix*-Bedienungsanleitung werden Einsteiger ebenso verächtlich behandelt wie anderswo in der Computerkultur. Es wird vorausgesetzt, daß jeder, der sich über *grep* informiert, bereits den *ex*-Editor kennt. *Unix* ist für Eingeweihte zweifellos ein elegantes und gutes Instrument. Aber bei aller Finesse kennt es keine Gnade für Anfänger. Es ist programmierer-, nicht anwenderfreundlich.

Nehmen Sie dagegen meine *Sears*-Schreibmaschine. Ich bekam sie mit Staubschutz, Ersatzfarbband und einem niedlichen Ölfläschchen. Für hundertfünfzig Dollar ist sie bestens geeignet, alle möglichen Geschäftsvorgänge zu erledigen. Sie liefert auf der Stelle einen Datenausdruck, stürzt nie ab, bearbeitet ohne Probleme Briefumschläge, und jeder kann den Seitenrand einstellen. Die sechzehnseitige Gebrauchsanweisung umfaßt ein Diagramm für Zehnfingertechnik, eine Anleitung für Tabulatoren und eine Skizze zur richtigen Körperhaltung. Und der Tragekoffer hat sogar einen Griff.

5//Ein kurzes Kapitel über die Kurzlebigkeit digitaler Dinge

Ich kaufe meine Kleidung bei Goodwill, wo man übrigens auch gut Haushaltswaren bekommt, etwa Geschirr und Kochtöpfe. Bei jedem meiner Besuche dort sehe ich reihenweise Brötchenwärmer, Hot-dog-Erhitzer und elektrische Dosenöffner – die Quintessenz aus drei Jahrezehnten elektronischer Spielereien.

Der elektrische Dosenöffner – perfekter Zeitsparer und Einstieg zur Modernisierung Ihrer Küche. Besonders gut für arthritische und behinderte Menschen. Dasselbe ließe sich wahrscheinlich auch für Hot-dog-Erhitzer und Brötchenwärmer sagen. Wie kommt es also, daß ich so viel davon bei *Goodwill* sehe und keine in den Wohnungen meiner Freunde? Wohl, weil altmodische, handgetriebene Apparate tatsächlich funktionieren, und sogar ziemlich effizient. Wenn Sie nicht gerade Unmengen von Dosen öffnen oder serienweise Würstchen kochen müssen, sparen Sie sich mit dem elektrischen Dosenöffner und seine Vettern durchaus keine Zeit, sondern bauen sich nur Ihre Arbeitsplatte zu. Obwohl diese Geräte nur wenige bewegliche Teile aufweisen und kaum verschleißen, haben sie eine kurze Lebensdauer. Sie werden weggeworfen, bevor sie kaputtgehen.

Hört sich an wie beim PC. Ein zehn Jahre alter Original-IBM ist heute vollkommen veraltet. Wahrscheinlich wird er immer noch perfekt funktionieren und alles tun, wozu er gedacht war; schließlich haben sich Silikon und Kupfer noch nicht abgenutzt. Aber Sie bekommen keine passende Software mehr. Wer kann mit einem Computer ohne Festplatte arbeiten? Welches Textverarbeitungssystem läßt sich in 64 Kilobytes quetschen?

Innerhalb von zwei Jahren halbiert sich der Marktwert eines Computers. Nach fünf Jahren ist das meiste an ihm ziemlich überholt. Und nach zehn Jahren bekommen Sie ihn dann bei Goodwill. Ich weiß das; es gibt die Dinger in der Abteilung B, nicht weit von den Brötchenwärmern. In manchen Gebrauchtwarenläden sind Computer sogar unwillkommen. Ein Filialleiter erzählte mir, er werde überschwemmt mit antiquierten Systemen, die schlechterdings unverkäuflich seien. »Wir verramschen sie einfach«, sagte er und fügte hinzu: »Die Leute überschätzen ihren eigenen Kram, und Computerbesitzer sind mit die schlimmsten. Sie glauben, ein zehn Jahre alter Rechner hätte noch einen Wert. Verrückt.«

Vergleichen Sie das mit dem Auto. Für etwa das Dreifache dessen, was ein Computer kostet, erhalten Sie eine haltbare Maschine, die leicht ein Jahrzehnt überlebt. Und es gibt sogar fünf Jahre Garantie darauf. Wenn etwas mit dem Wagen schiefgeht, wissen Sie, wo er repariert werden kann. Manche Leute sind dafür bekannt, jahrelang ohne Unfall oder Panne gefahren zu sein.

Was mich zur Frage führt: Wo ist der Käfer unter den Computern? War es *IBMs PC Jr.* mit der Tastatur, die sich wie eine Reihe von Chiclets anfühlte? Oder der *Newton* von *Apple*, der Privatsekretär, der beinahe Handschrift erkennen konnte? Vielleicht die riesigen Rechner der fünften Generation, die Roboter mit Menschen interagieren lassen sollten? Schreibt irgend jemand die Geschichte dieser digitalen Klamotten?

Selbst gute Computer haben nur ein kurzes nützliches Leben, was die Hardware zu einer kostspieligen Investition macht. Ironischerweise bringen raschere Rechner bei Online-Verwendung kaum Vorteile. Der Engpaß ist das Modem oder Ihre Netzverbindung. Während Intel und Motorola um den schnellsten Mikroprozessor wetteifern, warten die Internet-Anwender auf fixere Modems.

In Anbetracht dieses raschen Veraltens ist es übrigens seltsam, daß alle Computer gleich aussehen. Ich warte immer noch auf eine Tastatur in dänischem Design, eine solide Maus aus Haselholz oder einen Monitor mit viktorianischer Filigranarbeit. Gab es nicht die ersten Fernsehgeräte in schönen Holzgehäusen?

Nicht nur Rechner sterben jung. Auch die Netz-Infrastruktur bedarf ständiger Weiterentwicklung. Kabelverbindungen verschleißen nicht, aber ihre Nutzer verlangen höhere Geschwindigkeiten. Infolgedessen überleben sich Netze fast ebenso schnell wie Computer.

Wenn ich höre, daß Schulen für Netzzugang und interaktives Video verkabelt werden, denke ich an das 1983 gebaute *Space Telescope Science Institute* in Baltimore. Die Architekten optierten für ein High-Tech-Gebäude mit integriertem Ortsnetz. Sie brachten an der Wand eines jeden Büros einen Computeranschluß unter und legten die Leitungen zu einer Zentrale. Über serielle Verbindungen war jeder Astronom mit einer Geschwindigkeit von 9600 Baud an den Hauptrechner angeschlossen. Nach fünf Jahren war dieses moderne System überholt und machte dem auf Koaxialkabeln basierenden Ethernet Platz. Die Neuvernetzung kostete bald eine Million Dollar. Geschwindigkeit: 10 Megabits pro Sekunde. Weitere sieben Jahre später gilt heute bereits Ethernet als langsam für den Gebrauch in Ortsnetzen. Es sollte durch FDDI ersetzt werden, ein Glasfiber-Kommunikationssystem, das zehnmal schneller ist. Am Horizont taucht ein nochmals rascheres System auf: ATM.

Unsere Erfahrung mit der gewöhnlichen Stromversorgung daheim gaukelt uns vor, Übertragungsskabel seien dauerhafte Einrichtungen. Schließlich ändert die Elektrizitätsgesellschaft nicht alle zehn Jahre die Spannung. Und so denkt niemand an die kurze Lebensspanne von Übertragungsleitungen, wenn vom freien Informationsfluß über Internet die Rede ist, und ebensowenig sehen Schulbezirke einen Haushaltstitel für die Erneuerung der Kabel vor. Sie meinen, daß Drähte sich nicht abnutzen.

Und wenn schon die Hardware einen kurzen Produktzyklus hat, bedenken Sie erst die Software. Im Gegensatz zu mechanischen und elektronischen Gegenständen kann sich der Zustand von Software nicht physisch verschlechtern. Warum also fällt ihr Wert auf Null, nachdem Sie das Cellophan entfernt haben? Am Programm ändert sich nichts, an seiner Umgebung aber sehr wohl. Ich modernisiere Computer, Drucker und Betriebssystem. Komplementäre Software wird modifiziert. Konkurrierende Firmen stellen bessere Produkte vor.

Ach, Software-Erneuerung! Es gibt kaum eine Wahl, als sich die jeweils neueste Version zu besorgen, weil darin die Fehler der laufenden korrigiert werden. Mit etwas Glück braucht man nicht einmal die alten Dateien anzupassen. Eine Textverarbeitung hält sich vielleicht zwei Jahre, bis die nächste Version kommt. Die Verbesserungen fügen in der

Regel ebenso viele neue Macken hinzu wie sie alte beseitigen, und das Programm ist in der Regel umfassender und komplexer geworden. Seine Kompatibilität mit älteren Dateien nimmt von Mal zu Mal ab und zwingt mich zum Erlernen neuer Befehle, Funktionen und Menümasken.

Die neuen Versionen verwandeln einfache Programme in gigantische Software-Monolithen, jedes ein Betriebssystem für sich. Es ist, als würde mein Schneebesen zum Teilchenbeschleuniger.

Erstaunlicherweise wird die Hardware immer schneller, die Programme jedoch eher langsamer. In der Version 1 benötigte Microsoft Word etwa 25 Sekunden, um auf meinem antiken Macintosh Plus zu starten. Acht Jahre und fünf Veröffentlichungen später benötige ich dieselbe Zeitspanne auf meinem wesentlich flotteren Macintosh Quadra.

Was bietet mir die letzte Verbesserung für meine Textverarbeitungsbedürfnisse? Nun, ich kann Videoclips und Sprechansagen in meine Dokumente einbauen. Fragen Sie mich nicht, weshalb ich einem Brief, den ich schreibe, Filme hinzufügen sollte. Ich kann sie nicht ausdrucken, nicht über Internet senden und nicht einmal am Computer unten in der Eingangshalle anschauen, weil dem die passende Hardware fehlt.

Wären diese unnützen Eigenarten lediglich zusätzlicher Spielkram, würde mir das nichts ausmachen. Doch ich habe jemanden dafür bezahlt, diesen Code zu entwickeln und zu testen. Er verschwendet Platz auf meiner Festplatte, ganz zu schweigen davon, daß er den Rechner verlangsamt. Vielleicht sind das ja banale Beschwerden. Aber multiplizieren Sie solchen Kleinkram mit der Anzahl der Programme in jedem System, und er läppert sich zusammen. Ich wäre nur zu gern bereit, Funktionsvielfalt gegen Einfachheit, Zuverlässigkeit und leichte Erlernbarkeit zu tauschen.

Ob erneuert oder nicht, gebrauchte Software nutzt sich nicht ab. Dennoch gibt es dafür praktisch keine Absatzmöglichkeiten. Jedenfalls entdecke ich nichts dergleichen bei Goodwill. In letzter Zeit fallen mir immer mehr Leute auf, die neue Versionen ignorieren. Statt sich sorgfältig über jede Verbesserung auf dem laufenden zu halten, benutzen sie einfach ihre Programme. Was mir einleuchtet: keine Zeitverschwendung durch Neuinstallation von Software. Vielleicht tritt der Markt nach fünfzehn ausgeflippten Jahren in sein Reifestadium?

Computer verändern sich rasch, aber unsere Lernfähigkeit hält nicht Schritt. Computerfreaks geben damit an, mehrere Betriebssysteme und Dutzende von Anwendungsprogrammen zu kennen. Können wir von jedem verlangen, ein digitaler Polyglott zu sein?

Das *St. Joseph's Hospital* in Paterson, New Jersey, gab 25 Millionen Dollar für ein Computernetz aus, das alle dort angestellten Ärzte zusammenschließt. Das System soll handgeschriebene und mündliche Anordnungen ersetzen. Die Verwaltung präsentierte die üblichen Begründungen: Es werde die Effizienz erhöhen, die Fehlerzahl verringern und langfristig Kosten sparen. Die alte Garde der Mediziner brüllte und tobte. Bevor sie das System nutzen konnten, mußten sie es natürlich erst erlernen.

Stellen Sie sich vor, Sie wären ein überarbeiteter Arzt. Sie möchten Zeit bei Ihren Patienten verbringen, die Ärztekammer verlangt, daß Sie sich die neuesten Techniken aneignen (und eine Prüfung darüber ablegen), Ihre Abteilung will, daß Sie publizieren. Nun ersucht Sie das Krankenhaus, Befehlszeilen für ein mysteriöses Betriebssystem zu erlernen. Wie reagieren Sie?

Diese Ärzte, und mit ihnen zahllose Sekretärinnen, Kaufleute und Astronomen, möchten die blöden Dinger aus dem Fenster schmeißen. Wir alle haben schon mit Leuten gesprochen, die bis ins Mark frustriert sind, wenn sie versuchen, etwas vermeintlich Simples am Computer zu erledigen. Es sind keine Strohköpfe, sondern fähige Leute, die mit einem Programm nicht klarkommen.

Der Kult um die Datenverarbeitung betont Hardware-Geschwindigkeit und Software-Möglichkeiten und vergißt darüber die Lernprobleme. In Verkaufsgesprächen und Werbeveranstaltungen zeigen Fachleute, was diese Systeme alles können. Es ist schwer, sich gegen diese Breitseite zu behaupten – wenn Sie zugeben, daß es kompliziert klingt, schlagen Ihnen Herablassung, Unglauben oder Sarkasmus entgegen. Ein Angestellter von *Apple* führte bei einem Treffen der Macintosh-Nutzergruppe von Berkeley eine *Unix*-Version vor. Die Darbietung lief gut – er erklärte Befehle aller Art wie *grep*, *awk* und *yacc*. Es ist schon seltsam, einen leichtverständlichen Computer wie den *Mac* mit einem schwerverständlichen System wie *Unix* zu verheiraten.

Am Ende der Vorstellung wurden eine ganze Menge Fragen über Geschwindigkeit und Datenübertragung gestellt. Zu guter Letzt meldete sich schüchtern eine Frau zu Wort: »Ich muß eine Semester-Hausarbeit schreiben. Kann dieser Computer mir dabei helfen?«

Eine naheliegende Frage. Die Frau hatte gehört, daß der *Macintosh* benutzerfreundlich sei, und sich infolgedessen bei der Veranstaltung eingefunden. Anstelle einer herzlichen Begrüßung war sie mit Insiderjargon und der Beschreibung eines der schwierigsten Betriebssysteme konfrontiert worden. Sie wartete sozusagen auf den ADAC und landete in einer Autoschlosserschule.

Aber es geht nicht nur um Betriebssysteme. Ein neues

Programm zu erlernen kostet viele Stunden, oft sogar mehrere Tage. Bis es beherrscht wird, verbringt man leicht einen Monat damit, Befehle auszuknobeln und Handbücher zu lesen. Gegen diese Lernkosten nimmt sich der Preis von Hard- und Software bescheiden aus. Dabei investieren wir oft beträchtliche Summen in Systeme, die uns eigentlich schon bekannt sind. Ein neues Programm muß substantielle Vorteile bieten, um die Zeit zu rechtfertigen, die ich aufwende, um Befehle kennen- und auswendig zu lernen.

Computerfreaks verlangen nachdrücklich von mir, meine angestaubten Programme auszurangieren und durch schnellere, effizientere Software zu ersetzen. Sie versprechen präzisere Integration, größere Möglichkeiten und raschere Kommunikation. Aus Erfahrung kenne ich meine tatsächlichen Kosten: Stunden der Frustration.

Die lange Tradition der Stahlwerker, Schmiede und Maschinisten ist heute praktisch verschwunden. Sie hatten wirkliche Arbeitsplätze mit Hochöfen, Drehbänken und Ambossen. Nichts ist virtuell an einem Dieselmotor oder einer hydraulischen Presse. Sie bauten Dampfrösser mit Muskeln aus Dampf, Wolkenkratzer aus Ziegeln, Nieten und Kalk.

Wir sind dabei, ihre feste mechanische Welt durch ein Gespinst aus Fasern zu ersetzen. Unser Universum ist eines aus künstlicher Realität, Software-Werkzeugen und Expertensystemen. Es gibt nichts zum Anfassen und keine Verarbeitung zu bewundern. Die Pendeluhr von vor sechzig Jahren zieht mehr Aufmerksamkeit auf sich als die viel präzisere Quarzuhr von heute. Ich frage mich, was für eine Geschichte wir hinterlassen werden. Fußabdrücke in der virtuellen Realität sind flüchtig wie Daten im Ethernet.

Handwerk ist durch die Karriere ersetzt worden. Statt Arbeitern mit beiden Füßen auf dem Boden sind wir angestellte Sesselpuper geworden, die Daten in Computer eingeben.

Während die analoge Schöpfung unserer Eltern dem digitalen Universum unserer Kinder Platz macht, vergleiche ich die Techniken dieser beiden Lebenswelten. Handschrift ist durch Textverarbeitung ersetzt worden, Post durch E-Mail, Journale durch Spreadsheets, Wählscheiben durch Sensortasten, Skizzen durch Computer Aided Design. Wirkungsvolle Verbesserungen, gewiß; aber etwas daran stimmt mich traurig: Ich verspüre wenig Liebe für diese Technologie und noch weniger Wertschätzung für die Wunder des digitalen Zeitalters.

Früher lasen Kinder über *Tom Swifts Abenteuer* in elektrischen Autos und Hochgeschwindigkeitsflugzeugen. Heute werden synchronisierte globale Kommunikation und mikroelektronischer Zauber blasiert zur Kenntnis genommen. Dabei sind es beeindruckende Errungenschaften, die Neugier, Ehrfurcht und Beifall verdienen. Denn bei allen Bedenken angesichts der Sterilität der Technokultur hauen mich die Geräte selbst um. Früher nahm man ein Sechs-Transistoren-Radio mit an den Strand. Heute befinden sich eine halbe Million Transistoren in jedem Funktelefon. Johannes Kepler benötigte sechs Jahre, um die Marsbewegung zu analysieren; mein Taschenrecher vermag das in einer Minute.

Doch trotz des abgedroschenen Klischees der Informationsrevolution stoße ich selten auf echten Respekt für das Innenleben moderner Technologie. Kaum jemand nimmt einen Computer auseinander, nur um die Arbeit des Designers zu bewundern. Kinder zerlegen keine Videorecorder, um herauszufinden, wie sie funktionieren – täten sie es doch! Es gibt keine Bausätze zum Löten eines eigenen Modems. Es ist schon selten, daß ein Computerliebhaber mit den Anschlüssen seines Geräts experimentiert. Mir scheint, daß die Bastler von heute Software zusammenbauen, ohne jemals einen Lötkolben anzufassen. Der Hokuspokus steckt im Programm. Auf diese Weise ist es sauberer – nichts verbrennt oder geht in die Luft, und ein Voltmeter brauchen Sie auch nicht.

Was ist aus der Eigenbau- und Schaltbrett-Elektronik geworden? Wo ist der Spaß an Mechanik und Elektrizität, an der Erschaffung handfester Dinge geblieben? Wo sind die Fummler mit Lust auf Elektronik? Wir sind ein Volk von Gerätebedienern geworden, die sich eher etwas auf ihren Besitz einbilden als auf ihre Arbeit. Was mich auf seltsame Weise an meinen Glückskuchen-Spruch aus dem *Great Wall Chinese Restaurant* erinnert: »Arbeite am Werden, nicht am Besitz.«

6//Vergleich der digitalen Werkzeuge für die Datenverarbeitung, zum Beispiel Bildmanipulation, mit den physischen Werkzeugen, die wir hinter uns lassen; ein Kapitel mit starker Schlagseite zu den astronomischen Vorlieben des Verfassers

Beim Blättern in Katalogen stoße ich auf Programme wie *Pagemaker*, *Powerpoint* und *Persuasion*. Jedes eignet sich bestens, Text zu formatieren und verblüffende Grafiken zu entwerfen. In der Tat hätte die vorangegangene Generation von Schriftsetzern und Layout-Künstlern niemals derartige Spezialeffekte zuwege gebracht.

Diese Software ermöglicht es jedem, vielfarbige Kurven mit schicken Hintergründen für »leistungsstarke, überzeugende Präsentationen« zu erstellen. Man findet sie auf Geschäftskonferenzen, wissenschaftlichen Tagungen und Verkaufsseminaren. Oder schauen Sie mal rechts hinter den Sprecher der Abendnachrichten – die flotte Darstellung ist wahrscheinlich mit Hilfe eines dieser Programme entstanden. Fast jeder Computer kann solche Schaubilder erzeugen. Und praktisch alle tun es auch. Ich kann mir die Versuchung vorstellen: Hübsche Grafiken erzeugen ein Gefühl von Professionalität und Ordnung. Nebenher macht es Spaß, mit Farbmischungen und schattenhinterlegten Schriftzügen herumzuspielen. Mehr Daten zu erheben oder einen Vorschlag zu analysieren ist Plackerei dagegen.

Dennoch habe ich noch nie eine unvergeßliche Computergrafik gesehen. Referenten, die mich beeindruckt haben, kritzelten ihre Darstellungen mit der Hand auf Tafel oder Overhead-Projektor. Freilich beherrschten sie ihr Gebiet, wollten mich daran teilhaben lassen und konnten ihre Kerngedanken flüssig vortragen. Ihre Ideen rissen mich mit, nicht ihre Grafiken. Haben Sie jemals einen Technoiden bei einem computergestützten Vortrag beobachtet? Sie verbinden ihre Laptop-Shows mit einem Publikum. Sie sind stets nervös und eilen voraus, weil soviel schiefgehen kann. Vor ihrer Darbietung müssen sie nochmals die Elektronik überprüfen. Im Gegensatz dazu können Sie an einer normalem Tafel sogar weitermachen, wenn Ihnen die Kreide abbricht.

Pagemaker und Konsorten machen es leicht, Rundschreiben, Zeichen und sogar Ansichtskarten zu gestalten. Sie finden die Ergebnisse überall, einschließlich *clip art*, verschiedener Schriftzüge und greller Titelzeilen. In Verbindung mit hochauflösenden Laserdruckern wirkt jeder Lebenslauf überzeugend. Warum bin ich also enttäuscht, wenn ich nach einem qualifizierten wissenschaftlichen Mitarbeiter suche? Vor mir liegt ein Stapel mit sechzig Bewerbungen, jede einzelne die sterile, textverarbeitete Zusammenfassung einer Biographie. Kein Eselsohr oder Fettfinger. Der einzige Hinweis auf Menschliches sind die Unterschriften am Ende, und selbst davon sind bereits einige per Computer erstellt.

Es ist so einfach, das Erscheinungsbild eines Dokuments zu manipulieren, daß die Leute übertrieben viel Zeit darauf verwenden, es auf makellos zu trimmen. Ich aber möchte ein menschliches Wesen anstellen, eine lebendige Person, die mit dem Job fertig wird, jemanden, der sich mit Energie einer Herausforderung stellt. Nach den Lebensläufen zu urteilen, habe ich es jedoch mit einer Reihe von Automaten zu tun, die jeweils andere Kombinationen von Schriftzügen und Seitenlayouts zu bieten haben. Kein Leben – nur trockene Zusammenstellungen von Verwaltungsdaten.

Und weshalb beeindrucken mich jene flotten Rundschreiben so wenig? Sicherlich sind sie schön gestaltet, ganz zu schweigen von Spaltensatz, abgesetzten Zitaten und perspektivischen Schlagzeilen. Doch phantasievolle Hintergründe und mehrfarbige Ränder lenken mein Auge vom Text ab. Spezialschrifttypen und gediegenes Papier übermitteln die Botschaft des Designers; abgesetzte Zitate und Zwischenüberschriften spiegeln die Perspektive des Herausgebers. Derlei Augenschmaus steht dem Anliegen des Autors im Weg. Es hindert mich, nach Brüchen in seiner Argumentation zu suchen. Das Druckbild verwässert die Darstellung.

Öffentliche Ringvorlesung am *Medical Center* der *University of California*. Ich beobachte eine nervöse Universitätsärztin, die rund fünfzig Fachleuten eine Fallstudie über einen Patienten mit Nierenversagen vorstellt: Es gibt ansprechende Schaubilder mit Text und Grafik, die gelegentlich von Mikroskopfotos einer Biopsie unterbrochen werden.

Diese Ärztin wird nach dem wissenschaftlichen Nutzen ihrer medizinischen Forschung beurteilt, doch sie sorgt sich um die womöglich unzureichende Eleganz ihrer Präsentationstechnik. Die Folge? Sie hat drei Wochen damit zugebracht, *Persuasion* zu erlernen und zwei Dutzend Kodachrome-Dias zu formatieren – Zeit, die für die weitere Erforschung der Glomerulopathie hätte verwendet werden können.

Wissen Sie, ich würde ihr lieber zuhören, wenn sie eine unvollkommene Rede mit handgezeichneten Schaubildern und Stichwortzetteln halten würde. Professionelle Diaprojektion gibt einem Vortrag den Anstrich aalglatter Gewißheit, läßt aber das eigentliche Thema in den Hintergrund treten – den Patienten.

Ein Universitätsarzt hat eine Menge über Grundlagenforschung, klinische Medizin und zwischenmenschliche Beziehungen zu lernen. Warum all dem noch den Streß mit einem schwierigen Computerprogramm hinzufügen? Weil der Umgang damit bald zur Mindestanforderung wird. Nachdem einige Ärzte ihre Präsentationen mit feschen Grafiken aufgemöbelt haben, wollen andere nicht zurückstehen, und binnen kurzem werden solche Schaubilder in jedem Vortrag erwartet.

Sollte ich einmal an Nierenversagen leiden, wünsche ich mir keine Doktorin, die in Seitenlayout geschult ist. Ich möchte, daß sie mich behandelt. Im Idealfall hat sie sogar Mitgefühl und verbringt Zeit an meinem Bett, wo sie sich anstelle der Tastatur mit meinen Nieren befaßt.

Computer verbergen logische Fehler und versehen die Information mit einer Aura der Wahrheit. Dan Sack, ein Blitzspezialist aus Buffalo, hilft regelmäßig Architekten bei der Einreichung von Angeboten. »Ich packe alles in Datenbank und Spreadsheets«, verrät er. »Auf diese Weise läßt es sich leicht organisieren und abändern, und es ergibt ein präsentables Produkt. Die Architekten sind begeistert davon.

Doch in mein letztes Angebot«, fuhr er fort, »hatten sich zwei Fehler in die Formeln der Tabellenkalkulation eingeschlichen. Es war reines Glück, daß sie sich gegenseitig beinahe aufhoben und das Gesamtergebnis nicht nennenswert beeinflußten.«

Die Architekten hatten seine Berechnungen wegen des professionellen Aussehens der Spreadsheets nicht überprüft. »Hätte ich mit Papier und Bleistift gearbeitet, wäre das

Ganze durchkämmt worden, und die Fehler wären herausgepurzelt.«

Die Form sollte den Inhalt nicht in den Hintergrund drängen. Aber andererseits stoße ich auch auf Nachrichten aus Computernetzen, die überhaupt nicht formatiert sind. Tag für Tag rollt E-Mail über meinen Schirm, bei der weder Farbe noch Schrifttyp oder Raumaufteilung variiert. Der Inhalt drückt sich in rohem ASCII aus – dem Basisalphabet jeder Computertastatur. Ha! Damit sind all meine Beschwerden über flotte Produktionen und schickes Layout gegenstandslos. Hier haben wir also ein Medium, das zupackend und direkt ist. Auf Form wird praktisch gar nicht geachtet.

Warum bin ich jetzt immer noch nicht zufrieden? Ist es die fehlende Wärme, die Distanz zwischen dem Verfasser und mir? Oder ist der simple ASCII-Text schon zu intim, zu dicht zum Wohlfühlen? Ist es meine eigene Inkonsequenz? Nun, vielleicht vermisse ich die Nähe eines wirklichen Briefes oder die Vertrautheit einer Stimme übers Telefon. Mein elektronischer Bildschirm ist einfach weniger freundlich.

Netze, Schwarze Bretter und Dateidienste sind erstaunlich effizient im Kopieren und Verteilen von Information – es ist einfach, Dateien zu vervielfältigen. Infolgedessen finde ich in vielen Archiven dieselben.

Kopieren und verändern: hier liegen die Stärken des Computers. Daher gibt es auch Zeichnungen aus vervielfältigten Grafiken. Sie vermitteln ein Infotainment-Gefühl; simple Montagen aus Kreisen, Quadraten und verschiedensten geometrischen Figuren. Strichmännchen statt handgemalter Illustrationen. Wiederholung statt Kreativität. Versuchen Sie es mit *Photoshop*, dem vielgepriesenen Programm für Fotoretusche, Bildverarbeitung und Farbtrennung. Üben Sie eine Woche lang, und Sie können Bilder aufhellen oder abdunkeln, bestimmte Stellen schärfer oder undeutlicher machen, Collagen einpassen oder vielleicht eine ganze Seite tönen und strukturieren.

Früher war dies das Reich der Fotografen in Dunkelkammern, unter Zuhilfenahme von *Airbrush*, Scheren und Leimtöpfen. Was damals eine Stunde am Vergrößerungsgerät erforderte, braucht heute nur mehr ein paar Augenblicke vor der Kathodenstrahlröhre. Jeder kann neue Bilder erschaffen, indem er Teile anderer Bilder importiert. Nehmen Sie die Tür aus der einen Datei, das Fenster aus der zweiten und das Dach aus der dritten. Kopieren Sie das Fenster viermal und mischen Sie diese Komponenten zu einem Haus zusammen. Es wird noch nicht richtig aussehen, weil jedes Teil einen anderen Fluchtpunkt hat. Die Farben und Strukturen passen noch nicht zusammen; das Design ist noch nicht vereinheitlicht. Bringen Sie also noch ein paar Stunden damit zu, die Bildteile zu manipulieren, die Geometrie zu verdrehen, bis die Formen richtig sitzen, und die Farben zu korrigieren. Am Ende des Tages ist das Bild eines Hauses entstanden.

Aber dieses synthetische Gebäude hat nie existiert. Möglicherweise wurde eine moderne Tür mit gregorianischen Fenstern unter einem Dachfirst in viktorianischem Zuckerbäckerstil zusammengeworfen. Bei all seiner Leistungsfähigkeit kann das *Photoshop*-Programm Kraut und Rüben keine Harmonie aufzwingen.

Solche windschiefen Bilder erschüttern meine Augen, wenn ich Hochglanzmagazine durchblättere – Beweise für starke Werkzeuge in ungeübten Händen. Alles ist zusammengeschnitten, abgedunkelt, getönt, überzogen und formatiert. Aber nichts ist original – wir werden nur darauf konditioniert, abgedroschene Bilder auf neue Art zu betrachten. Bilder ohne Schöpferkraft.

Ich habe einen Zehnjährigen eine Geschichte am Computer schreiben sehen. Mit Hilfe von *Ausschneiden* und *Kleben* rief er ein Schiffsbild ab und bugsierte es in das Dokument. Der Lehrer war beeindruckt. Mir wäre es lieber, wenn das Kind mir anstelle fremder Ideen etwas aus seiner eigenen Phantasie zeigen würde. Das könnte eine Bleistiftzeichnung am Papierrand sein oder ein Buntstiftbild auf der Rückseite. Es würde nicht profihaft aussehen, doch was erwarten Sie von einem Zehnjährigen?

Aber okay, Bildverarbeitung und -synthese sind noch kreative Werkzeuge. Von fertigverpackten Computerbildern läßt sich das beim besten Willen nicht mehr behaupten. Bei der Produktvorstellung durch Seybold werden serienweise *clip art* und Fotoarchive verkauft. Früher veröffentlichte man sie noch als geheftete Broschüren, heute als CD-ROM oder über Netz. Ganz wie das Gelächter aus der Konserve bei Ulksendungen erzeugen diese Techniken die Illusion der Originalität, während sie deren Sinn gerade zersetzen.

Sicher, die *clip art* ist billig – eine CD-ROM mit hundert Bildern kostet vielleicht 30 Dollar. Dafür können Sie keinen Computerkünstler engagieren, der Ihnen einen Cartoon zeichnet. Und ein Archiv mit 1000 Fotos kostet weniger als ein Nachmittag bei einem professionellen Fotografen. Aber bedenken Sie, wie auf diese Weise die schöpferische Gemeinschaft untergraben wird. Wir zollen eher Designern als Illustratoren unsere Anerkennung. In den Zeitschriften tummeln sich heute Schrifttypen, Fotomontagen und Verlaufsfarben. Sie sind leicht mit dem Computer herzustellen. Zeichnungen und handschattierte Cartoons sind da schon eher eine Herausforderung. Und so ist unsere Literatur vollgestopft mit gewaltigen Initialen und unterlegten Zitaten in Kursivdruck, während die Bebilderung zu wünschen übrigläßt.

Doch trotz der ganzen typographischen Verfeinerung sehen die Seiten heute häßlicher aus als zu Zeiten des Handsatzes. Blättern Sie irgendein Computermagazin durch, *Wired* oder *Mondo 2000* zum Beispiel. Sie finden dort ein Durcheinander von Schrifttypen, Farben, Grafiken und aufdringlichen Hintergründen. Drucktechnische Wirkung, der billige Effekt, zählt mehr als Lesbarkeit und Schönheit.

Einmal nahm ich ein Exemplar von *Wired* mit zu Drew Kingston, einem kettenrauchenden Reaktionär, der mit einer alten Zeilensetzmaschine großgeworden war. Er schüttelte den Kopf und drückte eine Zigarette aus.

»Jetzt, wo jedes Kind schriftsetzen darf«, sagte er, »ist es mir peinlich, mit diesem Handwerk irgend etwas zu tun zu haben.«

Warum sollte man bei einer Konkurrenz von 100 CD-ROM noch Cartoons zeichnen? Warum noch einen Fotografen engagieren, wenn Sie auf ein Archivfoto zurückgreifen können? Kommerzielle Fotografen schalten ihrerseits auf digitale Systeme um. Wenn ein Anzeigenkunde umgehend ein spezielles Foto für eine Veröffentlichung benötigt, ist es praktischer, gleich mit einer computerisierten Kamera zu knipsen. Diese verfügt anstelle des Films über elektronische Detektoren und kann direkt an *Photoshop*- oder *Framemaker*-Dateien übertragen.

Nicht alle schwimmen mit dem Strom. Kim Niblett, eine fünfundzwanzigjährige Fotografin aus Chikago, verwendet Chemikalien statt eines Computers.

»In der Dunkelkammer lege ich das belichtete Papier nach dem Vergrößern selbst in den Entwickler. Wenn ich die Schale bewege, sehe ich, wie das Bild langsam hervortritt. Erst ist es geisterhaft, dann entstehen Verbindungen, und es bekommt Gewicht und Dichte. Ein wirkliches Bild liegt vor meinen Augen. Das bietet einem kein Monitor.

Ich greife das Papier mit der Zange und lasse es ins Unterbrecherbad gleiten. Ich habe den Abzug körperlich berührt. Ich habe das Bild angefaßt und rieche die beißende Säure. Und wenn es im Fixierer liegt, weiß ich, daß die Silberkörner jetzt dauerhaft sind.

Während ich ihr zuhöre, muß ich an Ansel Adams denken. Er nahm seine Sucherkamera mit in die Wüste, verbrachte den ganzen Tag damit, einen Film zu belichten, und dann noch einmal Stunden in der Dunkelkammer. Dabei durfte ihm kein Fehler unterlaufen. Es mußte also klappen. Kim Niblett fährt fort:

Am Computer ist das Bild nur ein Leuchten. Sie können keine Randnotizen machen, Sternchen zeichnen oder Fehler mit Rotstift umkringeln. Es ist nicht wirklich, bis Sie eine Kopie auf Papier ausdrucken. Ihnen entgeht die Befriedigung, den Ausschuß zusammenzuknüllen und wegzuwerfen. Statt dessen drücken Sie *Entfernen* oder *Delete*. Sie lernen weniger gut aus Ihren Fehlern. Der Computer verleitet zur Nachlässigkeit. Sie probieren unzählige Bilder aus, bevor Sie sich für eines entscheiden. Beim Film habe ich genau einen Versuch.

Die Romantik und das Geheimnisvolle sind verschwunden. Digital verarbeiteten Bildern fehlen Zartheit, Handwerk, Substanz und Seele. Da gibt es keine Liebe.

Das ist also die Wirkung der Datenverarbeitung auf die bildenden Künste: seelenlose technische Perfektion. Keine

Liebe. Auf ähnliche Weise arbeiten Computer gegen Musiker. Es ist unnötig, neue Musik zu erschaffen, wenn die bestehende ausgeschlachtet und recycelt werden kann. Eine Schlagzeugmaschine unterlegt eine durchgehende Rhythmusspur, während das MIDI-System eine unvorstellbare Fülle von Tönen beisteuert.

Das elektronische Schlagzeug kann seinen Rhythmus nicht verändern, um der Baßgitarre die Führung zu überlassen; der Synthesizer reagiert nicht auf die Tänzer: Musik ohne Seele.

Welchen Sinn hat das Publikum bei einem Live-Auftritt? Fragen Sie einen der Tausenden von *Deadheads*, die den *Grateful Dead* von Konzert zu Konzert folgen. Von allen Veranstaltungen gibt es Aufzeichnungen; häufig werden Stücke wiederholt, die schon vor Jahrzehnten gespielt wurden. Warum also eine Woche lang draußen campen, um Karten zu bekommen? Oder besser, fragen Sie die Musiker, ob sie solche exquisiten Auftritte zustande bringen würden, wenn sie vor einer einsamen Videokamera spielen würden, die ans Internet angeschlossen ist. Die beste Musik entsteht, wenn die Zuhörer dem Künstler zujubeln; der beste Unterricht findet statt, wenn die Gesichter der Schüler den Lehrer ermutigen.

Billige, allgegenwärtige elektronische Musik verdrängt lebendige Orchestermusik. Landauf, landab schließen größere Ensembles die Pforten, und auch für die Kammermusik sind harte Zeiten angebrochen. Doch es gibt Gegenströmungen. Hollywoodproduzenten haben bemerkt, daß sie Live-Musiker eigentlich lieber mögen. Die Zeitschrift *Variety* berichtet, daß das Engagement eines hundertköpfigen Orchesters mitunter billiger komme als die Anwendung eines der raffinierten Synthesizer-Programme, die inzwischen auf dem Markt sind. Film- und Fernsehproduzenten hören gern die ganze Partitur auf einmal und wollen nicht erst elektronische Zusammenschnitte abwarten.

Und als Nebeneffekt verstehen die Musiker den Produzenten: »Noch einmal, bitte, mit mehr Wärme!« oder »Machen Sie es feierlicher während der Beerdigungsszene...« – keine Warterei, bis der Synthesizer umprogrammiert worden ist, und keine Entschuldigungen, der Computer sei abgestürzt.

Einmal angenommen, ich würde sagen, der Mount Everest wäre fünfzig Kilometer hoch. Handelt es sich um eine Lüge oder eine statistische Verzerrung? Nun, Ihre Erfahrung sagt Ihnen, daß es solche Berge auf der Erde nicht gibt.

Das Antriebslaboratorium der NASA produzierte Bilder der Venus, die einen gigantischen Vulkan samt Lavaströmen in leuchtendem Orange zeigten. Man konnte die Bilder abrufen und auf dem eigenen Monitor erscheinen lassen. Eine wundervolle Anwendung der Netztechnik; bestens geeignet, Sekundarschülern Wissen über die Planeten beizubringen. Doch das Bild ist gefälscht. Da die Venus stets von Wolken verhüllt ist, kennt niemand ihre Farbe. Die Analyse der Aufnahmen eines russischen Landesatelliten läßt auf eine Art Orange schließen, doch bei direktem Sonnenlicht würde der Planet wahrscheinlich grau oder braun erscheinen.

Mittels geometrischer Manipulation verzerrte das Laboratorium Radardaten, um den Vulkan extrem hoch erscheinen zu lassen. Per Computer versetzte es den Betrachter an den Fuß des Berges, so daß er den Krater hinaufschaut. Dann verknüpfte man die Radarreflexion mit Farbtönen – ein spektakulärer Effekt, doch ohne wissenschaftliche Grundlage. Das Bild sieht aus wie ein Zeichentrickvulkan mit spitzem Gipfel und tiefem Krater. Es erinnert an zerklüftete Berge wie den Vesuv oder den Fujijama.

Die Wirklichkeit ist wesentlich komplizierter. Der Venusvulkan hat einen sanften Hang, ähnlich dem der hawaiischen Schildvulkane. Dies wiederum läßt auf Lava geringer Viskosität schließen, vermutlich Basaltflüsse, die einmal aus dem Mantel des Planeten emporgestiegen sind.

Doch auf dem abgerufenen Bild ist nichts davon zu sehen. Es kommt mit einem einzigen erklärenden Satz daher: »Der 8000 Meter hohe Maat Mons auf der Venus, Aufnahme der NASA-Magellansonde, mit Genehmigung des *Jet Propulsion Lab.*«

Bildverarbeitung erhöht Kontrast, sättigt Farben, schärft Kanten und verzerrt Geometrie. Dies ist das Handwerkszeug des Wissenschaftlers wie auch des Fotodesigners. Der eine nutzt die Techniken, um schwer erkennbare Details herauszuarbeiten; der andere erschafft ein Bild, an das man sich leicht erinnert. Durch das Hervorheben verschiedener Aspekte stellen sie wirklich beeindruckende Bilder her, die noch genügend Wahrheit enthalten, um nicht als Lügen gelten zu müssen.

Nehmen wir nun die Ausgaben von *Time* und *Newsweek* vom 27. Juni 1994. Beide zeigen dasselbe Foto O. J. Simpsons, das gleich nach seiner Verhaftung von der Polizei von Los Angeles aufgenommen wurde. *Newsweek* brachte das Bild, wie es war, ohne digitale Trickserei. *Time* hingegen engagierte Matt Mahurin, einen Fotoillustrator, der die Polizeiaufnahme mit dem Computer retuschierte. Rasch glättete und formte er Simpsons Gesicht zu einer »Ikone der Tragödie«, wie es der *Time*-Herausgeber nannte. Mahurin verdunkelte auch die Hautfarbe des Verhafteten.

Hätte *Newsweek* nicht das Originalfoto veröffentlicht, wären die Veränderungen wohl nur wenigen aufgefallen. Doch nebeneinandergelegt zeigten die beiden Titelseiten den

Unterschied auf einen Blick. *Time* ging durch die Hölle: Große Nachrichtenagenturen und schwarze Journalisten warfen der Zeitschrift vor, sie habe das Gesicht O. J. Simpsons absichtlich dunkler gemacht, um ihn finsterer aussehen zu lassen – der Versuch einer Vorverurteilung.

Retuschierte Fotos sind nichts Neues. Digitale Bildverarbeitung aber kann so weit gehen und dabei doch unsichtbar bleiben, daß sie die Basis des Fotojournalismus unterminiert: den Zusammenhang von Sehen und Glauben.

Agenturbilder sollen Tatsachen übermitteln. Nun versuchen Sie es einmal mit Online-Kunst – Gemälden, die von Galerien digitalisiert und ins Netz eingespeist werden. Auf den ersten Blick ist es phantastisch: Internet liefert mir ein Werk Jan Vermeers von 1665 frei Haus. Mein Farbmonitor zeigt eine junge holländische Frau, die eine Kanne in der Hand hält und mit der anderen ein Butzenfenster öffnet. Ein einfaches Bild eines Meisters.

Doch zwischen dem Gemälde auf dem Bildschirm und dem wirklichen liegen Welten. Wenn ich nah an den Monitor herangehe, verwandeln sich die Einzelheiten in Pixel. Ihre Augen, die von weitem so geheimnisvoll scheinen, werden zu verschwommenen Flecken. Vermeers Palette, bekannt für ihre feinen Abstufungen, wird nun durch 256 verschiedene Farben vermittelt. Das entspricht nicht annähernd dem Nuancenreichtum des Originals im New Yorker *Metropolitan Museum of Art.* Und die Viertelmillion Bildpunkte auf meinem Schirm erreichen bei weitem nicht die Auflösung Vermeers – selbst eine Ansichtskarte zeigt mehr Einzelheiten.

Bill Gates von Microsoft kauft angeblich die elektronischen Verwertungsrechte für Kunstwerke, um der führende Anbieter auf diesem Markt zu werden. Derweil läßt die *Na-*

tional Gallery in London bereits Besucher Teile ihrer Bestände an Terminals anschauen. Neben den Werken gibt es ein paar Sätze über den Künstler. Für achtzig Dollar kann ich eine CD-ROM von Microsoft kaufen, die ausgewählte Gemälde, Computeranimation und Audiopassagen bietet. Für dasselbe Geld bekomme ich zwei stattliche Bände mit hervorragenden Fotografien und einem ausgezeichneten Kommentar.

Nachdem ich Vermeers *Junge Frau* gesehen hatte, entschied ich mich gegen diese CD-ROM. Ich habe auch keine Angst davor, daß Bill Gates die Welt der Kunst monopolisieren könnte. Abgesehen von den technischen Schwächen der Computerreproduktion, finde ich es unangenehm, ein Gemälde an derselben Stelle zu betrachten, wo ich sonst boshafte Diskussionen im Internet verfolge. Ins Museum zu gehen ist ein Ausbruch aus den Alltagspflichten und eine Reise in eine andere Welt. Ich träume davon, das *Rijksmuseum* in Amsterdam zu besuchen, mir Rembrandts Werke anzuschauen und verstohlene Blicke auf das Personal zu werfen, das seinen Aufgaben nachgeht. Rembrandt malte echte Menschen – ihre Gesichtsausdrücke und Umgangsformen leben in der heutigen niederländischen Bevölkerung fort. In zeitgenössischer Kleidung würden der Museumswärter mit seinen Kriegsauszeichnungen und die junge Reiseführerin sicherlich aussehen, als wären sie gerade aus einem dieser unglaublich detailreichen Gemälde herausgetreten.

Kunst auf dem Monitor zu betrachten ist ungefähr so schwierig wie die Wertschätzung einer Zaubervorstellung im Fernsehen. Was den tatsächlich Anwesenden erstaunt, wirkt auf dem Bildschirm nur flach. Fünfzig Meisterwerke innerhalb von zwei Minuten über den Monitor flimmern zu lassen macht sie billig. Den Wert der Kunst macht nicht zuletzt auch ihre Seltenheit aus.

In einem anderen Fenster zeigt mein Computer eine Nahaufnahme des Jupiter, fotografiert vom Infrarot-Forschungsteleskop der NASA auf Hawaii. Es ist eine prunkende Mischung aus Purpur, Grün und Rot – ich muß anerkennen, daß da jemand Spaß mit den Farbtafeln hatte. Doch alle Töne sind falsch, weil Infrarotbilder farblos sind. Ja, die Farben sind nicht nur verkehrt, sondern auch irreführend: Bedeutet es mehr oder weniger Infrarotstrahlung, wenn der Monitor grün ist? Alle Feinheiten sind aus dem Bild verschwunden und haben nur grelle Kontraste zurückgelassen. Ich habe viele Nächte am Teleskop verbracht und diesen Planeten beobachtet – Jupiter ist eine wundervolle Welt voll feiner Abstufungen von Rosa, Braun und seidigem Gelb. Der Computer hingegen zeigt obszönes Rouge, liederliche Lippenstiftfarbe und kitschige Wimperntusche.

Oh, ich weiß, daß Computer Farben nicht akkurat wiedergeben können – die Leuchtmasse in der Kathodenstrahlröhre begrenzt Helligkeitsabstufung und Farbsättigung. Wie beim nachbehandelten Foto in *Time* bemerkt man die Abweichungen erst durch Vergleich. Und Fehlfarben haben einen gewissen Nutzen: Sie zeigen Einzelheiten, die sonst vielleicht untergegangen wären. Und doch sollte sich jeder Sekundarschüler, der seine Turnschuhe wert ist, beim Vergleich zweier Computerbilder des Jupiter fragen, weshalb der rote Fleck einmal purpurn glüht und dann wieder orange.

Oder besser: Der Schüler müßte mit eigenen Augen sehen. Nehmen Sie ihn mit zu einer Sternwarte, um den Jupiter zu beobachten – es ist schon cool, die Monde um den Planeten kreisen zu sehen und die wirklichen Farben des roten Flecks zu erleben. Sollen die Fachleute Bilder mit Purpur und Orange zeigen, ich weiß es besser. Ich hab's gesehen.

Wie übrigens auch Guy Consolmagno, der Ihnen die Entwicklungsgeschichte des Jupiter und seiner Monde erzählen kann, und darüber hinaus alles über Temperatur, Zusammensetzung, Dichte und, jawohl: Farben. Im Hauptstudium lernten wir, Karten ohne Computer zu kolorieren. 1978 waren Buntstifte billiger als Farbmonitore.

Guy arbeitete theoretisch über den Jupiter. »Genaugenommen über die Eismonde«, fügte er hinzu. »Ich kenne ihre Zusammensetzung und leite daraus ab, wie sie entstanden sind. Mein treues Computerprogramm weiß Bescheid.« Er tätschelte einen Stapel Lochkarten. Zweitausend Karten in Fortran IV – er hatte zwei Jahre an dem Code geschrieben; jedesmal, wenn er einen Fehler fand, überarbeitete er seine Einschätzung der Zusammensetzung des Mondes Europa entsprechend. Aber Guy ist kein rein theoretischer Astronom. »Mann, ich mache mir die Hände schmutzig«, sagt er zu mir. »Im Augenblick arbeite ich gerade an der Mikroprobe. Kommt aus dem Lateinischen: *Mikro* bedeutet ›sehr klein‹, und *Probe* ›Prüfung‹. Womit genau beschrieben wäre, was ich tue.«

Guy verwendet diese Mikroprobe – eigentlich ein kompliziertes Elektronenmikroskop –, um Kristalle in Mondgestein und Meteoriten zu untersuchen. Er greift in eine Schublade und zieht ein Kohlenstoff-Chondrit* sowie eine

* Kohlenstoff-Chondrite gehören zur Klasse der Meteoriten, die der ursprünglichen Struktur des Sonnensystems am nächsten kommen – sie haben ohne Veränderung 4,6 Milliarden Jahre überlebt. Sie setzen sich aus harten Chondren und Einschlüssen in einer lockeren organischen Grundmasse zusammen. Man kann ihre Zusammensetzung am Computer modellieren. Ich simuliere sie jedoch lieber, indem ich ¼ Tasse weißen und ⅓ Tasse braunen Zucker mit ½ Tasse Butter oder Margarine verrühre, zwei Eier hineinschlage und schließlich einen

Reihe Stein-Eisen-Meteoriten hervor und macht sich an die Arbeit. Hinter seinem Rücken ist der übliche Laboratoriumskram angeordnet: Computer, Vakuumpumpen und ein Schild mit der Aufschrift »NICHT MIT ÜBRIGGEBLIEBENEM AUGAPFEL IN LASERSTRAHL GUCKEN«.

Dies ist ein Teil der planetarischen Astronomie – Erdwissenschaften neu verpackt und auf andere Trabanten angewandt. Verfahren Sie analog mit Geochemie, Geophysik, Geomagnetismus und Geomorphologie. Es ist nicht ganz Astronomie, aber auch nicht Geologie. Irgend etwas dazwischen.

Nun, mit nichts davon wollen wir uns hier weiter befassen, da damals das Internet noch nicht erfunden und elektronische Bildverarbeitung nicht gerade an der Tagesordnung war. Ich würde mich auch gar nicht daran erinnert haben, wenn mir nicht Guy und Jon Gradie gezeigt hätten, wie man falsche Farbbilder herstellt. Dies gehörte zu unserem Seminar über lunare Geologie, die von einem Fachmann, Bob Storm, unterrichtet wurde. Er verriet uns nie die Lösungen, sondern ließ sie uns selber finden. Schon früh führte er uns an die Altersbestimmung von Mondkratern heran.

Man könnte glauben, daß alle Mondkrater gleich aussehen, bis man sie anhand eines Fotos näher untersucht. Die meisten dieser Einschlagsspuren stammen aus der Frühzeit des Sonnensystems, als Saurier noch Zukunftsmusik waren. Einige Krater sind freilich wesentlich jüngeren Datums und vielleicht erst vor vor fünf bis zehn Millionen Jahren ent-

Teelöffel Vanillinzucker, 1/3 Tasse Kakao, 3/4 Tasse Mehl, 1/2 Teelöffel Backpulver sowie zwei Handvoll weißer Schokoladenchip-Chondren dazugebe. Gehackte Walnüsse machen sich gut als Einschlüsse. Das Ganze in einer 17×28-cm-Form 20–30 Minuten bei 180° backen.

standen. Man bestimmt ihr relatives Alter durch Vergleich. Die jüngeren befinden sich auf den älteren und sind wiederum von Steinen und Auswurf der jüngsten übersät – Hinweise auf unterschiedliche Entstehungszeiten.

Auf der Jagd nach Sekundärkratern, abgebrochenen Hügeln und unterbrochenen Verwerfungslinien untersucht man Mondfotos mit dem Vergrößerungsglas. Bei jeder neuen Spur wird ein Teil eines Kartenpuzzles koloriert, wobei jede Farbe für eine andere geologische Epoche steht. Ich habe jenes Semester damit zugebracht, Mondkarten zu kolorieren. Nein, nicht mit bildverarbeitendem Computer. Nicht einmal mit Film, Filter und Dunkelkammer. Wir benutzten Buntstifte.

Ein Krater ist wie der andere? Nicht doch: Jeder hat einen Namen. Hier haben wir Theophilas, fast genau auf Cyrillus. Trümmer vom Kopernikus-Einschlag liegen über den ganzen Boden von Reinhold verstreut. Jon, Guy und ich diskutierten jede Spur, einigten uns auf die wahrscheinlichste Interpretation und kolorierten die Karte. Es war eine Art Malen nach Zahlen, nur, daß wir nicht die richtigen Farben wußten.

Es stellte sich heraus, daß eine Milliarde Jahre nach der Entstehung des Mondes Lava an die Oberfläche trat, die größten Krater ausfüllte und so die uns als »Meere« bekannten Ebenen schuf. Guy, schlau, wie er ist, übertrug das auf seine Meteoritenstudien. Einige der erwähnten Proben gingen eindeutig auf die Urzeit des Sonnensystems zurück; andere waren ungefähr zur Zeit der lunaren Lavaflüsse geschmolzen. »Wahrscheinlich sind sie durch dieselbe Ursache verflüssigt worden«, sagte er. »Höchstwahrscheinlich ein radioaktives Element mit einer Halbwertszeit von einer Milliarde Jahre.« Was eine der Lösungen war, obwohl es von hier zu den Hochebenen des Mondes schon ein weiter Weg ist. Die Meteoriten, mit denen ich herumgespielt hatte, haben eine lange Geschichte.

Nun gut, die echten Wissenschaftler hatten all das Jahre vor uns herausgefunden. Aber nichts geht über selbst erarbeitetes Beweismaterial. Am Ende des Semesters zeigte uns der Professor eine richtige Karte zur Mondgeschichte. Gewiß hatten wir allerhand übersehen, die wichtigsten Dinge jedoch auf den Punkt gebracht.

Und jene andere Karte – die mit den prunkenden Rot- und Grüntönen? Farben bedeuten nicht viel, wenn man die Arbeit nicht selbst gemacht hat. Der echte Mond zeigt nur Abstufungen von Grau; die Farben sagten uns, welche seiner Teile die ältesten waren. Indem wir unsere Mondkarte mit Ergebnissen der Untersuchung von Meteoriten und Mondgestein zusammenbrachten, konnten wir die Entwicklung der Mondoberfläche erkennen. Es ist wahr: Meteore treten heutzutage einfach nicht mehr so oft auf wie vor vier Milliarden Jahren. Ich habe eine Buntstiftkarte, die es beweist.

Jenes High-Tech-Elektronenmikroskop samt Vakuumpumpen, Rechner, Elektronenstrahl und Röntgenanalyse vermittelt weniger als sechs Wochen Arbeit mit Vergrößerungsglas und Buntstiftkasten. Erst alles zusammengenommen ergibt Wissenschaft.

Für Fehlfarbenfotos und -karten gibt es viele Anwendungsmöglichkeiten. Ich kann gut verstehen, weshalb Astronomen sie benutzen, um Infrarotkarten des Jupiter zu visualisieren. Und doch bedeuten sie noch etwas mehr, wenn man sie eigenhändig koloriert hat.

7//Viel Geschäft, etwas Datenverarbeitung, kostbare kleine Himmelskunde

»Der Geschäftsmann von morgen wird alle Informationen, die er für seine Arbeit benötigt, gleich an seinen Fingerspitzen finden – ein Ergebnis der wachsenden Akzeptanz des Mikrofilms als Lösung des Informationsproblems.« Das schrieb Walter Steel im Jahre 1974. Zwei Jahrzehnte später stolpere ich Tag für Tag über ähnliche Aussagen: Wie die elektronischen Netze dabei helfen werden, mit der Informationsexplosion klarzukommen. Wo ist nun die vielbeschworene Produktivität der Computer? Wird das Internet künftig im Geschäftsleben von Nutzen sein?

Eine Firma, in der nur Mikrofilme oder E-Mail gelesen werden, tut noch nicht viel. Man muß etwas machen; einen Bedarf decken, ein Produkt herstellen oder Waren umschlagen. Ich behaupte, daß Computernetze diese Art Tätigkeit allenfalls indirekt unterstützen – das wichtigste Handwerkszeug in der Wirtschaft sind gute Ideen, leistungsfähige Maschinen und aufgeweckte, arbeitsame Menschen.

Klar, Computer sind wichtig für die Lagerhaltung, das Addieren und Subtrahieren von Geldsummen, die Aufstellung von Zeitplänen und das Abfassen von Berichten. Die

Netze wiederum dienen dazu, Entscheidungen weiterzugeben und wechselhafte Märkte zu verfolgen. All das setzt jedoch ein Unternehmen voraus, das etwas *tut*. Es braucht Waren im Lager, die gezählt, und Dienstleistungen, die angeboten werden können. Es kommt wirklich nicht oft vor, daß sich eine Firma damit über Wasser hält, E-Mail zu lesen, in Archiven zu stöbern und Netznachrichten zu verfolgen.

In teuren Unternehmerseminaren redet man viel über die weitgehenden E-Mail-Möglichkeiten, die gewaltigen Online-Ressourcen und die rentabilitätssteigernden Vorteile des Internet. Ich kratze mich am Kopf und überlege, worin diese Vorteile wohl bestehen mögen. Möchte ich, daß meine Angestellten während der Geschäftszeit Netznachrichten lesen? Bezahle ich meine Ingenieure, damit sie in einem interaktiven *Star-Trek*-Spiel gegen japanische Herausforderer antreten? Okay, vielleicht – augenblicklich läuft gerade eine heiße *Netrek*-Runde mit 40 Spielern auf meiner Seite des Universums und 57 auf der anderen. Also, wenn ich es mir recht überlege: Klar, verschaffen Sie Ihren Leuten Zugang zum Netz, es wird die Kräfteverhältnisse ausgleichen.

Es gibt Hunderte von Team-Spielen, bei denen jeder Teilnehmer an seinem eigenen PC sitzt. Da niemand zehn PCs zu Hause hat, werden sie üblicherweise im Betrieb oder in der Schule gespielt. Würde ich einen Architekten dabei beobachten, wie er bei der Arbeit einen Stoß Pokerkarten mischt, hätte ich wohl ernsthafte Zweifel an seiner Firma. Und doch sind wir kaum überrascht, ein solches Programm gleich neben seinem *Autocad*-Fenster zu finden.

Ich wette, daß die Mehrzahl der Akademiker täglich ins Netz hineinschaut. Nachdem inzwischen die meisten Universitäten verkabelt sind, tun das sicherlich auch viele Studienanfänger. Zahlreiche Programmierer und Büroangestellte haben ihre Arbeitsplatzcomputer über Koaxialkabel oder Glasfaser ans Usenet anschließen lassen. Wird ihre Arbeit dadurch effizienter?

Immer mehr Zeitschriften werden elektronisch veröffentlicht und rezensiert, was einen schnelleren Umschlag und rascheres Feedback bedeutet. Ich kann einen Forscher direkt erreichen und vielleicht binnen einer Stunde eine Antwort erhalten. Statt lange Zahlenkolonnen abzutippen, kann ich die Daten direkt vom Eingang in mein Analyseprogramm übertragen. Netze sind großartig. Andererseits habe ich Forscher beobachtet, die Morgen für Morgen damit verschwenden, irrelevante Netznachrichten zu lesen, E-Mail zu durchpflügen oder ihre Bildschirmschoner richtig einzustellen. Ich habe einen Teilchenphysiker in Panik geraten sehen, als sich seine Dissertation bei einem Festplattenabsturz in Luft auflöste. Ich mußte schmunzeln, als ich von einem Freund hörte, er hätte einen Monat damit zugebracht, einen anspruchsvollen Rätselraum in einem Multi-User-Dungeon einzurichten. Das Lächeln verging mir, als ich von seinen drei verpaßten Zwischenprüfungen erfuhr.

Man kann sich leicht stundenlang damit aufhalten, Netznachrichten zu lesen. Da mehr und mehr Zeitungen und Zeitschriften online zu haben sind, können Sie Ihre Vormittage mit der Lektüre von *Newsweek*, *The Atlantic Monthly* und der *New York Times* verpuffen lassen. Aber wo läßt man Sie schon so etwas auf der Arbeit lesen? Wenn ich so darüber nachdenke, fällt mir kaum jemand ein, der sich Zeitungen und Zeitschriften für den Arbeitsplatz abonniert – vielleicht Haus- und Zahnärzte? Woher der plötzliche Bedarf an Online-Nachrichtendiensten?

Sind Netze nicht der effizienteste Weg für kommerzielle Transaktionen? Schließlich hängen die Finanzmärkte von Computern, Darstellungen und Terminals ab. Vor fünfzig Jahren wurden die Aktienkurse auf Tafeln niedergeschrieben; heute schließen die Netze Notierungen aus aller Welt zusammen. Aber ja, Rechner liefern rasche Aktualisierungen – die große Anzeigetafel stellt alle Branchen dar. Jede Börse verfügt über Dutzende von Monitoren, die gleich unter der Saaldecke schweben. Aber im Grunde genommen beruhen Geschäfte auf Menschen, die um Preise schachern.

Schauen Sie sich einmal die Produktenbörse von Chikago an, wo Spekulanten und Risikomanager Termingeschäfte mit Waren und Devisen abwickeln. Sie handeln mit Schweinebäuchen und Mastrindern, aber auch mit Eurodollar-Anlagen und japanischen Yen. Vom Besucherbalkon aus sehen Sie Hunderte von Händlern in gelben Jacken, die zwischen den Maklerständen umherhasten und Terminverträge an- und verkaufen. Mit wilden Serien von Handsignalen versucht jeder von ihnen, das bestmögliche Geschäft zu machen. Der Börsensaal ist ein verrücktes Chaos aus Rufen, winkenden Händen und fliegendem Papier. Kapitalismus unter Strom. Es ist eine Auktion auf Zuruf – jeder Makler will billig kaufen und teuer verkaufen. Alle riskieren dabei einen Haufen Geld. Geschäfte werden abgeschlossen, indem Händler einander zuwinken; im Augenblick der Einigung kritzeln sie den Preis auf eine Karte. Boten bringen diese Papierfetzen zur Börse, wo die Abschlüsse in ein Terminal eingegeben werden. Der Rechner berichtet über die Geschäfte; er erledigt sie nicht.

Was für eine schöne Möglichkeit der Automatisierung – ein Computersystem, das Geschäfte abwickelt. Um einen Dreimonatsvertrag auf Eurodollar zu verkaufen, tippen Sie einfach Ihren Angebotspreis in den Terminal. Wenn jemand anders nachfragt, bringt der Rechner Sie beide zusammen und erledigt die technische Seite des Vorgangs. Kein Schreien und Winken mehr.

Die Chikagoer Produktenbörse entwickelte also gemeinsam mit der Nachrichtenagentur Reuters *Globex*, ein elektronisches Handelssystem. Der Makler gibt einen Kaufauftrag ein, der Computer vermittelt diesen an den passenden Verkaufsauftrag, und der Handel wird automatisch verrechnet. Schnell, direkt und bequem. Globex arbeitet Tag und Nacht und ist weltweit zugänglich, worauf es der *Chicago Mercantile Exchange (Merc)* auch ankommt, weil sie die Konkurrenz aus Tokio, Hongkong und London fürchtet.

Bevor Globex seine Arbeit aufnahm, fürchteten die Börsensaal-Händler, daß die Makler dem Zuruf-Markt den Rücken kehren und sich um die Rechner sammeln würden. Die Börse könne sich in ein Computerspiel verwandeln und der Wert eines Börsensitzes verfallen. Nach mehreren Betriebsjahren erwies sich diese Sorge als unbegründet. Die *Merc* vermittelt täglich rund 800000 Abschlüsse im Wert von einer Billion Dollar im Saal. Nur 4000 Verträge kommen per Computer zustande.

Andere Börsen berichten von ähnlichen Erfahrungen. An der *London International Financial Futures Exchange* werden Euromark-Auktionen per Zuruf abgewickelt. Die computersierte Deutsche Terminbörse (DTB) könnte das genausogut erledigen, weil beide mit denselben Verträgen handeln. Nach vier Jahren Wettbewerb werden drei Viertel der Abschlüsse im Saal der LIFFE getätigt; das Netz der DTB erledigt den Rest.

Eine Studie kommt zu dem Schluß, daß die Marge zwischen Angebots- und Nachfragepreisen auf dem computerisierten Markt der DTB etwas enger ist, was geringere Transaktionskosten bedeuten würde. Dennoch wird weitaus mehr an der Londoner Zuruf-Börse gehandelt.

Weshalb schätzen nun Makler den Börsensaal mehr als den elektronischen Handel? Zum Teil sicherlich aus Unbeweglichkeit – wenn sie auch Risiken eingehen, sind die *broker* doch ein konservativer Haufen, der nur langsam von seinen Gewohnheiten abrückt. Ferner kostet es etwas, rund um die Uhr am Markt präsent zu sein. Jede beteiligte Firma muß jemanden für das Terminal abstellen, selbst, wenn nur wenig geschieht. Und die Händler am Bildschirm sind um zwei Uhr morgens nicht besonders glücklich – sie würden ihre wache Zeit lieber auf einem heißen Markt verbringen, wo etwas los ist, von den größeren Profitmöglichkeiten ganz zu schweigen.

Es geht auch nicht nur um Bequemlichkeit. Jahrhundertelange Erfahrungen mit dem Zurufsystem vermitteln den Händlern ein tiefes Vertrauen ins direkte Börsengeschäft. Transaktionen finden im öffentlichen Raum statt; die Auktionen sind vollkommen transparent, so daß die Akteure ein gutes Gefühl für die Marktlage entwicklen können. Mit einem Blick sehen sie, welche Mitspieler im Geschäft sind und wer übergangen wird. Ebenso erkennen sie sofort die Größenordnung der Abschlüsse, und ob der Trend kippt. Dieses Sicherheitsempfinden veranlaßt die Händler, sich auf größere Vertragswerte einzulassen und höhere Risiken einzugehen. Das wiederum erhöht die Liquidität des Marktes: Die Preise fluktuieren weniger, solange hochwertige Abschlüsse stattfinden, und die Marge zwischen Angebot und Nachfrage bleibt klein. Solche Liquidität macht den Börsenplatz effizient.

Eines Tages werden vielleicht Computer die Warenbörsen

beherrschen. Doch das wird noch einige Jahrzehnte auf sich warten lassen. Es hat also keine Eile damit, sich die *Chicago Mercantile Exchange* noch einmal anzusehen – Ihnen bleibt genügend Zeit, bis die Rechner den Maklerständen den Rang ablaufen.

Am 15. September 1842 beantwortete der königlich britische Astronom Sir George Biddell Airy, Großmeister des Bath-Ordens, Magister Artium, Doktor der Jurisprudenz sowie des Zivilrechts und Träger weiterer Titel, eine Anfrage des Schatzkanzlers. Die Regierung erwog, die Erfindung eines gewissen Charles Babbage zu finanzieren. Sollte das Parlament den Bau der analytischen Maschine unterstützen – des ersten mechanischen Rechners, Vorläufer der digitalen Computer? Und welchen Nutzen hätte ein solches Gerät?

Die lakonische Antwort des gelehrten Himmelskundlers: »Nutzlos.«

Bis in die fünfziger Jahre hinein wurde die Zukunft der Datenverarbeitung allgemein unterschätzt. Nach den ersten Erfolgen schwang das Pendel dann in die andere Richtung, und die Erforscher der Künstlichen Intelligenz (K. I.) sahen sich an der Schwelle ungeahnter Möglichkeiten.

Eines der frühesten K. I.-Programme trug den unbescheidenen (und unzutreffenden) Namen *Allgemeiner Problemlöser.* Solche Übertreibungen mündeten schließlich in den Wettlauf der achtziger Jahre um die Computer der fünften Generation. Japanische Wissenschaftler konstruierten mit knappem Vorsprung vor den US-Amerikanern superschnelle Parallelprozessoren.

Die Behauptungen der K.I.-Pioniere sind ungefähr so fundiert wie jene von Professor Airy. Nachdem sie Milliarden von Yen und Dollar verschlungen haben, liegen die Projekte der fünften Generation beiderseits des Pazifik auf Eis. In einer Szenerie, die an den Kampf ums Dasein am Übergang von der Kreidezeit zum Tertiär gemahnt, haben sich viele kleine Computer in den einstigen Jagdgründen der Großrechner breitgemacht. Vor diesem Hintergrund präsentiert jetzt die künstliche Intelligentsia die *intelligent agents*.

Diese Geräte helfen Ihnen bei der Arbeit. Wenn Sie etwa jemanden finden wollen, schickt Ihr *agent* Botschaften ins Netz, um die passenden Datenbanken zu durchsuchen. Er funktioniert so gut, daß ihn *General Magic* inzwischen als flotten persönlichen Kommunikator anbietet. Für rund 1000 Dollar bleibt er Ihren Adressen auf der Spur, schickt Faxe oder E-Mail und wählt sich in Netze ein.

Die *Carnegie Mellon University* entwickelte den *Kalenderlehrling*, der die Vorlieben seines Nutzers bei der Zeitplanung erlernt. Computerhersteller suchen oft nach Möglichkeiten, mir beim Zeitmanagement behilflich zu sein, und ahnen natürlich nicht, daß meine Freunde mich jeden Dezember mit Kalendern eindecken.

Sie wissen nicht recht, welche neue Musik Ihnen zusagt? »*Ringo* ist ein personalisiertes Musik-Empfehlungssystem«, schreibt Professorin Pattie Maes vom Medienlaboratorium des *Massachusetts Institute of Technology* in den *Communications of the ACM* vom Juli 1994. Von allen *intelligent agents*, die sie in Betracht gezogen hat, »hat dieser wohl die besten Chancen, der nächste Knaller unter den Anwendungen zu werden«. Weitere Hilfen für die Wahl der richtigen Unterhaltung unterstützen Sie bei der Entscheidung für Kinofilme, Bücher und Fernsehshows, indem sie Ihren Geschmack mit anderen *intelligent agents* in Beziehung setzen. Nur – ich brauche kein Computerprogramm, das mir sagt, welche Bücher und welche Musik mir gefallen werden. Mit Freunden, Rezensionen und Durchblättern klappt es ganz ausgezeichnet, besten Dank auch.

Intelligent agents sind Phantasien, die im Wunderland des *MIT*-Medienlaboratoriums gediehen sind. Sie sind glaubhaft genug, um fette Zuschüsse für berühmte Forscher zu mobilisieren. Aber ich frage mich, ob sich Professor Airys Vorhersage nicht mit anderthalb Jahrhunderten Verspätung doch noch bewahrheitet.

Ich erinnere mich an Prophezeiungen über riesige mechanische Gehirne ... Roboter, die Informationen sammeln und anschließend die Arbeiter überwachen und kontrollieren sollten; Sklavenhalter mit Vakuumröhren und Drahtspulen. Die richtigen Werkzeuge für den Großen Bruder.

Mit den heutigen Netzsystemen, die die Macht der Datenverarbeitung dezentralisieren und verbreiten, hat das nicht viel zu tun. Gewiß, der Chef kann darauf achten, was im Büro vor sich geht, aber es ist schwer zu sagen, was genau eine Angestellte gerade mit ihrem Computer macht. Sie könnte Daten korrelieren, einen Finanzbericht erstellen, einen Liebesbrief beantworten oder auch *Tetris* spielen.

Daher breitet sich die Schnüffeltechnologie aus – Computer werden zu Kontrollinstrumenten. Sie registrieren Arbeitspausen, die Summe der getippten Wörter, die Menge der Fehler. Telefonisten müssen eine vorgegebene Anzahl von Anrufen pro Minute bewältigen. Sekretärinnen haben es mit Stundenquoten für niedergeschriebene Versicherungsansprüche zu tun. Ein digitaler Kerker.

Arbeitsplatzüberwachung erzeugt Mißtrauen. Die Leute fühlen sich an den Computer gekettet und sind verständlicherweise froh, am Feierabend entfliehen zu können.

Netze überfluten unsere Desktops mit nützlicher und nutzloser Information. Sie machen mich effizienter und sind dennoch kontraproduktiv – sie eignen sich genausogut zum Arbeiten wie zum Herumspielen. Jeder angehende Cybernaut und Netzhacker wird Ihnen mit großem Eifer auf alle erdenklichen Weisen erklären, wie Netze Ihren Arbeitsplatz leistungsfähiger machen – ein allgemein akzeptiertes Dogma. Ob es wohl meine Berufsausübung beeinträchtigen würde, wenn ich mein Modem wegwürfe?

Und überhaupt, braucht ein Unternehmen wirklich elektronische Post? E-Mail verbindet die Chefetage ohne viel Federlesens mit dem einfachen Personal und dem Rest der Welt. Vielleicht ist dieser kürzeste Weg ja nicht der beste. Im *Wallstreet Journal* berichtet G. Pascal Zachary, daß eine allgemein zugängliche E-Mail-Adresse leitenden Angestellten ähnlichen Verdruß bereitet wie eine öffentliche Telefonnummer: Sie haben jetzt die elektronischen Massen am Hals.

Nachdem Bill Gates' E-Mail-Anschrift im *New Yorker* auftauchte, erhielt der Vorsitzende von Microsoft Tausende von Briefen aus dem gesamten Internet. Sie reichten von Glückwünschen bis hin zu Empfehlungen für milde Gaben; in einem hieß es sogar: »Ich glaube inbrünstig daran, daß der Schlüssel zur Unsterblichkeit darin besteht, ein erinnerungswürdiges Leben zu führen.«

Mike Godwin, Anwalt bei der *Electronic Frontier Foundation*, arbeitet sich täglich durch hundert Briefe. »Etwa ein Viertel davon sind Kopien zur Kenntnisnahme«, sagt er. »Weitere 25 stammen aus *mailing lists*. Das heißt, daß ich nur fünfzig beantworten muß.«

Er beantwortet jeden Tag fünfzig Briefe? »Manche leite ich weiter an Leute, die besser Bescheid wissen. Auf andere reagiere ich mit Formschreiben. Schwierig wird es, wenn ich entscheiden muß, was unbearbeitet bleibt. Ich möchte gern antworten und hätte auch etwas zu sagen, aber mir fehlt einfach die Zeit.« Auf die Dauer häuft sich die liegengebliebene E-Mail an. »Bei mir warten wahrscheinlich um die dreihundert Briefe auf Antwort«, sagt Mike. »Irgendwann schmeiße ich sie raus – es verschafft eine gewisse Erleichterung, sie wegzuspeichern.«

Bozo-Filter ermöglichen es, unerwünschte E-Mail auszusondern. Sie überprüfen den Eingang und lassen nur die richtigen Sachen durch. *Net-news*-Süchtige benutzen Killerdateien, um den Bodensatz auszusieben. Bevor ihnen die neueste Post präsentiert wird, ist sie von der Nachrichten-Software mit dieser Datei abgeglichen worden, so daß sie nicht mit Botschaften von Absendern belästigt werden, die auf der schwarzen Liste stehen. Diese Filter mögen ganz nett sein, nur hat kaum ein Computersystem die versprochenen Fähigkeiten. Ich habe schon oft das Versprechen gehört, Expertensysteme würden das Problem schon richten und *intelligent agents* könnten meine Neigungen und Bedürfnisse erlernen, indem sie meine Handlungen registrieren.

Wohl kaum. Ich kann mir niemanden vorstellen, dessen Aufgaben und Präferenzen so simpel wären, daß ein Programm sie vorhersagen könnte. Die höchstentwickelte Software mag einen sehr grobschlächtigen Türhüter abgeben, aber ich bezweifle, daß sie mir sagen kann, welche Briefe ich am interessantesten finden würde. So wie noch kein Verleger einen elektronischen Lektor gefunden hat, werden mechanische Systeme auch niemals den gesunden Menschenverstand und das Gefühl fürs Wichtige ersetzen.

Und kein Automat kann Ihre Arbeit verrichten. Als Anwalt hält es Mike Goodwin für seine Aufgabe, Menschen zu helfen und Informationen zu vermitteln. »Daher habe ich

Angst vor Postfiltern«, verrät er. »Sie könnten wichtige Briefe aussortieren.« Im Augenblick erledigt er seine Korrespondenz mit Formschreiben. »Wenn eine Systemoperatorin eine allgemeine Auskunft zu den rechtlichen Aspekten von Online-Obszönitäten wünscht, sende ich einen Artikel, den ich zum Thema geschrieben habe. So kann sie sich eingehender mit dem Thema auseinandersetzen und eine genauere Frage stellen.«

Die Firma *Computer Associates* stellt Bürosoftware her; unter anderem ein maßgeschneidertes E-Mail-System. Doch der Vorstandsvorsitzende, Charles Wang, benutzt es nicht. Statt dessen sperrt er das E-Mail-System der Firma fünf Stunden täglich, damit die Arbeit erledigt wird.

Woher diese Gegenreaktionen auf E-Mail? Zum Teil sind die Hintergründe banal. Mitch Kertzman, Vorstandsvorsitzender der *Powersoft Corporation*, erhält jeden Tag Hunderte von Nachrichten; eine davon war an alle Mitarbeiter adressiert und stammte von einem Angestellten, der seinen Hund zum Verkauf anbot.

E-Mail ist nicht nur manchmal ein Ärgernis; ihre Unpersönlichkeit kann auch Distanz schaffen. Der Chef eines Unternehmens mag E-Mail an alle Betriebsangehörigen schikken, wird damit aber nicht den Eindruck hinterlassen, den ein persönlicher Besuch im Büro oder ein herzlicher Glückwunsch bewirkt hätte. Ich würde mir lieber einen unausgegorenen Spruch anhören, als die Nummer 19 unter den Empfängern eines Formbriefs zu sein.

Netzkommunikation scheint billig zu sein – man muß keine Briefmarken oder Umschläge kaufen. Offenbar ein klarer Fall. Für den Netzanschluß benötigen Sie Computer, Modem, Telefon und Netzkonto. Diese Hardware allein kostet gut über 1000 Dollar. Die Gebühren für Gemeinschaftsschaltung liegen normalerweise bei zehn Dollar im Monat, zuzüglich Online-Abgaben von fünf bis zehn Dollar die Stunde. Im Extremfall – etwa für spezielle Datensuche über *NEXIS* oder *Westlaw* – müssen Sie mit 200 Dollar die Stunde rechnen.

Gewiß, Hochschulen bieten oft ermäßigte Anschlußgebühren – Studenten erhalten Gratiskonten. Es kommt einem vor wie freie Kommunikation und ein wundervoll billiger Spielplatz, wird jedoch letztlich in Form von Schulgeld, Gebühren und allgemeinen Verwaltungskosten bezahlt. Im ganzen Internet stößt man auf kräftige staatliche Subventionen direkter oder indirekter Natur, die oft über Universitäten und Forschungsgruppen laufen. Das hält die Ausgaben niedriger, als sie wären, wenn die Nutzer alles selbst zahlen müßten. Die Internet-Anschlüsse der *University of California* verschlingen zum Beispiel weit über zehn Millionen Dollar im Jahr. Die Studenten und Fachbereiche zucken mit den Achseln – die Rechnung wird anderen präsentiert.

Betriebsinterne Netze kommen kaum in den Genuß derartiger Subventionen, aber auch sie verbergen die Kosten vor den eigentlichen Nutzern. Diese Einrichtungen sind nicht billig, und die offensichtlichen Aufwendungen machen womöglich nur den kleinsten Teil des Preises aus. Unter der Spitze des Eisbergs – Verkabelung, Anschlußgebühren, Hard- und Software – liegt unsichtbar eine beträchtliche Investitionsmasse: Fortbildung des Personals in der Netznutzung, Einstellung eines Technikers für die Wartung der Anschlüsse, regelmäßige Erneuerung von Hard- und Software, Sicherheitssysteme, Zwangspausen für Sicherungskopien und Ausfallzeiten ... das läppert sich zusammen. Diese versteckten Ausgaben bleiben unerwähnt, wenn ein blauäugiger Manager die Kosten eines Netzes kalkuliert.

Online-Systeme sind empfindlich: Sie funktionieren, wenn alles andere stimmt, reagieren jedoch extrem empfindlich auf Probleme bei Hard- und Software oder in den Leitungen. Ein Datenfluß kann nicht auf den Computer warten – wenn er nicht sofort entschlüsselt wird, purzeln die Bits auf den Fußboden. Und so hört man von Programmen für Produktenbörsen, die alle Tests bestehen, aber versagen, wenn überlastete Rechner einmal langsamer arbeiten.

Im Dezember 1987 unterbrach ein Eichhörnchen eine Telefonleitung und legte die NASDAQ-Effektenbörse lahm. Am 15. Juli 1994 kam es dort erneut zu einem Stillstand, als das elektronische Transaktionssystem erweitert wurde. Zwei Wochen darauf schlug ein Eichhörnchen aus der Gegend von Trumball, Connecticut, zu. Die pannensichere Umschaltung auf Notstrom versagte und ließ das System erneut abstürzen.

Weshalb ist einer der Knotenpunkte des Weltkapitalismus den Launen einiger Nager ausgeliefert? Weil es schwierig ist, Fernverbindungen robust, zuverlässig, erweiterungsfähig und nutzbar anzulegen. Eichhörnchen – Kurzschlüsse mit Eigenantrieb – halten sich nicht an die Netz-Richtlinien.

Andere Probleme sind datenabhängig – sie treten nur auf, wenn eine bestimmte Zeichenfolge durch den *router* läuft. Versuchen Sie, drei Pluszeichen und die Absatz-Endmarke an Ihr Modem zu senden. Bei zügiger Eingabe wird jedes Modem die Folge weiterleiten, mit Ausnahme der Geräte, die mit dem TIES-Chipsatz ausgestattet sind. Diese schalten in den Befehlsmodus und lassen die Daten nicht durch. Sie sind so konstruiert worden, um irgend jemandes Patentrechte nicht zu verletzen, und erschweren nun unverhofft den reibungslosen Datenverkehr.

Doch wer trägt nun die Verantwortung für das Netzsystem einer Firma? Der Computerproduzent weiß nicht, was für ein Modem Sie benutzen. Dem Modemhersteller ist das Übertragungsprogramm unbekannt. Dem Techniker der Telefongesellschaft hat niemand mitgeteilt, welcher Geräuschpegel in einem 9600-Baud-Modem-Anschluß mit *trellis*-Verschlüsselung Datenverluste nach sich zieht. Produkte von unterschiedlichen Anbietern bedeuten Verzögerungen, wechselseitige Schuldzuweisungen und allgemeine Frustration.

Kurz, Datenfernverkehr ist teuer und nur bedingt zuverlässig. Wenn er funktioniert, werden wir davon abhängig; wenn nicht, sind wir aufgeschmissen und haben niemanden, der uns hilft.

Der Anschluß ans Internet kann sich auf ein paar einfache Befehle beschränken. Ebensogut kann er zur wochenlangen, frustrierenden Geduldsprobe ausarten. Zunächst brauchen Sie einen Hilfsdienst. Einige arbeiten für individuelle Nutzer: *America Online*, *CompuServe*, *GEnie*. Sie bieten Anschluß an den eigenen Dienst sowie begrenzte Internet-Verbindungen. So kommen die Leute ins Netz – ganz leicht.

Es sieht schon anders aus, wenn ein Kleinunternehmen einen Komplettanschluß mit eigener Domäne haben will. Damit kann es öffentliche Bibliotheken für andere Teilnehmer aufbauen und jedem Angestellten ein Netzkonto einrichten. Zu diesem Zweck nimmt die Firma Kontakt zu einem Internet-Dienst auf. Gut; Sie leasen also eine Telefonleitung, melden Ihr Geschäft im Netz-Informationszentrum an, kaufen einen Computer, um den Netzverkehr zu verarbeiten, verlegen ein Ortsnetz, überlegen sich genau, welchen Weg die elektronische Post nehmen soll, vergeben Konten, richten einen Spooler für Netznachrichten ein und schaffen vielleicht etwas Platz für öffentliche Dateien. Vergessen Sie nicht die Brandschutzmauer, damit Hacker keinen Unfug mit Ihrem System treiben.

Machen Sie sich nun an die Fehlersuche in Ihrem Internet-Anschluß. Wenn Sie hier auf Software-Unterstützung rechnen – prost Mahlzeit! Sie rufen die Techniker des Online-Dienstes an, die örtliche Telefongesellschaft, den Laden, der Ihnen das Modem verkauft hat, die Firma, von der die Übertragungsprogramme stammen, die Leute, die das Lesegerät installiert haben. Einer schickt Sie zum nächsten. All das ist kein Problem für Netzhexer, die die Zauberformeln kennen. Für einen Anfänger dagegen – nun ja, viel Glück.

Große Bandbreiten zählen zu den Heiligtümern der Online-Gemeinschaft. Wie wäre es mit einem Übertragungskanal für drei Millionen bps, der Ihnen Zugang zu den neuesten Nachrichten verschafft? Es gibt ihn schon, und zwar in Form Ihres Fernsehgeräts. Wenn Sie also über die letzten Meldungen auf dem laufenden bleiben müssen, stellen Sie sich einfach ein Fernsehgerät auf den Schreibtisch und schalten Sie CNN ein. Ein Fernseher ist billiger als ein Modem, leichter zu bedienen und bietet große Bandbreite, Neuigkeiten auf mehreren Kanälen sowie gelegentliche Kommentare.

Natürlich ist es abwegig, ein Fernsehgerät auf dem Schreibtisch zu haben. Internet hingegen – mit all seinen Zugangsmöglichkeiten zu Spielen, Newsgroups und *chat lines* – gilt als wünschenswert fürs Büro. Denken Sie mal darüber nach.

Interaktive Videoverbindungen werden als kostensparende Systeme für die Fernkooperation angepriesen. Wir sollen mit Kollegen in anderen Landesteilen zusammenarbeiten und Aufgaben lösen, ohne unsere Büroräume zu verlassen.

Auf diese Weise spart man Zeit und Reisekosten; scheinbar die perfekte Methode, um Informationen, Berichte, Programme und Terminpläne auszutauschen.

So sieht der Traum aus. Wenn ich in solchen Gemeinschaftsschaltungen hing, habe ich mich immer einsam und verlegen gefühlt. Es fehlt die Wärme oder Angeregtheit eines wirklichen Treffens. Da ich nicht in Gesellschaft bin, fällt es mir schwer, mich für das jeweilige Projekt zu erwärmen. Ich gehöre zu einem virtuellen Team, das selten zusammenkommt und nie miteinander feiert. Ich bin wirklich nur ein Rädchen in irgendeiner unsichtbaren Maschine.

Es gibt ein paar Berufe, bei denen Sie nie jemandem begegnen. Vielleicht als Feuersichter auf einem Berggipfel in Neu-Mexiko oder auf dem Beobachtungsposten eines Militärstützpunkts auf den Alëuten. Eine der Verheißungen des Internet ist die kurzfristige Zusammenarbeit ohne persönliche Treffen. Klingt einsam wie jene Aussichtsstände.

Unternehmen sind abhängig von Kooperation. Ich frage mich, ob Netze diesen Prozeß fördern oder behindern.

Akademiker reden viel davon, daß das Internet ein unverzichtbarer Teil ihrer Arbeit geworden sei. Sie gleichen gewohnheitsmäßig Notizen über E-Mail ab und schicken einander Programme und Dateien. Und doch brauchen Natur- und Sozialwissenschaften ebenso wie das Geschäftsleben den persönlichen Kontakt, um zu funktionieren.

Lisa Kadonga rief mich aus Yellowknife in den kanadischen Nordwest-Territorien an. Als Forscherin nimmt sie gerade an einer Konferenz über Klimaveränderungen teil. »Es sind Hunderte von Wissenschaftlern hier, die alle an verschiedenen Facetten desselben Problems arbeiten«, sagt sie. »In der Frühstückspause tauschen die Leute Namen und

Adressen aus, und wenn es klingelt, will niemand zurück zu den Vorträgen. In diesen Zeiten passiert das Wichtigste. Sollte ich jemals eine Tagung organisieren, werde ich für jede Menge bequemer Sessel sorgen und die Pausen doppelt so lang ansetzen.«

Vielleicht profitiert nicht jede Zusammenarbeit von der persönlichen Begegnung. Da kommen einem Gilbert und Sullivan in den Sinn, die wahrscheinlich besser kooperiert hätten, wenn sie durch ein Computernetz getrennt gewesen wären. Der kontaktfreudige Komponist Arthur S. Sullivan blieb auf Tuchfühlung mit der adligen Gesellschaft. Der verschrobene William S. Gilbert hingegen konnte mit der ganzen Pracht nichts anfangen. Er schrieb seine Librettos, schickte sie an Sullivan und verzog sich eilends wieder ins Theater. Sie haßten einander.

Jeder für sich vollbrachte nicht viel Erinnerungswertes. Sullivan hielt sich für einen ernstzunehmenden Musiker, doch überdauert hat nur sein *Onward Christian Soldiers*. Der große Dramatiker Gilbert schrieb *Verheiratet*, das alle paar Jahrzehnte einmal aufgeführt wird. Aber zusammen... Die Schönheit ihrer Schöpfungen klingt durch ein Jahrhundert: *Mikado*, *H. M. S. Pinafore*, *Jolanthe* und vor allem *Die Piraten von Penzance*. Diese beiden Intimfeinde hätten das Internet als Möglichkeit der Kooperation ohne persönliche Begegnung zu schätzen gewußt. Doch würden sie jemals so großartige Operetten geschrieben haben, wenn sie sich nicht so aneinander abgearbeitet hätten?

Rationalisieren Computer wenigstens die Büroarbeit? Vielleicht. Vielleicht auch nicht.

Textverarbeitung kann die Transaktionskosten hinauftreiben. Nehmen Sie zum Beispiel standardisierte Kaufverträge.

Wenn Sie ein Haus kaufen, verwenden Sie wahrscheinlich einen Vordruck, in den sie nur noch Namen, Anschrift, Datum und etwaige Sonderregelungen eintragen müssen. Man bekommt solche Verträge in Schreibwarengeschäften, wo sie Blumberg-Formulare genannt werden. Solche Standardverträge rationalisieren Geschäftsabschlüsse – sie lenken Ihre Aufmerksamkeit auf die wichtigen Punkte. Änderungen sind gut sichtbar, so daß Sie keine Zeit damit verschwenden, irrelevante Passagen zu lesen. Heute besitzen Firmen und Notare Computer und brauchen keine Vordrucke mehr. Statt dessen laden sie den Formtext aus der Datei, redigieren den Vertrag und drucken ihn mit Lasertechnik. Sieht nach einer guten Idee aus – es spart Formularkosten und macht auch einen professionellen Eindruck.

Aber jetzt können Sie den Standardvertrag nicht mehr von den Sonderregelungen unterscheiden! Dieser Kontrakt hat keine leeren Felder zum Ausfüllen; alles ist in derselben Schrift und Sperrung gedruckt. Es gibt keinen Anhaltspunkt dafür, welche Passagen die üblichen Bestimmungen enthalten und welche eigens für diesen besonderen Abschluß geändert wurden. Sie wissen nicht, ob ein Gauner in dem Schriftstück eine Schlinge ausgelegt hat, etwa einen schwerverständlichen Satz, der den Sinn des Ganzen völlig verändert. Ihnen bleibt nichts übrig, als den Text Satz für Satz mit einem Formblatt zu vergleichen.

Nun haben aber Geschäftsleute keine Zeit mit Details zu verlieren, wo sie sich einst auf den Vordruck verlassen konnten. Rechtsanwälte stoßen auf dieselben Probleme – sie können die unveränderten Paragraphen nicht mehr überfliegen, sondern müssen sorgfältig jeden Satz lesen und auf Abweichungen achten. Was einst in wenigen Minuten erledigt war, vergeudet jetzt Stunden.

Überhaupt, die Anwälte: Was haben ihnen die Computer für Ärger in die Geschäftsräume gebracht! Da man leicht Zitate aus Online-Diensten beziehen kann, erstellen die Kollegen Rechtsgutachten, indem sie Texte kopieren und zusammensetzen – keine eigenständige Arbeit, sondern eine großartige Möglichkeit, das ganze System zu verlangsamen. Das Ergebnis sind lange Kurzfassungen des Standpunktes der Gegenpartei – ein höchst kostspieliges Oxymoron, weil ein anderer Anwalt am Ende alles lesen muß.

Kein Tabellenkalkulationsprogramm kann Zahlen schaffen, wo keine sind. Keine Textverarbeitung hilft mir, besser zu formulieren. Keine Datenbank kann die harten Fragen beantworten – diejenigen, auf die es noch keine Antworten gibt. Wenn ich Astronomie treibe, verbringe ich viel Zeit mit Nachdenken und Schreiben. Wenn der Computer die doppelte Geschwindigkeit hätte, würde ich das nicht schneller tun. Auch die Kommunikation im Internet läßt sich daher nicht beschleunigen.

Jawohl, es gibt allerhand Gelegenheiten, bei denen mir ein schnellerer Rechner die Prüfung von Alternativen ermöglicht. In den Natur- und Wirtschaftswissenschaften nutzen wir Programme für Sensitivitätsanalysen komplexer Systeme. Doch solche Berechnungen führen nur selten zu tiefen Einsichten. Analytische Lösungen – Gleichungen – sind weitaus leistungsfähigere und verläßlichere Instrumente.

Der schwierige Teil meines Berufs besteht nicht darin, Text zu formatieren oder Dinge ins Netz zu schicken. Ein schnellerer Computer wird es mir vielleicht erlauben, mehr Modelle zu entwickeln, mir aber letztlich nicht zu einem grundlegenderen Verständnis der Jupiteratmosphäre verhelfen. Nein, beim schwierigen Teil handelt es sich darum, die vorliegenden Daten zu begreifen, scharf über meine Beobachtungen nachzudenken und Schlußfolgerungen zu ziehen.

Zweifellos ist das Internet ein preiswerter Weg, eine Menge Leute zu erreichen. Als modisches Medium scheint es bestens geeignet für den mittellosen technischen Nachwuchs.

Einige Netze, wie etwa der *Prodigy*-Dienst, haben sich stets um Werbung bemüht; andere, wie das Usenet, tun ihr Bestes, sie fernzuhalten. Jahrelang war das Internet frei von Reklame. Das beginnt sich zu ändern.

Manche Werbemethoden funktionieren einfach nicht. Ungebetene und nutzlose E-Mail ärgert so viele Leute, daß sie sich von selbst erledigt. Ebenso verhält es sich mit der Verbreitung von Botschaften über Netz, wie zwei Anwälte aus Phoenix erfahren mußten.

Am 18. April 1994 ging ich ans Netz, lud die Usenet-Software und fand Dutzende von Mitteilungen, wie ich Einwanderungsformulare erhalten könne – einfach ein Anwaltsbüro in Arizona kontakten. Ein paar Juristen hatten das Netz geentert und ihre dämliche Botschaft an rund 5000 Usenet-Nutzergruppen in aller Welt geschickt. Das ist nicht verboten, obwohl eine derartige kommerzielle Nutzung des anarchistischen Usenet bei praktisch jedem Stirnrunzeln auslöst. Und praktisch jeder tat auch per Fax und E-Mail sein Mißfallen kund. Innerhalb eines Tages ging über die Kerle ein elektronisches Strafgericht nieder. Tausende von Briefen protestierten gegen die Aktion; es hagelte Beleidigungen und Drohungen nebst Vorschlägen, wohin sie sich ihr Modem stecken könnten. Es kam genügend boshafte E-Mail an, um die Computer ihres Anbieters, *Internet Direct*, mehrfach zusammenbrechen zu lassen, woraufhin ihnen prompt das Konto entzogen wurde.

Die beiden Rechts-Cybernauten blieben davon unbeeindruckt und warfen in einem Interview des *New Yorker* den Fehdehandschuh – sie würden *Internet Direct* verklagen, weil es seine Dienste ausgesetzt habe, und im übrigen weiterhin online Reklame machen. Die Netzjünger zahlten es ihnen in Naturalien heim. Am selben Tag empfing das Büro Hunderte von Faxen – genug, um die Papiervorräte zu erschöpfen. Die beiden fanden auf ihren Namen abonnierte Zeitschriften vor der Tür. Das letzte Wort hatte Arnt Gulbrandsen aus Norwegen, der ein *cancelbot* entwickelte – ein Programm, das automatisch jede Botschaft der beiden löschte. Die Anwälte schickten etwas ins Netz, und zwanzig Sekunden später fiel es dem norwegischen Programm zum Opfer. Gerichtsbarkeit an der elektronischen Front. Die Juristen, die sich darauf freuten, US-amerikanische Firmen zu verklagen, waren wehrlos gegen diesen Norweger: technischer K. o.

Wie wirbt man also im Netz? Wenn die Zukunft der Datenautobahn in der Reklame liegt, ist *Prodigy* dort als erster Anbieter angekommen. Alle paar Minuten hüpft eine Anzeige auf den Bildschirm, die alles von der *Allstate*-Versicherung bis zum *IBM*-Rechner anpreist.

Die wohl meistversprechende Art, wie Unternehmen über das Netz werben können, ist der Versand faktischer Informationen über ihre Produkte. In wachsendem Maße entwickeln Computerhersteller illustrierte Dokumente, die man über die Mosaic-Schnittstelle erhalten und durchblättern kann. Diese Auskünfte bekommen nur diejenigen, die sie abrufen; sie werden nicht ungefragt verbreitet. Jeder kann hineinschauen, den Katalog durchblättern und einzelne Erläuterungen gesondert studieren. Das klappt gut bei Investitionsgüteranzeigen, ist aber noch weit vom Massenmarketing für Coca-Cola entfernt. Solange also nicht jemand eine Möglichkeit findet, Werbung ins Internet einzubauen, ohne die Puristen zu beleidigen, wird es wohl nicht mit braunem Zuckerwasser überschwemmt werden.

Weshalb vermarktet man in Anbetracht der Leistungsfähigkeit, Geschwindigkeit und Ausdehnung des Internet darin keine kommerziellen Programme? Warum kann ich mich nicht in *CompuServe* einwählen, dort praktisch jedes Softwareprodukt vorfinden, mit Kreditkarte zahlen und es gleich überspielen? An der Unmöglichkeit von Online-Transaktionen kann es nicht liegen – ich könnte meine Kartennummer mit E-Mail schicken. Und eine Auslieferung ist auch nicht nötig, weil ich das Programm direkt in den Speicher hole.

Vielleicht liegt es an der immateriellen Natur von Software? Freilich haben Werbefirmen und Unternehmen längst die Schwierigkeit überwunden, derartige Produkte zu verkaufen – man bekommt Versicherungen, Aktien, Gesundheitsvorsorgepläne. Politiker schaffen das seit Jahrhunderten. Aber wenn ich etwas kaufe, will ich es sehen, anfassen und fühlen. Ich weiß, daß das Programm, das ich erwerbe, aus nichts besteht. Verpackung, Handbücher und Zellophan verleihen ihm Gewicht, Substanz und den Anschein von Neuheit. Sie machen es real.

Im Zweifelsfall möchte ich mir die Software also lieber in einem Laden besorgen. Dort kann ich auch verschiedene Produkte vergleichen und Ratschläge von einem wirklichen Menschen bekommen. So banal es klingen mag, Geschäftsleute und Verkaufspersonal stehen hinter ihrer Ware. Und eben dies fehlt beim Erwerb übers Netz. Obgleich sich das

Medium bestens für die Lieferung von Software eignet, fehlt eine reale Person, die auf meine Bedürfnisse eingeht.

Das Beispiel hält noch eine weitere Lektion bereit: Viele, die mit Datenverarbeitung zu tun haben, glauben, daß die persönliche Kundenbetreuung durch Kataloge und Produktlisten ersetzt werden kann. Sie meinen, daß ein Unternehmen bloß seine Botschaft auf den Bildschirm potentieller Interessenten bekommen müsse. Verkäufer werden als Kostenfaktor betrachtet. Doch die Annahme, daß diese nur die Handelsware absetzen, verkleinert die soziale Rolle einer höchst wichtigen Berufsgruppe. Gutes Personal hat weit mehr als Vorführungen und Auskünfte zu bieten. Es hält die Firma über Kundenwünsche auf dem laufenden. Nach einigen Monaten spielt es keine Rolle mehr, ob es für den Chef oder den Einkäufer arbeitet – es besteht eine stillschweigende Übereinkunft zum gegenseitigen Vorteil. Eine Beziehung, so alt wie der Kapitalismus und so neu wie Ihr Lieblingsrestaurant.

Persönliche Kundenbetreuung ist ein unverzichtbarer Teil eines jeden Unternehmens und kann nie durch Listen des Warenangebots ersetzt werden. Keine noch so schöne Netzgrafik wird dieses Berufsfeld überflüssig machen.

Eine ganze Reihe von Betrieben ist scharf auf Online-Verkäufe. Ich möchte wetten, daß die meisten bald im Hemd dastehen. Heutzutage sind Kommunikations- und Computerfirmen mehr oder weniger die einzigen, die auf diese Weise Geld machen. Es gibt keinen Zaubertrick, um im Internet ein Vermögen zu verdienen. Andererseits hätte ich auch gedacht, daß es schwierig ist, Autos über Computer zu verkaufen, bis ich eine Hypertext-Anzeige für Buicks sah. Ich wartete auf die glänzenden Bilder, die wir aus der Fernsehreklame kennen. Doch zu meinem Erstaunen folgten lediglich Produktbeschreibung, technische Daten und Preise. Das gefällt mir – Preise ohne die Verschwommenheiten des Feilschens! Wenn bei meinem Fahrrad jemals der Rahmen bricht, werde ich mir einen Buick anschaffen.

Wie steht es mit der Sicherheit im Internet? Nachdem ich Hacker durchs Netz verfolgt hatte, fragte ich mich, wie die Computerleute die offensichtlichen Lücken im System stopfen würden. Sicherlich ist inzwischen einiges geschehen – kaum jemand verkauft noch Netzsysteme mit falschen Paßwörtern oder eingebauten Gastkonten. Der durchschnittliche Computer ist unzugänglicher geworden.

Aber es gibt noch viele andere Systeme im Netz und damit auch allerhand ungesicherte Rechner. Die meisten haben keinen Systemmanager. Es kommt vor, daß einzelne Personen Dutzende oder Hunderte von Systemen verwalten. Es ist schwierig genug, die Software auf dem laufenden zu halten und die Nutzer zufriedenzustellen, ganz zu schweigen von der Abschirmung gegen Eindringlinge, die sich im Netz bewegen oder sich Paßwörter schnappen.

Es gibt -zig Arten, Paßwörter zu stehlen – Trojanische Pferde, Paßwortknacker und Dateiwiederkäuer. Der letzte Schrei in dem schmierigen Haufen sind Paßwortschnüffler, Programme, die Internetpakete abfangen. Die Software registriert die ersten hundert Bytes einer weit entfernten interaktiven Konferenz. Wenn ich über Telnet Zugriff auf ein entferntes System erhalte, passieren meine Anschläge viele andere Rechner. Ist einer von diesen geimpft, wird das Zauberprogramm meine Kennung samt Paßwort in die eigene Spezialdatei kopieren. Ein paar Tage später wählt sich dann der Hacker ins System, druckt das gestohlene Paßwort aus, und schon hat er den Schlüssel zu meinem Konto.

Gegen solche Attacken kann man nicht viel machen, weil nicht allen Wirtscomputern zu trauen ist, die mein Internet-Paket durchläuft. Manche Systeme verteidigen sich mit veränderlichen Paßwörtern, die von Minute zu Minute wechseln – man muß dann bei jedem Netzzugang eine spezielle Karte zur Paßworterzeugung benutzen. Der beste Schutz besteht natürlich darin, ganz auf den Fernzugriff zu verzichten, was eine Verringerung der Internet-Dienste bedeutet.

In der Regel aber sind Hacker technisch nicht kreativ. Wie andere Diebe stehlen sie durch Lüge und Täuschung. Sie rufen einfach bei einem Unternehmen an, behaupten, aus der Computerabteilung zu sein, und fragen die Sekretärin nach dem Paßwort. Mitunter geraten sie an eine schlaue Person, die einhängt und über das Telefonat Bericht erstattet. Ansonsten – nun, Arnold Arglos antwortet.

Diese Spielart angewandter Sozialwissenschaft funktioniert erstaunlich gut, wie die Streiche eines gewissen Kevin Mitnick zeigen. In ihrem Buch *Cyberpunk* beschreiben Katie Hafner und John Markoff, wie Mitnick bei der US-Spionageabwehr in einen Rechner ohne Geheimhaltungsstufe eindrang, indem er jemanden mit Gastzugang zu dem System anrief. Er gab sich als Mitarbeiter der *National Security Agency* aus und überzeugte den anderen, ihm das Paßwort zu nennen. Mit derselben Chuzpe soll er auch in die Computer von Telefongesellschaften und verschiedenen Software-Häusern eingebrochen sein.

Die Ausdehnung der Netze in Verbindung mit der Schwierigkeit, jemanden im Irrgarten des Internet ausfindig zu machen, bietet fruchtbaren Boden für Hacker. Nachdem ich einen deutschen Eindringling in meinen Rechner in Berkeley gefangen hatte, installierte ich Monitorprogramme, um nach Strolchen Ausschau zu halten, die sich einschleichen wollten. Neben Spinnern, die sich als der Systemmanager ausgaben, habe ich noch allerhand andere Schlupflöcher registriert. Da gab es den Kerl, der einen ganzen Tag lang versuchte, in mein Konto einzudringen, wobei er 5000 Paßwortvarianten ausprobierte. Ein anderer versuchte sich an zwölf verschiedenen Schwachstellen meines Betriebssystems. Ein dritter verschickte E-Mail und bedrohte sowohl den Computer als auch meine Freunde.

Sie aufspüren? Ach nein. Das erste Mal war es Forschung, eine Möglichkeit zur wissenschaftlichen Arbeit, wenn auch in den Grenzen der Datenverarbeitung. Beim zweiten Mal ist es nur noch Technik. Aber schlauere Netzzauberer haben immerhin Fallen aufgestellt und studiert, wie die Hacker vorgehen.

Im Januar 1991 bemerkten Bill Cheswick und Steve Bellovin von *AT&T* einen Außenstehenden, der über Internet die Paßwortdatei abfragte. Bill hat das System der Firma fest im Griff, so daß die Attacke natürlich fehlschlug. Doch er fragte sich, was dahintersteckt, und schickte eine falsche Paßwortdatei. Bei der Überprüfung seiner Einschaltungen stellten sie fest, daß der Einbrecher aus Stanford kam. Das half nicht viel, weil der Computer in Kalifornien zweckentfremdet worden war und die Spur auf eine Telefonverbindung hindeutete.

Nach fünf Tagen tauchte die falsche Paßwortdatei in Frankreich auf – der Hacker hatte offenkundig internationale Verbindungen. Als der Golfkrieg ausbrach, kehrte der Eindringling zum *AT&T*-Rechner zurück, wobei er darauf achtete, daß niemand da war. Inzwischen konnte Bill die Anschläge des Unbekannten auf einem Bildschirm darstellen. Er sah zu, wie dieser versuchte, dem System einen neuen Nutzer hinzuzufügen.

Stellen Sie sich Bills Zwickmühle vor: Er will dem Hacker kein Konto in seinem Computer einräumen, möchte den Kerl aber glauben machen, daß er drin ist, um ihn auch sicher erwischen zu können. Was tun? Bill entschloß sich, einen schlecht verwalteten Computer zu mimen. Jedesmal, wenn der Eindringling einen Befehl eingab, tippte Bill eine Antwort, ganz wie *Unix* es tun sollte. Den folgenden Monat über gab er vor, ein Computer zu sein, und versorgte seinen Gast geduldig mit allem, was er sehen wollte. Mit der Zeit baute er ein Softwaregefängnis – ein virtuelles Betriebssystem, das dem Hacker einen Ort zum Herumtrotten bot, während es ihn vom eigentlichen Rechner abschirmte.

Nach einem Monat sorgfältiger Beobachtung hatte Bill seinen Köder ausgelegt und setzte sich mit Stephen Hansen, einem Systemoperator in Stanford, in Verbindung. Gemeinsam folgten sie den Anrufen durch Portugal und landeten schließlich in den Niederlanden. Damals gab es dort keine Gesetze gegen das Hacken, so daß die Jagd damit beendet war. Wietse Venema, ein Professor an der Eindhovener Universität, rief die Eltern der Hacker an, was viel dazu beitrug, daß die Serie von Attacken aufhörte.

Die Eindringlinge hatten die ganze Geschichte für bare Münze genommen. In Botschaften aneinander beglückwünschten sie sich gegenseitig zur Tiefe ihres Netz-Wissens. Gespräche über virtuelle Realität: Sie glaubten tatsächlich, daß sie unbemerkt einen wichtigen Computer bei *AT&T* kontrolliert hätten.

Paßwortschnüffler nutzen die Art und Weise aus, wie im Internet Nachrichten versandt werden – Pakete hüpfen von Rechner zu Rechner, bis sie ihren Bestimmungsort erreichen. Ein Hacker an einer dieser Zwischenstationen könnte, freilich nur mit einigem Aufwand, einen Teil der E-Mail überwachen, die bei einer Firma ein- und ausgeht. Ebenso könnte er sich Kreditkartennummern oder Geldüberweisungen angeln.

Wäre ein Spaßvogel imstande, den Aufmacher von *USA Today* zu verändern, indem er an den Seiten herumpfuscht, die über Satellitenverbindung geschickt werden? Oder wird irgendein Verrückter einen Computerwurm durch die Netze schicken, der Bandbreite frißt oder Zugang verstopft? Wie auch immer: Ich kann ganz gut verstehen, weshalb Unternehmen zögern, sich an öffentliche Netze anzuschließen. Wir sind es gewohnt, mit den meisten Varianten von Trickbetrügerei fertig zu werden, weil sie Spuren hinterlassen. Von einem ausradierten Wort bleibt ein Schmutzfleck. Gefälschte Unterschriften lassen sich mit dem Original vergleichen. Eine Stimme am Telefon kann auf die Probe gestellt werden. Im Netz ist all das nicht möglich, es sei denn mit hochentwickelten Instrumenten wie Digitalsignaturen oder Verschlüsselungssoftware.

Da man nicht sieht, wie die Transaktionen ablaufen, trauen Fremde dem System nicht so ganz. Und tatsächlich gehört zu jedem Online-Geschäft die Furcht vorm Schwindel. Ein Dieb bei *America Online* verkaufte nichtexistente Laufwerke an drei Leute. Er löste ihre Schecks ein und verschwand, ohne auch nur seine Online-Gebühren zu zahlen.

Aber Computersicherheit endet nicht bei vertrauenswürdigen Netzbeziehungen. Bedenken Sie, was Sie verlieren würden, wenn jemand Ihren Rechner klaute. Sie mögen glauben, es wären nur die Kosten der Hardware. Überlegen Sie noch einmal.

Letztes Jahr bekam ich einen Anruf von meinem Freund Charlie, einem Anwalt. »Was ist ein DEC VAX wert?«

Ich lasse mich darüber aus, daß es von Modellnummer,

Alter und Speicherkapazität abhängt, und er unterbricht mich: »Kriegst du ihn zum Laufen?«

Charlie ist Strafverteidiger, und Leute, die mit dem Gesetz in Konflikt geraten, haben es selten flüssig. Einer seiner Klienten möchte mit einem VAX 3600 zahlen. Das ist kein billiger Heimcomputer wie Ihrer ... Hinter dem Namen stecken wahrscheinlich zehn- bis zwanzigtausend Dollar. Aber Charlie kann ihn nicht in Gang setzen. »Nach dem Einschalten fragt er nach dem Paßwort, und weiter komme ich nicht.«

»Hast du es mit einem autonomen Start versucht?« frage ich. Hat er nicht, weil ihm noch nie ein VAX untergekommen ist. Zwei Stunden später hält Charlie vor meinem Haus und lädt den Nobelrechner aus. Es ist tatsächlich ein VAX, einschließlich Bildschirm, Modem, Adapter und externem Laufwerk. Nur die Seriennummer fehlt. Ein dicker Hund.

»Äh, der scheint gestohlen zu sein«, sage ich zu meinem Freund. Er ist unbeeindruckt. »Bring ihn nur zum Laufen, und sage mir, was er wert ist, Cliff. Überlaß mir die juristischen Feinheiten.« Womit er sich davonmacht.

Nun, ich finde den Ladeschalter und werfe den Ortsnetz-Rechner im Einzelplatz-Modus an, um den Paßwortschutz zu umgehen. Das freundliche Betriebssystem heißt mich als Systemmanager willkommen, und ich versuche, die Festplatte abzufischen. Alle Systemdateien sind in Ordnung. Hier haben wir die autorisierte Anwenderdatei, SYSAUF.DAT. Das Verzeichnis ist okay und unberührt seit dem letzten Halloween. Ich stoße auf eine Menge privater Briefe sowie textverarbeitete Kunden- und Gehaltslisten. Die Leute unterschätzen, was alles in fremde Hände kommt, wenn ein Computer gestohlen wird.

Sämtliche Dokumente haben denselben Absender: einen

Unternehmensberater auf der anderen Seite der Bucht in Marin County. Ich rufe Charlie an und verrate ihm die Neuigkeiten.

»Scheint wirklich gestohlen zu sein«, sage ich zu ihm, »und zwar von einer Firma oben in Sausalito.«

»Verdammt. Nun gut, bring ihn zurück, und ich kümmere mich drum.«

»Du verstehst mich nicht. Er gehört weder mir noch dir, und auch nicht deinem Klienten. Er ist gestohlen.«

»Ich werde das nachprüfen«, erwidert er. »Meinst du, ich kann den großen Bildschirm mit meinem Arbeitsplatzrechner benutzen? Wie steht's mit dem Modem?«

Ich gebe Auskunft über die Hardware und fange langsam an, zu begreifen, daß er die nützlichen Teile des Computers ausschlachten und den Rest zurückgeben will.

Hm – wenn der Kerl ein gestohlenes Auto findet, würde er dann die Reifen behalten?

Auf den Dateien der Festplatte finde ich die Telefonnummer des Besitzers. Ein Anruf bestätigt die Befürchtungen: »Herrje, Ende letzten Oktobers ist jemand in unser Büro eingebrochen und hat alle Geräte gestohlen. Wir haben graue Haare bei der Vorstellung gekriegt, daß sich die Konkurrenz die Informationen im Speicher unter den Nagel gerissen haben könnte.« Der Verlust des Rechners hatte ihnen keine Sorgen bereitet – sie waren versichert. Bei den Geschäftsdokumenten waren sie wesentlich empfindlicher.

Ich verständigte also die örtliche Polizei, die die Anlage abholte und zurückbrachte, bis hin zu dem ausgefransten Kabel. Leider habe ich über die Sache einen Freund verloren. Charlie hat seitdem nicht mehr mit mir gesprochen.

8//Vergleich des Usenet mit dem CB-Funk (ohne jegliche Himmelskunde)

Allen egalitären Verheißungen zum Trotz treten ganze soziale Gruppen in den Netzen kaum je in Erscheinung. Frauen, Schwarze, Alte und Arme sind allesamt unterrepräsentiert. Dies hat zum Teil sicherlich wirtschaftliche Gründe – Netzzugang ist nicht billig. Gewiß spielt auch der fehlende Kontakt mit dem Medium eine Rolle. Die Kinder von heute, die mit Computern aufgewachsen sind, fühlen sich damit wohl.

Um mich noch einmal zu wiederholen: Computernetze sprechen Leute an, die technisches Spielzeug höher schätzen als Beziehungen aus Fleisch und Blut. Ich würde es begrüßen, wenn sich das änderte, indem eine vielfältigere Gruppe von Menschen Online-Dienste in Anspruch nähme und die Netze so vielleicht in eine fröhlichere, tolerantere Umgebung verwandelte. Aussehen, Geschlecht, Rasse oder Alter sind nämlich online und auf Schwarzen Brettern nicht von Interesse. Es gibt keinen Akzent, und alle Stimmen klingen gleich laut. Gerade hier sollten die Marginalisierten aufleben.

Und mancherorts geschieht tatsächlich genau das. Ich plauderte über Netz mit Studenten vom *Gallaudet College*, und bis sie es mir mitteilten, bemerkte ich nicht, daß sie taubstumm waren. Eine Frau flirtete mit mir per E-Mail; ihr letzter Brief ließ mich wissen, daß sie bald an Krebs sterben werde. Ein Zehnjähriger diskutierte mit einem Professor über die Grenzen des Universums.

Das Internet begann als technische Gemeinschaft geselliger Nachbarn, die sich gegenseitig halfen. Seine freundliche Anarchie verprach, soziale Beziehungen zu revolutionieren und politische Barrieren zu überwinden. Mit der Zeit entwickelte es sich zurück. In mancher Hinsicht erinnert es mich heute an Talk-Radiosender, in denen jeder etwas sagen darf.

Ein Forum für das Abseitige wie das Gewöhnliche? Ein Ort mit vielen Sprechern und wenigen Zuhörern? Da fällt mir noch eine näherliegende Analogie ein. Es erinnert mich an den CB-Funk.

Erinnern Sie sich ans *Citizens Band*? Es entstand aus dem Wunsch nach einer billigen und unkomplizierten Funkverbindung für jedermann. In den frühen sechziger Jahren wurden Einkanal-Geräte von Taxis, Lieferwagen und Pfadfindern benutzt. Später, während der Ölkrise, setzte die Polizei strenge Geschwindigkeitsbegrenzungen durch, und die Lastwagenfahrer warnten einander über CB vor Radarfallen. Andere machten mit, und bald füllten sich die vierzig Kanäle mit Geistlosigkeiten und Verunglimpfungen. Ich bin nicht der erste, der diese Entwicklung mit der des Usenet vergleicht.

Überraschenderweise erfüllt CB viele der Ziele der im Entstehen begriffenen Nationalen Informations-Infrastruktur. Es bietet preiswerten und allgemeinen Zugang ohne Zensur oder sonstige Einschränkungen, unterstützt geschäftliche wie private Anwendungen und wird auch stark genutzt.

Doch welch unfruchtbare Landschaft! Die Gespräche sind eigentümlich inhaltsleer. Über CB höre ich endlos dahinströmende Monologe, die bisweilen von kurzen, boshaften Attacken unterbrochen werden. Nachfragen von verirrten Fahrern werden bisweilen mit falschen Richtungsangaben bedacht.

Wie im CB-Funk sind viele Späße in den *net news* und *chat lines* für die jeweilige Zielgruppe inszeniert. Schalten Sie auf die Fernfahrer, und Sie hören Sprüche ohne Ende. Schauen Sie sich einen Online-Dialog an, und Sie werden reichlich Hanswurst-Pseudonyme, Emotika, LOL und ROTFL entdecken. Doch bei aller Lachsymbolik – *lough-out-loud* und *rolling-on-the-floor-laughing* – bleibt es ein einzigartig freudloses Vergnügen.

Und wie im CB-Funk kann auch im Internet eine relativ kleine Zahl von Leuten den übrigen alles verderben. Ätzende *flames*, die in andere Newsgroups hinüberschwappen, haben dieselbe Wirkung wie die alten Knacker, die ihren rassistischen Dreck mit illegalen Kilowatt-Verstärkern ausstrahlen. Die Mißgunst bläst sich auf, bis der Kanal voll ist. Dieser Schrott ist nicht dasselbe wie die disziplinierte Kommunikation im Hobbyfunk.

Ach, der Amateurfunk! Wir schreiben das Jahr 1964; ich bin Teenager und wohne in Buffalo. Mein Vater bringt mir das Löten bei – gerade haben wir ein altes Philco-Radio repariert, das Kurzwellensender empfängt. Durch Knistern und Pfeifen hört man Radio Moskau, *Voice of America* und BBC. Dazwischen eingeklemmt Hobbyfunker, die im Morsealphabet senden.

Eine feine Sache: Die Welt beginnt gleich hinter der Senderwahl, zum Leben erweckt durch ein Dutzend Vakuumröhren, die im Dunkel leuchten.

»Lerne Morsen, und du gehst auf Sendung«, empfiehlt mein Vater, der ein wirklich netter Kerl war. Als Kind der Wirtschaftskrise wußte er, daß Ausbildung einen Arbeitsplatz bedeutete.

Ich studiere die Punkte und Bindestriche, und mit der Zeit ergibt das Piepen im Radio schließlich einen Sinn. Inzwischen habe ich auch genug über Elektronik gelernt, um den Bauplan eines Colpitts-Kristalloszillators zu zeichnen, den mit Kondensatoren und Stromabnehmern zwischen Akkumulator, Kathode und Erdung. Ich habe ihn auch gebaut – die Röhren und Umspanner stammten von einem alten RCA-Fernsehgerät. Mit seinen zehn Watt verbrauchte dieser selbstgemachte Sender weniger Strom als eine Glühbirne.

Nach einer kleinen Ewigkeit von sechs Wochen des Wartens erhalte ich mit der Post meine Funklizenz. Eines Samstags sitze ich spät abends mit Kopfhörer am Sender und stelle nervös das 80-Meter-Amateurband ein. Durch Knakken und Rauschen höre ich einen kanadischen Hobbyfunker, der sein Gerät testet. Ich tickere eine Botschaft und, verdammt noch mal, er antwortet mir! Wir tauschen Signal-Checks aus und wechseln einige Worte übers Wetter, dann wird er von einem tölpelhaften starken Sender ausgelöscht. Das Ganze kann nicht länger als fünf Minuten gedauert haben. Juchhe! Über einen Morsecode mit fünf Worten pro Minute sprechen! Ich habe einen anderen Amateur in 150 km Entfernung erreicht. Zwischen uns nichts als Luft.

Im Lauf der folgenden Jahre wurden die Vakuumröhren zum Resonanzboden für den gesamten Erdball. Ich lernte die Prägnanz der Botschaften schätzen, die im Rhythmus von Jambenversen übertragen wurden. Mein Vater sah mir über die Schulter, wenn ich eine DX-Station aus Kanazawa in Japan einstellte, und lächelte, wenn ich Funkrufe aus aller Welt niederkritzelte.

Heutzutage – nun, wozu sich mit Amateurfunk plagen? Man kann Taiwan per Telefon erreichen. Schließen Sie ein Modem an Ihren PC, und tauschen Sie E-Mail mit einem Studenten in Afghanistan aus. Oder richten Sie eine Satellitenschüssel auf den Transponder von Galaxy-5 aus, und suchen Sie *CNN*. Aber dann werden Sie nie das prickelnde Gefühl kennenlernen, das einem das zirpende Morsesignal beschert, wenn es singend über den Eriesee kommt.

Es war nicht ganz dieselbe Spannung, als ich mich das erste Mal ins Arpanet einklinkte. Nachdem ich das Internet-Protokoll durchforstet hatte, bastelte ich ein Programm zusammen, das meine ersten Pakete quer durchs Land schickte. Sie erreichten einen Dateiserver, und ich bekam meine erste Antwort. Schön und gut, aber ich hatte mich nur an die Anweisungen gehalten. Jeder, der das Protokoll liest, erzielt dasselbe Resultat. Als sich das Arpanet ins Internet verwandelte, verschwand auch die restliche Erregung und hinterließ ein nützliches Instrument. Und dieses nützliche Instrument, das so viele Förderer gefunden hat, scheint sich nun zu einem hochgejubelten CB-Funk zu entwickeln.

Worte haben Konsequenzen, ob sie nun mit der Post kommen oder an weltumspannende Newsgroups geschickt werden. Und offene Briefe mit Beleidigungen sind ebensowenig wie rassistische oder sexistische Sprüche und extremistische Polemiken das Gütesiegel einer liebenswerten Gemeinschaft. Wertschätzung, Freundlichkeit und sorgfältige Wortwahl machen viel aus – sei es nun im Äther, übers Internet oder bei der persönlichen Begegnung.

9//Über Klassenzimmer (mit und ohne Computer); etwas Astrophysik für die Furchtlosen

Erinnern Sie sich an jene ungelenken Zeichnungen, bei denen man alle Fehler im Bild herausfinden mußte? Da gab es sechsbeinige Hunde, eine auf dem Kopf fliegende Ente, ein Kind mit zwei Köpfen. Dann und wann begegne ich im wirklichen Leben Dingen, die so bizarr sind, daß ich mich frage: »Wo steckt der Fehler?«

Wir alle möchten, daß Kinder die Erfahrung von Wärme, menschlicher Gesellschaft und Entdeckerfreude machen und ihnen die Grundlagen fürs Leben vermitteln: Lesen, Auskommen mit anderen Menschen und staatsbürgerliche Werte. Nur ein Lehrer, der *live* im Klassenzimmer anwesend ist, kann solche Anregungen vermitteln. Über Lautsprecher, Fernsehen oder Computerbildschirm ist das nicht möglich. Und doch stoße ich allenthalben auf Eltern und Schulleiter, die sich für interaktiven Unterricht an Terminals stark-machen.

Wo steckt der Fehler in diesem Bild?

Der Staat North Carolina gab sieben Millionen Dollar aus, um sechzehn Sekundarschulen mit einem Glasfasernetz auszustatten. Es ist eines jener um Auffälligkeit bemühten

Experimente, die Politiker und Bildungsfachleute anlocken. Über dieses interaktive Videosystem kann Studienrätin Maria Domoto in vier Lehranstalten Japanisch unterrichten. Sie sieht ihre Schüler und tritt mit ihnen über einen unterteilten Bildschirm in Kontakt. Auch Tests kann sie ihnen faxen. Die Klassengröße ist dennoch begrenzt. »Wenn sie über zwanzig bis dreißig hinausgeht, verliert man jeglichen persönlichen Kontakt«, sagt Frau Domoto. »Ich will die Schüler sehen, die ich unterrichte.« Sie spricht damit einen wichtigen Punkt an: Selbst mit elektronischen Verbindungen können Lehrer nicht mit mehr als zwei Dutzend Schülern arbeiten. So war es bei unseren Großeltern, und so wird es auch bei unseren Enkeln sein. Fernsehen, Radio und Computer mögen uns großartige Pädagogen ins Leben holen. Doch kein Lehrer ist in der Lage, allen gleichzeitig zuhören.

Der Unterricht von Frau Domoto begann mit 26 Lernenden. Am Ende des Schuljahres war die Hälfte durchgefallen oder weggeblieben. Kaum verwunderlich, wenn man der Lehrkraft nicht persönlich begegnet. Wie soll sie die Schreibhaltung eines Schülers berichtigen, oder erklären, wie man Pinselstift oder Stäbchen hält? Wie auch immer, Japanisch ist kein Fach, das man nebenbei erledigt. Die Schüler müssen Engagement entwickeln – also gerade das, wozu Fernsehen und Computer keinen Anstoß geben.

Worüber das Experiment von North Carolina keine Auskunft gibt, ist das Problem der Disziplin. Wie jeder Lehrer bestätigen wird, ist es schon unter gewöhnlichen Bedingungen schwierig genug, den Unterricht geordnet durchzuführen. Aber vielleicht stellt sich die Frage im elektronischen Klassenraum ja auch gar nicht mehr: Wen interessiert schon die Disziplin, wenn kein Lehrer mehr da ist? Man hat also sieben Millionen Dollar ausgegeben, damit die Schüler im

Unterricht fernsehen können. Ich frage mich, wie viele Lehrer sich mit diesem Geld anstellen ließen und wie viele Bücher man dafür kaufen könnte. Wo steckt der Fehler?

Chris Wettle hat weit mehr Geld ausgegeben, um kommerzielles Unterrichtsfernsehen an die Schulen zu bringen. Seine Anstalt *Channel 1* versprach, das Lernen schöner zu machen. Sie scheiterte mit diesem Anspruch und wurde eingestellt. Früher versuchten es die Schulen mit Schulfunk, Lehr- und Kinofilmen. Manches davon wird noch genutzt. Aber denken Sie mal an Ihre eigenen Erfahrungen: Nennen Sie drei Unterrichtsprogramme, die Sie inspiriert haben. Und jetzt drei Lehrer, die in Ihrem Leben eine Rolle spielten.

Ich erinnere mich, daß Filme am Gymnasium jedesmal Spaß für alle bedeuteten. Der Lehrer hatte freie Zeit, wir wurden gut unterhalten und mußten nichts lernen. Mit Computer und Internet verhält es sich ebenso: Sie machen es allen leicht, aber es findet verdammt wenig Unterricht statt.

Was ist das wichtigste an der Schule? Die Arbeit mit guten Lehrern, die Methoden und Inhalte vermitteln können. Vom Unterricht bleibt nur die Präsentation von Fakten und Techniken, wenn es keine lebendigen Austausch zwischen Schülern und einem engagierten Lehrer gibt. In diesem Sinne ist der Netzzugang irrelevant für den Unterricht – er kann die beschriebene Beziehung nur verhindern. Computer verbauen den direkten Kontakt in der Ausbildung. Wenn Schüler Aufgaben über E-Mail bekommen und die Hausarbeiten übers Netz abliefern, wird ihnen die Chance genommen, mit dem Lehrer zu diskutieren. Sie sprechen nicht außer der Reihe mit ihm und schnappen keine Neuigkeiten mehr auf. Sie lernen mit Sicherheitsabstand.

Auch für die Pädagogen ist das nicht gut. Dr. Dave Cudaback, Dozent an der *University of California* in Berkeley, lehrt Astronomie in einem Kurs mit vielen Teilnehmern. Aber ihm schaudert vor der aus aller Welt eingehenden E-Mail. »Ich habe kaum Zeit für meine eigenen Studenten. Wie soll ich da noch die Fragen von hundert anderen beantworten?«

Was ich wohl sagen will, ist Folgendes: Lernende brauchen den persönlichen Kontakt mit den Lehrenden. Interaktive Videos und Fernübertragungen sind kein Ersatz für Direktzugriff auf den Lehrer.

Professor Tomasko kann Integralgleichungen an die Tafel schreiben, ohne die Augen von den Studenten abzuwenden. Einer jener großen Lehrer, die den Lernenden keine Abschweifung erlauben.

Ich befinde mich in seinem Seminar über Strahlungsübertragung, an dem auch Jon Gradie, Guy Consolmagno und fünf andere Hauptstudiumskommilitonen teilnehmen. Irgendwie gelangt Sonnenlicht vom äußeren Rand einer jeden Atmosphäre an ihren Grund, verwandelt sich in Wärme und verschwindet dann. Professor Tomasko zeigt uns, wie. Ich komme nicht mehr mit und verstecke mich hinten, was bei sieben Anwesenden nicht ganz einfach ist. Ein Computermonitor wäre jetzt hilfreich.

»Und daran erkennen wir die Abhängigkeit der Infrarotstrahlung von der örtlichen Temperatur einerseits und der thermischen Emissivität andererseits.« Ich schreibe mir die Gleichung auf, ohne sie zu verstehen. Wahrscheinlich wissen die anderen, wovon er spricht; ich werde mich später informieren.

»Bei einem Teil Luft im LTG rechnen wir mit adiabatischer Konvektion, wenn und nur wenn eine Kraft wirkt, normalerweise ein Temperatur- oder Druckunterschied. Die tatsächlichen Abweichungsquoten unterliegen natürlich der Zusammensetzung, also R.H.« Mein Gott, der Kerl redet wie ein Astrophysiker. In meinen Notizen entsteht ein Glossar seiner Abkürzungen: LTG... lokales thermodynamisches Gleichgewicht. RH... relative Humidität.

Auf den billigen Plätzen flüstern Jon Gradie und ich miteinander. »Ist der Kringel ein Zeta?« frage ich ihn. »Sieht mir aus wie ein Chi«, antwortet Jon.

Guy flüstert, daß es ein Gamma ist. Der Professor unterbricht uns.

»Also sagen Sie mir doch, Herr Stoll: Ist dieser Raum hier im thermodynamischen Gleichgewicht?«

Stöhn. Was ist Gleichgewicht? »Nun ja, der ganze Raum hat dieselbe Temperatur, also ist er wohl eins.«

»Wirklich?« Dr. Tomasko hebt eine Augenbraue.

»Ähm, zur Decke hin ist es etwas wärmer...«

»Nun gut, nehmen wir an, daß der Raum isothermisch ist. Aber haben wir dann ein LTG?«

Ich hab's versaut. Ich schwimme. »Öh... «

»Okay, was sehen Sie draußen vorm Fenster?«

»Draußen, da sind Bäume. Und, äh, Gebäude.« Was mache ich hier im Hauptstudium, wenn ich doch Klempner sein könnte?

»Und – ?«

»Wolken, Himmel...«

»Und welche Farbe hat der Himmel?«

Wie? »Blau natürlich«, sage ich, immer noch verwirrt.

»Welche Temperatur brauchen Sie für blaues Licht?«

Aaah – ein Schimmer des Begreifens. »Man braucht eine Temperatur von zehn- bis zwanzigtausend Grad, um es blau werden zu lassen. Der blaue Himmel hat also eine Strahlungstemperatur von zwanzigtausend Grad.«

»Fahren Sie fort.«

»In diesem Raum sind nur 21 Grad. Die Strahlungstemperatur des Tageslichts ist also nicht dieselbe wie die Raumtemperatur.«

»Nun, Herr Consolmagno, würden Sie bitte das Licht ausschalten?« Guy, das Genie vom *Massachusetts Institute of Technology*, knipst den Schalter aus.

»Vielen Dank. Dieser Raum ist jetzt mit natürlichem Sonnenlicht gefüllt, das durchs Fenster fällt. Aber wir haben ebensowenig 6300 Grad, wie der Himmel zwanzigtausend Kelvin heiß ist. Irgendwelche Bemerkungen dazu?«

Nun ist Jon Gradie an der Reihe. Sein T-Shirt zeigt den Saturn, und er ist noch etwas benebelt, weil er die letzte Nacht hoch oben auf dem Observatorium verbracht hat. Trotzdem antwortet er im Sitzen: »Wir haben gewöhnliche Raumtemperatur, aber das Licht kommt von einer wesentlich heißeren Quelle.«

»Genau. Die mechanische Temperatur dieses Raumes entspricht nicht seiner Strahlungstemperatur. Woraus wir schließen, Herr Stoll...«

»...daß wir uns nicht im thermodynamischen Gleichgewicht befinden«, beende ich seinen Satz.

Ich starre auf meine Notizen, wieder einmal durch eine Seite Mathematik gedemütigt. Ein simples Konzept wie die Raumtemperatur stellt sich plötzlich als instabil und widersprüchlich heraus. Einziger Trost: Der Prof nimmt mir mein Gequassel nicht übel. Sechs Monate später erklärt er sich bereit, meine Dissertation zu betreuen. Ich gehe nach Hause, schalte das Licht aus, krieche ins Bett und ziehe mir die Decke über den Kopf. Lokales thermodynamisches Gleichgewicht.

Seitdem habe ich manches Computerprogramm zur Berechnung von Strahlungsübertragung kennengelernt. Aber keine Software hat mich so wirksam instruiert wie Professor Marty Tomaskos Abschweifung im Seminar.

Ich bin nicht davon überzeugt, daß Seminare durch Netzzugang besser werden. In der einfachsten Variante findet er für Tests Verwendung. Doch Generationen von Studenten haben das per Hand bewältigt; es gibt keinen Grund, warum es nun über Draht laufen sollte. Und bei der Benotung ist kein Platz für Randbemerkungen oder ein freundliches »Gut gemacht!« in der Ecke.

Ebensowenig braucht es ein Netz für die Zusammenarbeit – Gemeinschaftsprojekte funktionieren besser, wenn alle im selben Raum sind. Collegestudenten leben und lernen zusammen; von allen Leuten sind sie für die Kooperation am wenigsten auf Netze angewiesen. Und wenn das Erlernen von Teamarbeit wichtig ist, sollten Hochschulen die Anwesenheit im selben Raum zur Pflicht machen, damit Konflikte zur Sprache kommen und gelöst werden können.

Computer als solche sind für die meisten Fächer nicht notwendig. Sie haben nichts mit Sport oder schönen Künsten zu tun. Sie sind auch nicht von grundlegender Bedeutung für die Sozialwissenschaften, sei es nun Philosophie, Geschichts- oder Literaturwissenschaft. Ein gutes Seminarpapier wird Eindruck machen, ob es nun handschriftlich oder mit Laserdrucker verfertigt wurde. Nach den Kursen zu urteilen, die ich besucht habe, sind Computer auch im Grundstudium des Ingenieurwesens verzichtbar, obwohl die Professoren damit gern Aufgaben stellen. Konzepte wie das Gaußsche Gesetz und der Satz von der Erhaltung des Impulses können durch Software veranschaulicht, aber nicht gelehrt werden. Jeder Elektroingenieur kennt Ohms Gesetz und die Rechte-Hand-Regel ... ich bezweifle, daß es irgendeiner per Computer gelernt hat.

Stellen Sie sich vor, Sie sitzen mit vier anderen um einen runden Mittagstisch. Jeder Gast hat einen Teller und ein einzelnes Stäbchen vor sich. In der Mitte des Tisches steht eine große Schüssel Reis. Zum Essen benötigt jeder zwei Stäbchen. Wie teilen Sie sich die Stäbchen, ohne daß jemand zu kurz kommt? Computerwissenschaftler kennen diese Aufgabe als das Problem der speisenden Philosophen. Es hat bedeutende Implikationen für den Bau von Betriebssystemen – wie verteilt man Ressourcen auf konkurrierende Abläufe? Wie läßt sich ein Engpaß umgehen? Wie teilen die Menschen etwas?

Seltsamerweise behandeln die Computerwissenschaftler dieses Problem nicht mit Computern. Statt dessen verwenden sie die symbolische Mathematik und die Logik. Die großen Fortschritte in der Datenverarbeitung ergeben sich nicht selten aus dem besseren Verständnis der Datenstrukturen und der teilnehmenden Beobachtung von Anwendern beim Umgang mit dem Rechner. Sogar in der Computerwissenschaft ist der Rechner häufig verzichtbar.

Gut, ich bin kein Fachmann für Ingenieurwesen, Sozialwissenschaften oder die schönen Künste. Aber ich habe mir die Sporen in Physik und Astronomie verdient, und in diesen Grundlagenwissenschaften haben Computer jedenfalls nichts mit Lernen zu tun. Kein Rechner kann jemandem dabei helfen, die Bedeutung einer Wellenfunktion, eines Drehmoments oder des Zwillingsparadoxons zu begreifen. Ein Programm kann diese auf dem Bildschirm simulieren, doch solche Vereinfachungen hängen immer vom Verständnis eines anderen ab, das möglicherweise ziemlich begrenzt ist.

Drahtauf, drahtab füttert uns Software mit fremden Einsichten, statt uns dazu anzuhalten, unsere eigenen zu entwickeln. Wenn wir nicht weiterwissen, lassen wir uns eher die Verfahren von anderen auftischen, statt unseren persönlichen Ansatz zur Problemlösung auszuarbeiten. Denn was ist schließlich ein Computerprogramm anderes als das Konstrukt eines anderen Geistes? Wenn Ihnen das genügt, gut, machen Sie ruhig weiter. Was mich betrifft, so beginnt für mich das wahre Lernen dort, wo ich meine eigenen Lösungsverfahren erfinde... die dann möglicherweise nicht in die vorfabrizierte Software hineinpassen.

Kehren wir noch einmal für einen Moment zu den speisenden Philosophen zurück. Irgendein Lernen-mit-Spaß-Programm wird Sie mit verschiedenen Algorithmen für das Teilen von Stäbchen bekanntmachen, vielleicht jeden Philosophen einen Happen essen lassen, der dann das Paar an den nächsten weitergibt. Die Idee von jemand anderem.

Das Computerprogramm wird Ihnen jedoch nicht die Möglichkeit bieten, alle Stäbchen entzweizubrechen, so daß alle fünf mit kurzen Stäbchen essen können. Es wird Ihnen auch nicht erlauben, Gabeln einzuführen oder den Philosophen das Essen mit den Fingern zu gestatten.

Wie wäre es, wenn Sie sich Ihre eigene Software schreiben würden? Nun, das ist etwas anderes. Wer persönliche Makros oder Programme entwirft, um Probleme zu lösen, erforscht sowohl den Prozeß als auch die verschiedenen Lösungen. Das nähert sich schöpferischer Arbeit und geht über das bloße Nachmachen hinaus.

Unter dem Druck, sich Nutzungsmöglichkeiten für Computer am College einfallen zu lassen, verteilen Professoren Hausaufgaben, die wenig mit den Kursinhalten zu tun haben, um so mehr aber mit Computerbeherrschung. Statt

Problemreihen zu entwickeln, bei denen die Wissenschaft im Vordergrund steht und die Berechnungen glatt aufgehen, werden zunehmend Übungen konstruiert, die nur mit der passenden Software gelöst werden können. So lernen die Studenten eine Anzahl von Programmen kennen, bekommen jedoch nur noch eine verschwommene Vorstellung von den eigentlichen Grundlagen ihres Fachs.

Meine Schwester Jeannie erzählte mir von Sekundarschülern, die ihre korrigierten Aufsätze und Klausuren aufheben. Im folgenden Jahr werden diese dann von ihren jüngeren Geschwistern wiederverwertet. Anscheinend läuft das seit Jahren so, ohne daß es jemals entdeckt worden wäre. Angeregt von ihrer Geschichte ging ich etwas im Internet auf und ab, um zu schauen, ob es Datenbanken für Hausaufgaben gibt. Eine kurze Nachforschung mit dem *Gopher*-Rechercheprogramm ergab eine lange Liste von Übungen und dazugehörigen Ergebnissen aus der ganzen Welt. Anscheinend stellen Professoren Aufgaben über Netz und schicken ein paar Wochen später die Lösungen hinterher. Beides wird abgespeichert.

Ich habe von einem Einführungsseminar in Astronomie gehört, in dem die Studenten Koordinaten umformen sollten – eine nützliche Übung. Früher ging man aufs Dach und wählte ein paar Sterne aus, die etwa 30 Grad auseinander lagen. Das machte die Geometrie einfach. Man ermittelte dann die Positionen mit einem Winkelmesser und berechnete die Entfernungen. Heutzutage versorgt der Kurs die Teilnehmer mit einer Softwarediskette, um ihnen zu zeigen, wie sie Sterne auswählen und die Positionsveränderungen bestimmen können. Die Studenten finden hübsche Sternkarten und eine Liste mit Koordinaten auf ihren Bildschirmen. Man gibt das richtige Kommando ein, und das Programm berechnet die Winkel. Sie brauchen nicht mehr hinauszugehen.

Ich will mich hier nicht zu einem Astronomieunterricht äußern, der es einem abnimmt, den Himmel anzuschauen. Sorgen bereitet mir freilich, daß diese Seminarteilnehmer die meiste Zeit damit verbringen, Softwarehilfen anstelle von grundlegenden Zusammenhängen zu erlernen. Wissenschaft hat mit unserer Umwelt zu tun, nicht mit der Beherrschung eines Computerprogramms.

Wie heißt die Hauptstadt von Nord-Dakota? Wo liegt das industrielle Zentrum Deutschlands? An welchem See liegt Kyoto?

Dies sind typische Fragen aus dem Erdkundeunterricht. Die Antworten sind in einem Atlas oder einem Lexikon zu finden. Oder schneller im Internet – das *World Wide Web* oder ein Schlagwortsuchprogramm wird es für Sie erledigen. Auf einem ans Internet angeschlossenen *Unix*-Computer geben Sie *Gopher* ein, wählen den Zusatzdienst *Veronica* und suchen dann, bis Sie einen passenden Titel entdeckt haben.

Tagsüber mag das zehn Minuten dauern; wenn das Netz wenig beansprucht wird, vielleicht nur eine. Die Antworten lauten Bismarck, Ruhrgebiet, Biwa. Warum ist das unbefriedigend?

Weil isolierte Fakten platt und langweilig sind. Geographie hat nicht nur mit Namen und Orten zu tun. Nehmen wir einige klangvollere Fragen: Welche politischen Kompromisse machten Bismarck zur Hauptstadt von Nord-Dakota? Weshalb ist Kyoto nicht die Hauptstadt des heutigen Japan? Was für eine Geschichte hat das Ruhrgebiet, und wie wird es mit der neuen osteuropäischen Konkurrenz fertig? Knifflige Fragen wie diese berühren Geschichts-, Politik- und Wirtschaftswissenschaft sowie die Geologie. Es gibt dazu keine simplen, einzeiligen Auskünfte. Die Antworten sind Gegenstand von Kontroversen und verändern sich Jahr für Jahr mit dem wachsenden Wissen um geographische Zusammenhänge. Die Fragen erfordern Nachdenken, und wichtig sind nicht die Ergebnisse, sondern was im Zuge der Forschung ans Licht kommt.

Online-Datenbanken beantworten problemlos den ersten Fragentyp – sie geben simple, direkte Informationen von der Art, wie sie aus Multiple-Choice-Prüfungen bekannt sind. Es ist eine Schwarzweißsicht der Welt, die sich gut für digitale Netze eignet. Leider ist die Welt nicht so einfach. Die guten Fragen haben keine einfachen Antworten; wahrscheinlich sogar gar keine. Aber die Möglichkeit der Nachforschung ist so verführerisch! Suchen Sie also im Internet nach dem Weg zu Frieden und Gerechtigkeit. Finden Sie die Datenbank zum Problem, wie die tausend Jahre alten Konflikte zwischen der serbischen und der kroatischen Kultur beizulegen sind. Erstellen Sie eine Tabellenkalkulation, die den Bundeshaushalt ins Gleichgewicht bringt.

Hier liegt die Schwierigkeit. Es geht weniger um die Antworten als um den Prozeß der Entdeckung. Was habe ich sonst noch herausgefunden? Sollte ich die Frage anders stellen und in eine andere Richtung marschieren? Wo bin ich von irrigen Voraussetzungen ausgegangen?

Das *World Wide Web* wird mir die Wassermenge im Assuanstaudamm nennen – eine Tatsache. Nützlicher ist das Wissen, wie man diese Zahl errechnet – eine Fähigkeit. Sicher, es ist reizvoll, die Information im Internet ausfindig zu machen, aber befriedigender finde ich, die Berechnung selbst vorzunehmen. Computernetze geben Antworten (oftmals die richtigen), stellen jedoch das Produkt über den Prozeß.

Wenn ich online bin, spüre ich das gewaltige Faktenmeer, das zu meiner Verfügung steht. Doch ich bin allein, ohne Tutor oder Bibliothekar.

Lisa Kadonga hat viele Stunden in Bibliotheken verbracht. Um den Klimawandel zu verstehen, untersucht sie historische Wetterberichte. Dies ist der Typ einer einfachen Datenbank, der über Netze zugänglich sein sollte. Zunächst fand sie auch allerhand Temperaturaufzeichnungen von Wetterstationen aus ganz Nordamerika. Sie reichten eine Dekade zurück und deckten alle größeren Städte ab. Doch die Erforschung des Treibhauseffekts erfordert die sorgfältige Analyse von Zeitreihen über Jahrhunderte hinweg. Niemand hat diese Angaben je in einen Computer eingegeben.

Lisas Forschung führte sie rasch zu Archiven in den Hinterzimmern der Bibliotheken. Es zeigte sich, daß die Materiallage nicht unkompliziert war: Wetterstationen wechseln den Ort, Verstädterungsprozesse verändern Mikroklimate, Thermometer werden neu geeicht. Nachrichten über solche entscheidenden Abweichungen finden keine Aufnahme in die Datenbanken – Verwendung der Zahlen auf eigene Gefahr.

»Ein Student fragte mich, ob ich meinen Netzzugang für die Diplomarbeit häufig brauche«, berichtet Lisa. »Nun, ich bekomme Botschaften von Forschern und meinen Professoren, aber die meisten Briefe schicke ich an Freunde. Selbst heute kommen viele Leute an unserem Fachbereich sehr gut ohne Netzkonto aus. Wer wird sich für die Datensuche aufs Internet verlassen? Selbst wenn man eine Quelle auftut, gibt es keine Gewähr, daß sie auch brauchbar ist.«

Gelegenheitsnutzer und ernsthafte Forscher vertrauen auf die Genauigkeit und Vollständigkeit der Daten im Netz. Sie bauen auf Informationen unbekannter Provenienz und zweifelhafter Qualität, da kaum etwas im Internet Gegenstand von Verweisen oder Rezensionen gewesen ist. Computergestützte Materialsuche ist lückenhaft – sie kann uns nicht sagen, was es außerhalb des Netzes gibt. Eine Forschungsgruppe mag ihre Ergebnisse dort einspeisen, die nächste veröffentlicht vielleicht in einer Fachzeitschrift. Der Online-Forscher hat tausend blinde Flecken.

Diese Gesichtspunkte bleiben dem Wissenschaftler verborgen, der einfach an die Zahlenreihen glaubt, wie sie aus dem Internet kommen. Wenn Ihnen aber dürre Fakten, numerische Antworten und Berichte aus Institutionen genügen, schlagen Sie dort ruhig nach.

Ich habe den Verdacht, daß den meisten Lehrern der geringe Nutzen des einfachen Abrufs von Informationen aus dem Netz bewußt ist. Ebensogut könnte man in eine Bibliothek gehen und willkürlich Bücher aus den Regalen ziehen. Es ist eine wesentlich bessere Ausbildungserfahrung, örtlich verfügbare Daten selbst zu erheben und gemeinsam mit anderen zu analysieren.

Ich habe einige Jugendliche dabei beobachtet, wie sie den Weg verschiedener Wetterformen durch ihre Stadt untersuchten. Bei Regen schrieben sie auf, wann die ersten Tropfen bei ihren Wohnungen niedergingen. Später verglichen sie die Daten und zeichneten eine Karte mit der Richtung, die die Regenwolken einschlugen. Diese Sekundarschüler betrieben echte Forschung – kein Wetterdienst arbeitet an solchen Details. Gewiß, ein Netz hätte hier vielleicht helfen können, aber die Wissenschaft setzte sich auch so durch. Entscheidend für das Projekt waren vor allem Lehrer und Schüler, weniger die Technologie.

Testcomputer betonen Ergebnisse anstelle von Leistungen. Die richtige Antwort zu haben heißt nicht, daß viel geleistet wurde; ebensowenig bedeutet ein nicht bestandenes Examen, daß jemand dumm ist. Diese Prüfungen messen eben, wie gut jemand mit Tests klarkommt – schwerlich eine nützliche Fertigkeit fürs spätere Leben. Erinnern Sie sich an diese schweißtreibenden und öden Multiple-Choice-Klausuren? Die HB-Bleistifte und elektronisch abgetönten Antwortbögen? Mit etwas anderem werden die Computer nicht fertig.

Und die Punktvergabe dieser standardisierten Examen? Sie maßen sich eine Klassifikation mit dreistelliger Präzision an, die durch den Test nicht gerechtfertigt ist. Es gibt keinen Unterschied zwischen 523 und 527 Punkten, doch die inhaltsleere Genauigkeit verleitet den Gutgläubigen zu der Annahme, der eine Schüler sei besser als der andere. Es ist, als würde ich meine Hand in einen See stecken und verkünden, die Wassertemperatur betrage 12,7 Grad.

Jedes Jahr fragt man Sekundarschüler in der Reifeprüfung Stumpfsinn wie: »Welcher der beiden folgenden Sätze ist falsch?« Sinnvoller wäre es doch wohl, sie einen Aufsatz darüber schreiben zu lassen, wie sich die parlamentarische Verfassung europäischer Staaten von dem US-amerikanischen Kongreßsystem oder dem kanadischen Repräsentantenhaus unterscheidet. Aber bei dieser Aufgabe gibt es kein Richtig oder Falsch. Sie erlaubt nur, das Fachwissen zu beurteilen, und bietet den Schülern die Möglichkeit, ihre Meinung zu äußern oder eine Geschichte zu erzählen. Dabei zeigt sich auch ihre Fähigkeit, sich klar auszudrücken. Testcomputer vermögen diese Antworten nicht einmal zu lesen, geschweige denn zu beurteilen.

Aber Sie können es. Ich kann es. Ein guter Lehrer kann es.

Was hat die neue Technologie im Klassenzimmer zu suchen?

Unsere Schulen stehen vor schwierigen Herausforderungen: überfüllte Klassenzimmer, unfähige Lehrer, Sicherheitsprobleme. Die kommunalen Bildungshaushalte reichen kaum für Gehälter, Bücher und Papier. Computer tragen nichts zur Lösung auch nur eines dieser Probleme bei. Sie sind teuer, veralten rasch und trocknen die kargen Investitionsetats aus. Wo steckt der Fehler in diesem Bild?

Im Gegensatz zu Büchern, Stiften, Papier und Kreide haben Rechner einen Verkaufswert auf der Straße. Konsequenz: Sie werden regelmäßig aus den Lehranstalten gestohlen, die dagegen bekanntermaßen schwer abzusichern sind. Würden Sie Ihren 1000-Dollar-Laptop in einem Schulschließfach lassen? Computer sind nicht so billig wie Bücher und auch weniger leicht – und der Wert tragbarer Rechner setzt den Jugendlichen den Attacken von Rowdies und Dieben aus.

Vor ein paar Jahren stiftete *Apple* dem Schulbezirk Oakland dreißig Computer. Heute sind davon vielleicht noch fünf in Betrieb. Weshalb? Alle, die nicht fest montiert waren, wurden geklaut. Von den übrigen ließ jemand Kabel und Tastatur mitgehen. Der traurige Rest findet für wenig Bahnbrechendes wie den Unterricht im Zehnfingersystem Verwendung.

Rechner neigen zu einer Sorte Pannen, die weder Lehrer noch Schüler auf der Stelle beheben können. Versuchen Sie mal, vor dreißig ungeduldigen Sechstkläßlern bei verhakter Festplatte neu zu laden. Oder installieren Sie während der Toilettenpause noch rasch ein kompliziertes Programm. Diese Art Kosten wird von den Befürwortern des High-Tech-Klassenzimmers nicht in Betracht gezogen.

Und wenn die Computer dann funktionieren, läßt sich damit schwer unterrichten. Stellen Sie sich vorn ins Klassenzimmer: Jeder schaut Sie an. Sie bemerken, wenn sich die Aufmerksamkeit anderen Dingen zuwendet, wann Sie das Richtige gesagt haben und ob es Zeit zum Schlußmachen ist. Sie können ein Diagramm an die Tafel malen, im Raum auf und ab gehen oder jemanden aufrufen.

Und nun malen Sie sich aus, daß Sie zu Schülern sprechen, die Terminals vor sich haben. Zunächst sind nicht alle zu sehen, weil die Monitore im Weg sind. Sie sehen die Kinder nicht lächeln, wenn sie plötzlich etwas begreifen. Sie können die Klasse nicht so einrichten, daß Sie die gelangweilten Schüler ganz hinten erreichen. Tastaturen und Bildschirme konkurrieren um die Aufmerksamkeit. Sie können nicht so auf den Monitor zeigen, daß jeder Ihrem Finger folgt. Wenn jemand nicht weiter weiß oder die Steuerungstaste nicht findet, dürfen Sie sich zwischen zwei Reihen von Schülern durchquetschen und es ihm zeigen. Sie müssen meist auf die Anerkennung der Eltern für gute Arbeit verzichten; das Lob heimst statt dessen ein lebloser Silikonchip ein. Und doch kann ich mir genau vorstellen, wer die Schuld bekommt, wenn etwas schiefgeht.

Für die Schüler ist es indessen einfacher. Sie können sich hinter dem Bildschirm verstecken, um dem Blick des Lehrers zu entgehen. Sie haben eine perfekte Entschuldigung dafür, daß sie nicht mitschreiben: Wo das Heft liegen sollte, befinden sich schon Keyboard und Rechner. (Versuchen Sie übrigens einmal, sich mit dem Computer Notizen zu machen. Ein schneller Tipper kommt damit ganz gut klar, obwohl man nichts zeichnen oder an den Rand kritzeln kann. Ich sehe mir dabei über die Schulter und fürchte, das Klappern könnte meine Sitznachbarn stören.)

Gewiß ist es einfacher für einen Lehrer, einen Fünftkläßler vor einen Rechner zu setzen, als einen Grundkurs Spanisch zu geben. Das Programm erledigt die Arbeit bis hin zur Benotung. Pfiffige Grafik und ulkiger Ton treten an die Stelle von Aufmerksamkeit und wiederholter Fragen an die Schüler. Im Gegensatz dazu erscheint der Unterricht ohne Computer stumpfsinnig, da er Notizen, Nachdenken und stilles Lernen verlangt.

Zum Glück gibt es Lehrer, die es der Mühe wert halten. Statt schicker Rechner mit Modems und Glasfaseranschluß brauchen sie kleinere Klassen, elterliche Unterstützung und den Respekt unserer Gesellschaft.

Mit Ausnahme weniger gutausgestatteter, privilegierter Schulen fehlt Klassenzimmern normalerweise jegliche Infrastruktur für die Datenverarbeitung. Sie haben keine Telefonanschlüsse und oft nur eine einzige Wechselstromsteckdose. Die Verkabelung dieser Räumlichkeiten ist nicht billig. Das kalifornische Bildungsministerium schätzt, daß es etwa eine halbe Milliarde Dollar kosten würde, alle Klassen des Bundesstaates an Fernverbindungen anzuschließen. Darin sind weitere Steckdosen noch nicht einmal enthalten. Abgesehen davon wird die Standardverbindung von heute, Ethernet mit Koaxialkabel, innerhalb der nächsten zehn Jahre überholt sein.

Schulen haben nur wenige Telefone, und die paar, die es gibt, werden kaum benutzt. Normalerweise fehlt ein Etat für Ferngepräche oder Online-Gebühren. Jack Crawford, der sich in der Netznutzung für Kinder engagiert, stellte fest, daß die meisten Lehrer das Netz vollkommen ignorieren, wenn dafür bezahlt werden muß; nur ganz wenige greifen in seltenen Fällen darauf zurück. Die einzige Gruppe, die online bleibt, sind diejenigen, die die Kosten auf andere abwälzen können.

Besonders betroffen sind ländliche Schulen: Nur wenige der bedeutenden Kommunikationsfirmen in den USA haben anwählbare Modems außerhalb der Großstädte. Neben den Online-Gebühren müssen solche Schulen also noch die Kosten des Fernzugangs tragen. Hinzu kommt generell, daß der Unterricht tagsüber stattfindet, wenn die Telefon- und Online-Gebühren am höchsten sind.

Um diese Schwierigkeiten zu umgehen, half Jack dabei, *K12net* einzurichten, ein kostengünstiges Netz, das mehr auf die billigen Schwarzen Bretter als auf schnelle Internet-Verbindungen zurückgreift. Es geht von der Hypothese aus, daß Schulen kein Geld haben und sich unterschiedlich entwickeln. Benutzt wird *Fidonet*, eine langsame, unzuverlässige, aber ausgesprochen billige Art des Versands von Botschaften.

Während das Internet professionelle Computer zusammenbringt, ist *Fidonet* ausschließlich für Amateure gedacht. Es verwendet gewöhnliche Telefonverbindungen zwischen Schwarzen Brettern: Nachts wählen sich die Modems automatisch an, treten in Kontakt und übertragen die Tagesbotschaften. Da die Post verdichtet und gebündelt ist, spart das System bei den Fernübertragungskosten.

Fidonet garantiert für nichts. Nachrichten können eine Woche brauchen, um den Kontinent zu überqueren. Adressen verändern sich ohne entsprechende Mitteilung. So manche Sendung geht verloren. Wenn die Korrespondenz für Sie entscheidende Bedeutung hat, wählen Sie lieber einen anderen Weg.

Aber für Operationen, die nicht viel kosten dürfen und denen Langsamkeit nicht schadet, ist *Fidonet* bestens geeignet, ohne die Internet-Preise auch nur annähernd zu erreichen. Schulen, Schwarze Bretter und ländliche Gemeinschaftseinrichtungen klinken sich ein – eine Graswurzelstruktur, die funktioniert.

Abgesehen von den technischen Problemen der Computernutzung im Klassenzimmer frage ich mich, wie sich diese digitale Hexerei auf die Unterrichtsinhalte auswirken wird.

Gewiß sollten angehende Studenten Grundkenntnisse in der Datenverarbeitung haben und per Schreibprogramm ein Papier erstellen oder eine Tabellenkalkulation durchführen und abwandeln können. Es könnte auch nicht schaden, wenn sie mit Datenbanksoftware vertraut wären. Wobei nicht vergessen werden sollte, daß viele Professoren nach wie vor handschriftliche Seminararbeiten akzeptieren. Aber sollten Computerkenntnisse auf Kosten anderer Fertigkeiten vermittelt werden? Schwer zu sagen, zumal die Fahrstunden gerade von den Lehrplänen der meisten Sekundarschulen verschwinden.*

Vielleicht sollten Rechner in Zusammenhang mit anderen Fächern eingesetzt werden? Klingt verlockend – man kombiniere Datenverarbeitung mit Mathematik, Physik oder Geschichte. In gewisser Hinsicht sollen aus den Studenten ja einmal Sammler und Jäger von Informationen werden. Sie müßten also erfahren, wie man Zugriff auf Online-Ressourcen bekommt, und sich ohne Schwierigkeiten im Netz bewegen können. Das setzt jedoch voraus, daß online praktisch alles zu finden ist und Netze simple, standardisierte Werkzeuge sind. Man unterstellt ferner, daß dort Primärquellen gut aufbereitet werden und die Schüler sie zu nutzen wissen. Ich bezweifle, daß auch nur eine dieser Prämissen zutrifft.

Und noch Grundlegenderes wird stillschweigend als ge-

* »Eine amüsante Klage von jemandem, der fünf Computer besitzt, aber kein Auto«, meint mein Lektor.

geben angenommen: daß das Zusammentragen von Informationen wichtig sei. Die entsprechenden Lehrpläne überhöhen die Bedeutung der Datenverarbeitung und machen die Erfahrung des Lernens zu einer Trivialität.

In einem Experiment, dem die Medien viel Aufmerksamkeit schenkten, führte eine Gruppe Fünftkläßler eine Online-Erhebung durch. Im Rahmen des Erdkundeunterrichts ermittelten sie Preise von 30-cm-Pizzas. Unter Nutzung der Netze entdeckten sie Maxima von 12 Dollar in Alaska und Minima von 4 Dollar in Ohio.

Ein höchst ansprechendes Projekt: Die Schüler lernten Geographie, den Umgang mit Instrumenten der Wirtschaftsforschung und den Kontakt mit anderen über Internet, ohne dabei ihren Klassenraum zu verlassen. Aber Moment: Diese Pizzadaten hätte man ebensogut per Telefon, Brief oder Fax bekommen können. Mit dem Internet als solchem hat der Vorgang gar nichts zu tun – es war nur der Übertragungskanal.

Weitere Kritik: Die Schüler lernten gerade das Verkehrte, nämlich Datensammeln als Selbstzweck. Normalerweise ist dies der einfachste Teil der Forschung, der am wenigsten Nachdenken erfordert. Interessanter wäre, zu erfahren, wie die Fünftkläßler anschließend mit den Informationen weitergearbeitet haben, etwa mit Hypothesen über die Preisbildung in der Branche: Herrscht auf dem Markt von Ohio größere Konkurrenz? Sind die Zutaten billiger? Haben die Preise mit Arbeitslosigkeit zu tun?

Warum nicht Spanisch lernen, indem man die Handelswege der Holzprodukte von der Pazifikküste verfolgt oder ein Theaterstück einstudiert? Dies hätte nicht den technologischen Reiz eines Projektes mit dem Internet, wäre aber vermutlich wichtiger für das spätere Leben als die Ermittlung von Pizzapreisen.

Auf der Konferenz der Computernutzer im Ausbildungsbereich, die 1993 in Santa Clara, Kalifornien, stattfand, schaltete sich David Thornburg, Direktor des *Thornburg Center of Professional Development*, mit seinem Rechner in die Sektion des Weißen Hauses auf *America Online*. Er besorgte sich von dort ein Dutzend Pressemeldungen, eine Ansprache des Präsidenten, mehrere Gesetzesvorlagen und Hunderte von Seiten an Regierungsberichten. Dann wandte er sich ans Publikum und sagte: »Sehen Sie, all das steht den Kindern jetzt als Forschungsmaterial zur Verfügung.«

Hinten im Saal bemerkte ein Lehrer leise: »Okay, und was dann? Ich habe einen Computer und dreißig Schüler. Was sollen die mit dieser Datenwüste anfangen? Ich müßte Hunderte von Seiten ausdrucken, die Sachen durchgehen, und dann eine Lehreinheit konzipieren. In dieser Form ist das Material wertlos für richtigen Unterricht.«

Was verstehen wir unter *Computerkenntnissen*? Wie die Schlagwörter *Datenautobahn*, *interaktiv* und *Multimedia* ist auch dies ein schwammiger Begriff ohne feststehende Bedeutung. Ihn zu definieren hieße, einen Pudding an die Wand nageln.*

* Einen Pudding an die Wand nageln? Don Alvarez versuchte es während seines Hauptstudiums in Princeton. Ich habe sein Experiment wiederholt und festgestellt, daß es wirklich nicht so schwer ist. Die nächstliegende Methode ist, den Pudding einzufrieren, aber wir wünschen uns etwas Kunstfertigeres als einen Tank mit Flüssigeis. Also erst den Pudding auf ein Brett legen und im Abstand von etwa 2 cm Nägel einschlagen, so daß ein Gitter entsteht. Dann das Brett aufrichten und an die Wand nageln. Es funktioniert nicht, den Pudding einfach direkt an die Wand zu halten und Nägel einzuschlagen. Er sackt durch sein eigenes Gewicht ab und reißt schneller, als Sie die Nägel einschlagen können. Unzureichende Zugfestigkeit.

Für den einen bedeuten Computerkenntnisse, daß jemand auf der Tastatur schreiben kann. Andere verstehen darunter die Fähigkeit, mit Standardinstrumenten Dateien zu versenden, zu kopieren oder zu löschen. Der dritte erwartet ausreichendes Wissen, um ein einfaches Programm in BASIC zu entwerfen. Ein Lehrer zeigte mir eine Prüfung, in der die Funktion verschiedener Hardware-Komponenten erklärt werden mußte.

Doch was besagen Computerkenntnisse bei einem Grundschulkind, das nicht lesen kann oder nicht versteht, was es liest? Was bei einem Jugendlichen, der die Grammatik nicht beherrscht, von analytischen Formulierungen ganz zu schweigen? Und was nützt die ganze Netztechnologie, wenn ein Kind nicht wißbegierig ist?

War jemals von Automobilkenntnissen oder Mikrowellenherdkenntnissen die Rede? Beide sind heutzutage wichtig, doch die Sekundarstufen schaffen Fahrstunden und Hauswirtschaftslehre ab. Der Bedarf an Köchen, Fahrern und Klempnern ist ungleich größer als der für Programmierer; dennoch bestehen Eltern und Bildungseinrichtungen darauf, Computerkenntnisse zu vermitteln. Aber was sind das für Kenntnisse? Im Laufe des vergangenen Jahrzehnts ist uns klargeworden, daß Programmierwissen ziemlich wertlos ist, wenn man es nicht gerade als Beruf ausüben will. Textverarbeitung ist da schon viel nützlicher, verlangt aber kein Halbjahr Unterricht.

Und der bloße Sachverhalt, daß Studenten Computer benutzen, beweist noch nicht, daß sie auch über Kenntnisse verfügen. Wie viele Glotzer wissen, wie ihr Fernsehgerät funktioniert?

Wie ich höre, kommt der Begriff *Computerkenntnisse* langsam aus der Mode. Statt dessen sprechen Pädagogen jetzt von computergestütztem Unterricht, den »Netzwerken« und *technology seeding*. Wenn Sie schon die Wortblasen von Computerverkäufern stören sollten, haben Sie diese Leute noch nicht kennengelernt.

In der Physik mißt man die Helligkeit des Lichts mit einem Fotometer und Spannung mit einem Voltmeter. Schwindelhaltigkeit – das Ausmaß, in dem etwas Schwindel ist – wird mit dem Dubiometer gemessen. Wenn ich diese Burschen reden höre, beobachte ich die Nadel auf meinem Dubiometer.

Normalerweise sind es Verwaltungsbeamte und Fachberater, die mich rappelig machen, nicht die Lehrer. Zum Beispiel, wenn Frank Withrow, Direktor für Lehrtechnologie bei der Bildungsaufsichtsbehörde, behauptet, das Netz werde uns das virtuelle Verlagswesen bescheren und daß uns die Fähigkeit der Informationsübermittlung auf einen »Gipfelpunkt der menschlichen Entwicklung und Symbolisierungsfähigkeit« katapultiert habe.*

Symbolisierungsfähigkeit? Mein Dubiometer schlägt mittelstark aus. Dann lese ich David Thornburgs Begleitmaterialien zur Konferenz der Computernutzer im Ausbildungsbereich vom Herbst 1994. Er verabschiedet die Ära der Information und ruft eine Art Kommunikationszeitalter aus. Er will das Bildungssystem reformieren, weil »Studenten zur Erstellung ihrer Semesterarbeiten auf Primärquellen zurückgreifen werden, ohne ihre Zimmer zu verlassen. Die Tage des Herumrennens in Bibliotheksmagazinen auf der Suche nach Materialien aus Literaturhinweisen sind gezählt.«

* So auf der Konferenz *Multiple Medien: Der nächste Schritt*, die am 16. Februar 1994 in Atlanta, Georgia, abgehalten wurde. Withrow hielt das Einführungsreferat.

Kaum noch Bedarf für Bücher und Bibliotheken? Die Nadel des Dubiometers bewegt sich im roten Bereich.

Alan November, ein Berater der Glenbrook-Gymnasien in Illinois, glaubt, daß die Schüler von heute ins Softwaregeschäft eingestiegen sind. Im *Electronic Learning* vom Mai/Juni 1994 schreibt er, daß Jugendliche bald Informationsprodukte entwickeln würden, die von Kunden rund um die Welt genutzt werden könnten. Die Lehrer werden ihrerseits zu Maklern, »die unsere Schüler mit anderen Netzteilnehmern in Kontakt bringen, welche ihnen wiederum dabei helfen werden, ihr Wissen weiterzuentwickeln und auszubauen«. Hier meldete sich das Dubiometer.

Ich würde diesen High-Tech-Mumpitz gar nicht weiter ernst nehmen, wenn nicht so viele daran glauben würden. Eltern verlassen die Klassen mit zufriedenen Gesichtern, wenn sie bloß einen Computer gesehen haben. Schulleiter wünschen sich Haushaltstitel, die Ankauf und Installation interaktiver Medien erlauben. Viele Lehrer lassen sich von Beratern mit phantasievollen Titeln einschüchtern. Bildungsbehörden beantragen Zuschüsse, um die Netze in ihre Bezirke zu holen. Was inmitten der ganzen Propaganda verlorengeht, sind die Schüler.

Nicht jedes Kind möchte Stunden an der Tastatur verbringen. Manche werden von derselben Frustration eingeholt, die auch Erwachsene kennen. Andere finden es einfach langweilig. Dann gibt es noch diejenigen, die einfach nicht damit aufhören können. Zuerst dachte ich, das wäre großartig... viel besser als Fernsehen und eine Möglichkeit, etwas Nützliches zu lernen. Ich erinnere mich, wie ich einen Monat lang Kurvendiskussion üben mußte. Es hätte viel mehr Spaß gemacht, mit einem Computer zu spielen.

»Wenn Kinder etwas gern oder gar eifrig tun, sollte man daraus noch nicht schließen, daß es sie auch geistig beansprucht«, schreibt Dr. Lilian Katz, Spezialistin für Vorschulerziehung und Autorin von *Kinder geistig anregen.* »Denken Sie daran, daß Vergnügen, für sich genommen, noch kein angemessenes Bildungsziel darstellt.«

Wissen Sie, es gibt allerhand Dinge, die ich gern den ganzen Tag lang tun würde und die nicht gut für mich sind. Ich könnte da sofort das Lesen von *netnews* und den Verzehr von Marsriegeln nennen (die übrigens wirklich lecker sind!).

Mir scheint, daß Lernen meistens aus kindlicher Neugier hervorgeht, für die keine rasch installierbare Software zu haben ist. Neugier beginnt normalerweise mit der stofflichen Welt, nicht einer phosphoreszierenden Leuchtabstraktion. Kinder müssen mit greifbaren Materialien herumspielen können... Bauklötze und Buntstifte bringen da mehr als Comicstrips und Videos.

Wenn Schulen Fragelust, Forschergeist und Wißbegierde fördern, werden Kinder keine Angst vor Lerncomputern haben und auch gut mit Literatur, Naturwissenschaften und Geschichte klarkommen. Aber wenn Schüler dazu gedrängt werden, den Rechner in- und auswenig zu kennen, dürften natürlich einige versagen. Die übrigen werden zu Automaten, die Anleitungen auswendig lernen, ohne dabei geistig zu arbeiten.

Einmal akzeptiert, daß Jugendliche viel Zeit am Computer verbringen sollten – wo wäre die Grenze? Wenn denn Rechner, Netze und interaktive Videos so wichtig für den modernen Unterricht sind, warum nicht gleich ganz auf das Klassenzimmer verzichten? Schüler aller Altersstufen könnten zu Hause an ihren Terminals sitzen und würden von den besten Lehrern unterwiesen. Das elektronische Fernstudium.

Ein alberner Vorschlag, der an die alte Reklame für Korrespondenzkurse erinnert: »Machen Sie eine gute Ausbildung, und freuen Sie sich auf die Gehaltserhöhung!« Die Aussteigerquoten beim Fernstudium liegen bei 60 Prozent, und trotz der technischen Mätzchen fällt es schwer, zu glauben, dies würde bei der elektronischen Version anders.

Das Internet kann wahrscheinlich alle Informationen liefern, die an einer Universität vermittelt werden. Warum also noch aufs College gehen? Nun, weil isolierte Fakten noch keine Ausbildung ergeben. Sinn entsteht nicht nur aus Daten. Für schöpferische Problemlösungen sind Kontext, Wechselwirkungen und Erfahrungen von Bedeutung. Dieser Bezugsrahmen ist vielleicht wichtiger als die einzelnen Datenbruchstücke. Und nur Menschen können die Zusammenhänge zwischen Sachverhalten vermitteln.

Wie bringen wir einem Kind bei, daß nicht alles richtig ist, was aus dem Computer kommt? Die meisten von uns wissen es besser, und doch haben wir einen tiefverwurzelten Glauben an diese Geräte – sie machen keine Fehler, sind unvoreingenommen und kennen weder Lüge noch Betrug.

Ich werde noch darauf zu sprechen kommen, wie sich die Autorität des magischen Mediums über unser gewohnheitsmäßiges intellektuelles Mißtrauen hinwegsetzt. Für den Augenblick mag der Hinweis genügen, daß wir allzurasch ohne näheres Hinsehen akzeptieren, was uns auf den Bildschirm kommt. Wenn sich schon Erwachsene so leicht verführen lassen, wie dann erst Kinder?

Und doch prüfen Schulbehörden selten, ob Software geeignet und korrekt ist – ganz anders als bei Lehrbüchern, Lexika und Anschaffungen für die Bibliothek. Ebensowenig kontrollieren die Pädagogen den Inhalt der Netzabfragen.

Es ist kaum zu verhindern, daß Schüler ihre Computerstunden damit zubringen, die Zuschriften an *rec.arts.erotica* durchzusehen.

Im Gegensatz zum Rundfunk gibt es keine Bestimmungen über Online-Inhalte. Ich habe schon eine Reklamesendung für *Absolut Wodka* in virtueller Realität gesehen. Wann werden Kinder Bilder von tanzenden Zigaretten abrufen? Und wer ist übrigens verantwortlich, wenn irgendein Zwölfjähriger die Zündstoffrezepte auf *rec.pyrotechnics* ausprobiert und sich den Arm wegsprengt?

Moment. Jeder sieht Alkohol- und Zigarettenwerbung in Zeitschriften und an Plakatwänden. Bin ich eine Art Großer Bruder, der bestimmt, was zumutbar ist? So hört es sich wohl an. Ich mache einen Rückzieher: Wenn wir Schülern einmal den Netzzugang ermöglicht haben, bleibt uns nichts übrig, als darauf zu vertrauen, daß sie weise damit umgehen werden. Am besten unterstützen wir sie, lassen sie forschen und es sich selbst beibringen. Herauskommen werden haufenweise verschwendete Zeit, viele Umwege und ein gelegentliches Aha-Erlebnis.

Es gibt aber auch schräge Vögel, Hacker, Scharlatane und Kinderschänder. Donald D. fädelte auf *America Online* unter dem Namen *Headshaver* eine E-Mail-Konversation mit einem Vierzehnjährigen ein, die dann deutlicher wurde und schließlich in sexuelle Belästigung ausartete. Der schmierige Kerl wird vier Jahre im Gefängnis verbringen. William S. schickte Dateien mit Pornographie an mehrere Dutzend Kinder und wurde verhaftet, nachdem er einem verdeckten Ermittler zweitausend Dollar für die Ermordung eines Zwölfjährigen geboten hatte. Er bekam sechs Jahre.

Howard Rheingold, Verfasser von *Virtuelle Gemeinschaften*, schreibt, daß wir unseren Kindern beibringen müssen, höflich, aber unbeirrbar mißtrauisch gegen alles zu sein, was sie im Netz sehen oder hören. Daß sie Bilder oder Kontakte, die sie abstoßen oder erschrecken, zurückweisen sollten. Daß sie ein starkes Gefühl für persönliche Grenzen benötigen. Daß Menschen nicht immer sind, was sie vorgeben. Daß es Gewalttäter im Netz gibt.

Gute Ratschläge, nur, daß wir ihnen das Netz gleichzeitig als Quell des Wissens, Fundgrube wertvoller Informationen und Vermittler hilfreicher Kontakte darstellen. Uns ist bekannt, wie wir sie von Rotlichtbezirken und zweifelhaften Läden fernhalten können. Es ist schwieriger, den Abruf von Pornos oder Briefwechsel mit Sittenstrolchen zu verhindern.

Was sagen Sie zu einem Kind, wenn sie es an einen Computer setzen? Eine unausgesprochene Botschaft lautet: »Nimm diese Maschine, und such dir deine Ansprechpartner eine Weile woanders.« Niemand weiß, wie die Schaltkreise im Kinderkopf aussehen, aber jeder, der von sozialen Beziehungen abgelenkt wird, hat schon einen Vorsprung fürs Sonderlichwerden.

Kinder, die sich meinen Computer ansehen, fragen sofort, was für Spiele ich darauf habe. Alle sind sie enttäuscht, wenn sie erfahren, daß es kein einziges gibt. Computerspiele befriedigen nämlich auf eine Weise, die das wirkliche Leben niemals bieten kann. Man springt über eine Schlucht. Man jagt den Außerirdischen in die Luft. Man entdeckt den Zaubertrank. Man rückt vor auf die nächste Ebene. Nie muß man sich den wirklichen Frustrationen stellen – der Undurchschaubarkeit menschlicher Beziehungen. Wenn jemand Ihnen einen Strich durch die Rechnung macht, sei's drum, Sie ziehen einfach den Stecker. Endgültig entkommen.

Kaum erstaunlich, daß Kinder keine geeigneten Reaktionsmuster für bedrohliche Situationen im wirklichen Leben entwickeln. Den Flegel von nebenan oder den Dussel, mit dem wir zusammenarbeiten müssen, kann man nicht abschalten. Computer bringen uns bei, uns zurückzuziehen und in die Gemütlichkeit ihrer falschen Realität fallenzulassen. Weshalb werden im Englischen Drogensüchtige und Computerfreaks gleichermaßen als *user* bezeichnet?

Dank des Fernsehens ist eine gewaltige Zahl von US-Amerikanern zu nächtlichen Zombies geworden, die ihre Abende regungslos vor Kathodenstrahlröhren verbringen. Die Datenverarbeitung ist ebenso eindimensional: geistiger Konsum bei körperlicher Starre.

Die ganze Diskussion um die Nationale Informationsinitiative dreht sich um das Medium und das Netz, aber selten um den Inhalt. Das Arbeiten mit Rechnern ist eine wesentlich passive Tätigkeit, die selten analytisches Denken erfordert.

Sobald er den Computer für sich hat, braucht der Nutzer mit keinem Anwesenden mehr zu kommunizieren. Da man sich Tastaturen nicht teilen kann, finden soziale Kontakte zunehmend übers Netz statt. Infolgedessen verlieren wiederum Kinder die Beziehung zu ihrer näheren Umgebung. Es ist also nicht überraschend, daß eine Generation von Netz-Surfern mit großem Geschick durch unbelebte elektronische Gewässer navigiert und mit immer weniger Menschen wirklich in Berührung kommt.

Roberta Friedman, eine Filmproduzentin aus New York, stellte einen Studenten als Büroassistenten ein. »Er erledigt alles, wofür ich einen Rechner brauche«, erzählt sie. »Er kennt sich unglaublich gut mit Computern aus und arbeitet stundenlang am Schreibtisch. Aber er ist auch beängstigend einseitig. Kann Dutzende von Computerspielen gewinnen. Starrt den ganzen Tag auf den Schirm. Schaut nicht aus dem

Fenster über den Central Park und redet auch nicht mit anderen Menschen. Sein Mittag ißt er am Rechner.«

Kopfschüttelnd fährt sie fort: »Mit neunzehn ist dieser Bursche schon nicht mehr neugierig. Er ist reizend, äußerst scheu und hat praktisch keine soziale Begabung. Es ist wirklich traurig, daß jemand so aufgeweckt und gleichzeitig so beschränkt sein kann.«

Um Schulklassen miteinander in Kontakt zu bringen, versucht *Global Schoolhouse*, Grund- und Hochschulen über Internet zu verbinden. Sie fördern Live-Konferenzen mittels interaktiver Video- und Audiosysteme. In ihren Schriften werden Kinder zitiert: »Ich lerne jede Minute einen Haufen Sachen«, sagt Oscar, ein Schüler. »Das Internet ist so groß, und ich habe grade erst angefangen«, meint ein anderer.

Ich wünsche dieser Gruppe alles Gute und hoffe, daß sie ihre Ziele erreicht, habe aber meine Zweifel. Ich konnte im Internet ein anderes Demonstrationsprojekt verfolgen, das einige tausend Dollar kostete: die Verbindung einer Chikagoer achten Klasse mit einer in San Juan. Nachdem die Anschlüsse standen, stellten die Jugendlichen zu meinem Entsetzen verblüffend naive und uninteressante Fragen: »Wie ist das so in Puerto Rico?«, oder: »Schaut Ihr Euch Michael Jackson an?« Das hätten sie auch per Postkarte zustande gebracht, und wahrscheinlich noch etwas mehr. Schulbehörden wünschen sich solche Vorzeigeexperimente, um uns davon zu überzeugen, daß sie innovativ sind und Unterrichtsprobleme angehen. Es überrascht mich, wie wenige sich über dieses nutzlose Hochglanz-Spielzeug lustig machen.

Ähnliches geschieht in den verschiedensten Verwaltungsgebieten. Das von Entwaldung bedrohte Vancouver Island beabsichtigt, seine Grund- und Hauptschulen ans Internet anzuschließen. Der *Victoria Times-Colonist* zufolge schlägt ein Experte vor, daß die Kinder der Bayside-Schule »Wissen über den Schutz unserer Regenwälder erwerben können, indem sie auf elektronischem Weg mit einer Klasse in Louisiana in Kontakt treten, die gerade Feuchtgebiete durchnimmt. Sie bringen sich gegenseitig etwas über ihre jeweiligen Landnutzungsfragen bei. Das ist angewandte Technologie.«

Weshalb mietet man eigentlich keinen Bus und fährt alle an den Clayoquot-Sund am Rande des Regenwalds, um Bananenschnecken und tausendjährige Zedern zu zählen? Warum nicht Förster und Ökologen einladen, die im Unterricht über ihre Sorgen und Probleme sprechen? Verglichen damit, bleibt das Lesen von Text auf einem Bildschirm in der Erinnerung weitaus weniger lebendig. Gary Nabhan erwähnt diesen Punkt in seinem Buch *Die Geographie der Kindheit: Warum Kinder wilde Orte brauchen.* Er fand heraus, daß Kinder aus der Sonora-Wüste in Arizona mehr Zeit damit zubrachten, Naturfilme auf dem Entdeckerkanal anzuschauen, als draußen im natürlichen Programm mitzuspielen. Man hat festgestellt, daß über die Hälfte unserer Kinder die Natur durchs Fernsehen kennenlernen, ein Drittel im Unterricht und weniger als zehn Prozent durch den Aufenthalt im Freien. Um dem entgegenzuwirken, möchte Nabhan, daß sie »sich die Welt jenseits des Pflasters erschließen und Zugang zu Erde und Vegetation erlangen, wo sie graben, klettern und auch einmal fallen können«.

Experten der Künstlichen Intelligenz debattieren darüber, wozu Computer in der Lage sind. Eins ist sicher: Kein Rechner kann das Gefühl vermitteln, durch einen Kiefernwald zu gehen. Sinnliches Erleben kennt keinen Ersatz.

Ein befreundeter Physiker erzählte mir, daß er seinem

vierjährigen Sohn einen Computer gekauft hätte: »Jesse verbringt Stunden am Bildschirm und befaßt sich mit Walen und Tümmlern. Er kennt Haie, Seehunde und praktisch alles, was schwimmt.«

Klingt nett. Wie lange hat er dafür gebraucht?

»Oh, den letzten Monat hat er jede freie Minute am Computer verbracht«, erhielt ich zur Antwort. »Er spielt lieber Computerspiele als fernzusehen. Es sind Lernprogramme.«

Ich verkniff mir eine Bemerkung und lenkte das Gespräch auf seinen Computer. Am Ende fragte ich ihn, ob er Jesse schon einmal echte Fische gezeigt habe. Schließlich sind es nur sechzehn Kilometer bis zum Ozean und etwa doppelt so viele zu einem großen Aquarium. Tja, nein, dazu sei er noch nicht gekommen. Aber Jesse habe wirklich viel Spaß am Rechner. Und spiele lieber Computerspiele als mit anderen Kindern.

Es gibt viel Bildungssoftware mit Faktenwissen zu Rechnen und Erdkunde und praktisch keine über Elektrizität, Klempnerei oder Chemie. Was angeboten wird, ist phantasielos und funktioniert ziemlich ähnlich wie Wort- und Zahlenkarten. Viele andere Programme verwässern lediglich winzige Bildungshäppchen mit flotten Grafiken und fiepsenden Geräuschen. Ich kann nicht verstehen, weshalb Schüler sich diesen Plunder gefallen lassen.

Schauen Sie sich mal den Verkaufsschlager für den Rechenunterricht an, den *Math Blaster*. Auf der ersten Seite des Handbuchs steht: »Graphik auf dem neuesten Stand der Technik und lebensechte Geräusche fesseln deine Aufmerksamkeit, während du die grundlegenden Mathematikkenntnisse erwirbst.« Ein schlecht animierter grüner Zeichentrickastronaut und ein kleiner blauer Roboter begleiten langatmiges Einpauken. Wenig mehr als ein Stapel Rechenkärtchen in Gesellschaft von Pieptönen. Statt Kindern die Bedeutung von Zahlen zu vermitteln, belohnt sie die Software für die richtige Beantwortung von Fragen wie 5+4=?. Die Kinder erleben das als *Pac-Man*-Nachahmung. Rechnen wird zum Ersatzspiel.

Selbst auf Grundschulniveau heißt Mathematik jedoch mehr, als das Einmaleins auswendig zu lernen. Wie verdient man das Kleingeld für einen Fünf-Dollar-Einkauf? Wieviel Erbsen macht man aus einem Dutzend Äpfeln? Ist es vernünftig, Lotto zu spielen?

»Der Brotpreis ist stark abhängig vom Weizenangebot, aber nur schwach mit den Hefekosten korreliert.« Dies ist eine arithmetische Aussage, die der Computer nicht vermitteln kann. Jeder gute Mathematiklehrer ist in der Lage, Bedeutung und Nutzen von Funktionen zu lehren; der schnellste Pentium-Prozessor vermag das nicht.

Grundschullehrer bringen einem bei, Äpfel und Birnen nicht durcheinanderzuwerfen. Gymnasiallehrer sprechen davon, die Maßeinheiten richtig zu bestimmen. Universitätsprofessoren wollen Aufgaben durch Dimensionsanalyse lösen. Einfach, grundlegend und wichtig.

Dimensionsanalyse ist ein wichtiges Instrument der Physik. Sie multiplizieren drei Meter mit sieben Metern und erhalten einundzwanzig Quadratmeter. Diese Einheit – *Quadratmeter* – ist ausgeprochen wichtig. Sagen Sie lieber »ungefähr zwanzig Quadratmeter« als »genau einundzwanzig«. Die zweite Antwort vernachlässigt die Maßeinheit.

Die Aufgaben der wirklichen Welt verlangen die korrekte Maßeinheit, während bei Zahlen der Näherungswert genügt. Es macht wenig Unterschied, ob der Lastwagen elf oder zwölf Kubikmeter Zement liefert. Aber welch ein Unterschied zwischen elf Kilo und elf Kubikmetern. Oder einer Million Dollar und einer Million Aktien.

Rechner können so etwas nicht auseinanderhalten. Sie bringen die tollsten Zahlen und Ziffern hervor, sind jedoch wertlos, um grundlegende mathematische Konzepte wie die Dimensionsanalyse zu lehren.

Wie ist es mit computergestütztem Deutschunterricht? Hier besteht das Hauptproblem – das einzige! – darin, Ideen in Sätze und Absätze zu verwandeln. Das Ringen um den richtigen Ausdruck findet ausschließlich im Kopf statt. Ein Rechner kann diesen Prozeß nicht beschleunigen.

Sprachlehrer – Gott segne sie! – bemühen sich unter ziemlich schwierigen Bedingungen, Deutsch zu unterrichten. Das Bemühen um computerisierte Klassenzimmer macht ihnen die Arbeit schwer, weil sie den Kindern nun auch noch die Funktionsweise des Rechners beibringen müssen. Wenn man nicht tippen kann, verlangsamt der Computer das Schreiben sogar. Mitunter ist es besser, Passagen zu streichen, aber die Textverarbeitung verführt dazu, ewig zu redigieren. Die Bedeutung, die Werkzeugen wie Schriftartenwahl, Laserdrucker, Trenn- und Rechtschreibhilfen beigemessen wird, lenkt die Studenten von ihrer Hauptaufgabe ab, nachzudenken. Und dann erst zu schreiben.

»Computer sind Süßigkeiten, die die Zähne verderben«, sagt Marilyn Darch, die Englisch am Polytechnikum in Long Beach, Kalifornien, unterrichtet. »Die Kinder sind vernarrt in die Dinger. Aber wenn sie einmal dranhängen, wird ihnen alles andere langweilig. Ein Buch zu lesen scheint dann eintönig, denn Bücher haben keine Soundeffekte, und die ganze Arbeit bleibt dem eigenen Kopf überlassen.«

Computer sollten beim Schreiben helfen, doch ich finde die automatischen Schreibhilfen enttäuschend. In der Buchhandlung kostet ein voluminöses Lexikon vielleicht hundert Dollar, und ein ausgezeichnetes Wörterbuch etwa zwanzig. Im Computergeschäft zahle ich für die entsprechenden Programme ab zweihundert Dollar aufwärts, und sie sind schlechter. Das Wörterbuch und der Thesaurus meines Computers sind einfach nachzuschlagen, aber dürftig. Eines Tages wird das behoben sein. Heutzutage aber profitiert man vom Papier, nicht von der Diskette.

Sie glauben mir nicht? Kaufen Sie in Ihrem Buchladen für siebzig Dollar einen Atlas. Achten Sie beim Durchblättern auf seine präzisen Farben und die durchdachte Präsentation. Und dann freuen Sie sich über die hundert Dollar, die Sie gespart haben, weil Sie auf die CD-ROM-Kartenwerke mit schwächerer Auflösung und fehlender Topographie verzichten konnten. In zwanzig Jahren werden Sie noch immer den Atlas studieren und von fernen Ländern träumen, während die Software längst überholt und unbrauchbar geworden ist.

Lernprogramme ersetzen das geschriebene Wort durch Ton, Bewegung, Figuren und Text. David Gelernter, Professor für Computerwissenschaften in Yale, schreibt: »Indem sie unseren Kindern Bücher mit Schokoladenüberzug bieten, verderben die Multimedia-Systeme ihnen den Genuß ungezuckerter Lektüre. Sie lassen die gedruckte Seite noch langweiliger aussehen als früher schon.« Beunruhigt ist er auch über die Hypermedien, den letzten Schrei, Texte mit Bildern zu verknüpfen: »Ein Buch in Hypertext zu verwandeln ist die Einladung an den Leser, zu ignorieren, worum es geht – die Geschichte.«

Yasmin Kafai und Elliot Soloway untersuchten mehrere beliebte Lehrprogramme; das meiste fiel durch. Sie entdeckten eine Menge Software, die Kindern Buchstaben, Zahlen,

Formen und Farben beibringen sollte, befanden jedoch, daß das Medium auf diese Weise am wenigsten sinnvoll genutzt wird. *Math-Blaster*-Mentalität pervertiert die Programme: Vieles erinnert an konventionelles Einpauken.

Die beiden Forscher gaben der fünfjährigen Emma mehrere CD-ROM-Bücher. Die unverbundenen Text- und Tonteile sowie das quälend langsame Blättern fand sie blöd. Noch bezeichnender: Emma hat ihre gedruckten Bücher immer wieder gelesen, die elektronischen jedoch nur einmal.

Da Lehrprogramme für einzelne Nutzer gedacht sind, bleibt wenig Raum für soziale Interaktion wie abwechselndes Abfragen. Gruppenarbeit kommt gelegentlich vor, bleibt den Programmen jedoch äußerlich.

Eine Menge Software für Kinder erlaubt ihnen nicht, ihre Schöpfungen abzuspeichern. Eigentlich wäre das eine Selbstverständlichkeit, doch die Autoren der beliebten Programme gehen offenbar davon aus, daß nichts, was ein Kind tut, wert ist, aufbewahrt zu werden.

Die Entwickler dieser Software nehmen in der Regel auch an, daß alle Kinder einer Altersgruppe dieselben Fähigkeiten und Lernstile haben. Es gibt keine Wahl zwischen Anfänger- und Fortgeschrittenenniveau. Was übrigens auch für Erwachsenenprogramme gilt. Wäre es nicht schön, wenn Programme einfach beginnen und ihr Leistungsangebot in dem Maße ausweiten würden, wie wir uns an sie gewöhnen?

Versuchen Sie, eine Fremdsprache vom Band zu lernen – kein Lehrer korrigiert Ihre Aussprache oder zeigt Ihnen, wie Sie Ihre Lippen bewegen müssen. Ebenso verhält es sich mit Computern. Die Werbung für »Lernen mit Spaß« klingt nach dem Königsweg zum wissenschaftlichen Erfolg. Doch es gibt weder magische Zutaten noch digitale Fertiggerichte fürs schnelle Lernen. Es ist nun einmal nicht leicht.

Bietet das Internet nicht Zugang zu Lehrmaterial, zu Lexika etwa? Nun ja, in kommerziellen Netzen kann man Enzyklopädien durchstöbern, wie übrigens auch in Schulbibliotheken. Diese computerisierten Verweissysteme sind ebenso interessant wie jedes andere elektronische Buch, mit anderen Worten: langweilig. Überhaupt, wie oft benutzen Sie ein Lexikon?

Auch für den Fall, daß eines Tages Breitbandverbindungen jedem Haushalt Zugang zu sprechenden holographischen Zeichentrickenzyklopädien bieten, kann ich mir nicht vorstellen, daß Jugendliche damit arbeiten werden. Doch Seymour Papert, Professor für Didaktik am *Massachusetts Institute of Technolgy*, ist anderer Auffassung. In seinem Buch *Die Kindermaschine* freut er sich auf den Wissensapparat, ein wichtiges Produkt der Künstlichen Intelligenz. Mit diesem Gerät – meiner Meinung ein Mythos – sollen Kinder eine reichere Welt entdecken, als sie in Büchern zu finden ist. Durch Sprache, Berührung oder Gestik wird das Kind »mit der Maschine das gewünschte Thema ansteuern, wobei es geschwind durch einen Kosmos des Wissens navigiert, der den Inhalt einer jeglichen gedruckten Enzyklopädie bei weitem übertrifft«. In Bild und Ton soll sie einem Erstkläßler ermöglichen, eine Giraffe essen, laufen, gehen oder schlafen zu sehen. Ja, die Wissensmaschine des Dr. Papert wird sogar »den Geruch, das Gefühl und womöglich den Eindruck gemeinsamer Bewegung mit den Tieren vermitteln«.

Ich möchte auch gern glauben, daß Technologie Schülern helfen kann, die Welt besser zu verstehen. Ich sehne mich nach einer einfachen Methode, Kinder auf die großen Herausforderungen der Zukunft vorzubereiten. Doch Erfahrung und der gesunde Menschenverstand legen das Gegenteil nahe: Lernen ist langsam und schwierig.

Eine Art zu denken ist das bloße Reagieren auf das, was gerade geschieht. So arbeitet unser Gehirn im Straßenverkehr: Das Auto dort ist zu nah, ich gehe lieber vom Gas. Ein Ball kullert auf die Fahrbahn, ich bremse. Ich bin Teil der Handlung.

Dieses Reiz-Reaktions-Schema wird durch Erfahrung eingeübt. Piloten sind darin ebensogut wie Flipperkönige und *Nintendo*-Süchtige. Hierauf beruht der Spaß am Computerspielen; Rechner können uns diese Denkweise bestens beibringen.

Aber es gibt noch eine andere; nennen wir sie »Kopfkratzen«, »Reflexion« oder »Kognition«. Dabei hat man neue Ideen, stellt Hypothesen auf oder ersinnt Lösungen. Es ist vergleichsweise langwierig und zäh – das forsche *Nintendo*-Feedback bleibt aus.

Hier sind die Rechner keine große Hilfe – bestenfalls geben sie eine Spielwiese für Gedanken ab, doch es fehlt ihnen an Einsicht. Lesen und Schreiben können von Nutzen sein; analytische Kritik bringt einen weiter. Lehrer leisten dazu einen wichtigen Beitrag.

Oh, ich habe manch frühreifes Computer-Wunderkind kennengelernt. Viele sind mir weit voraus – ein Oberstufenschüler konstruierte ein digitales Planetarium auf Basis der Kreisbahnen. Eine andere schrieb ein Programm, das die Ankunft der nächsten U-Bahn ermittelte, indem es den Fahrplan mit ihrem jeweiligen Standort verknüpfte. Manche Kinder imitieren Eltern, die ihrerseits Computerfachleute sind. Und natürlich ist es auch ganz praktisch, teilnahmsvolle Verwandte mit genügend Geld für schicke Hardware und Netzzugang zu haben.

Und dann ist da noch jener Macintosh-Programmierer, der mir wegen der Eleganz seiner persönlichen Software in

Erinnerung geblieben ist. Er kam er aus einer zerrütteten Familie in einem finsteren Stadtviertel und war völlig abgebrannt, als er die Reifeprüfung hinter sich hatte. Ein außergewöhnlicher Lehrer brachte ihm den richtigen Code bei, um sein Leben zu gestalten.

Kinder sollten lernen, ebensowenig Angst vor Computern zu haben wie vorm Schwimmen, Schreiben oder einem Bibliotheksbesuch. Doch es ist auch verkehrt, unverhältnismäßig viel Geld und Aufmerksamkeit auf Rechner zu verwenden und dabei das falsche Versprechen zu machen, sie seien der Schlüssel zur Zukunft.

Aber müssen wir nicht Programmiertechnik unterrichten, damit unsere Kinder später gutbezahlte, sichere Arbeitsplätze finden? Durchaus nicht. Computerkenntnisse bieten heutzutage keine Beschäftigungsgarantie mehr.

In den frühen achtziger Jahren brauchten die meisten Computerspiele einen speziellen Chip und ein paar Kilobyte Speicherkapazität. Programmierer, die konzise Assemblercodes schreiben konnten, verdienten sechsstellige Jahresgehälter und kreuzten mit Sportwagen durchs Silicon Valley. Der heute übliche billige Speicherplatz und die objektorientierten Programmiersprachen machen solche Fähigkeiten überflüssig; die Fahrer auffälliger Kutschen kann man heute auf dem Weg zu ganz normalen Jobs in der Gegend von San José beobachten.

Am *St. John's College* in Annapolis, das als *Bücheruniversität* bekannt ist, diskutiert man, ob künftig Computersprachen gelehrt werden sollten. Seltsamerweise wird erwogen, mit *Forth* eine komplizierte und beinahe überholte Sprache zu unterrichten, als wolle man signalisieren, daß das Institut auch weiterhin den Geisteswissenschaften verpflichtet bleibe und nicht auf dem Weg zur Ingenieurschule sei. Derzeit lernen die Studenten dort Altgriechisch, das bei weitem stärker veraltetet ist als Lochkarten. Es diszipliniert angeblich den Geist; eine Computersprache werde dasselbe bewirken und außerdem einen logischen Ansatz der Problemlösung vermitteln.

Weshalb glaube ich nicht, daß Computersprachen dieselbe intellektuelle Kraft wie gesprochene haben? Über das klassische Griechisch verbreitete sich eine Hochkultur, ja: die westliche Zivilisation. Computersprachen bringen uns Türglocken mit 32 Melodien, *alt.sex.bestiality* und Tetris-Klone. Nun gut, ich übertreibe. Aber es ist schon komisch, an all die Computersprachen zu denken, die innerhalb von zwei Dekaden gewachsen, aufgeblüht und wieder verwelkt sind. Wenn wir nicht ständig lernen, fallen wir rasch zurück.

Die Fachbereiche für Computerwissenschaft melden gewaltige Zahlen von Bewerbern, die anscheinend alle glauben, hinterher einen Job zu bekommen. Im Gespräch mit frischgebackenen Absolventen hört man jedoch entmutigende Neuigkeiten. Die Unternehmen müssen ihre Systeme am Laufen halten und brauchen dafür Leute, die Fragen am Telefon beantworten, Anlagen mit der passenden Hardware ausstatten und Software erneuern. Wenn vor zehn Jahren jemand C und Pascal beherrschte, war ihm eine Anstellung so gut wie sicher. Heute besteht keine große Nachfrage nach klassischen Programmierkenntnissen.

Arbeitsplätze für Programmierer lassen sich auch gut exportieren. In Osteuropa, Indien und Korea gibt es hochqualifizierte Mathematiker, die weit geringere Gehälter akzeptieren als ihre US-amerikanischen Kollegen. Ein Unternehmen faxt die erwünschten Funktionen und ein Software-Skelett an eine Firma in Kalkutta oder Seoul, wo es von cleveren Systemprogrammierern verschlüsselt wird. Programmierung – einst so unangefochten in amerikanischer Hand wie der internationale Weizenmarkt – wird zur weltweiten Handelsware. Das Internet beschleunigt diesen Prozeß, indem es schnellen Zugriff auf die letzten Neuerungen und technischen Diskussionen bietet. Ironischerweise hält dieselbe Infrastruktur, die den amerikanischen Vorsprung sichern soll, auch die Konkurrenz auf dem laufenden.

Andererseits werden Programme exportiert, deren Anwenderschnittstellen für das jeweilige Importland maßgeschneidert sind. Diese Anpassung beinhaltet viel mehr als die bloße Übersetzung von Vokabeln. Deutsche Textverarbeitungssysteme müssen zum Beispiel bei der Silbentrennung die Orthographie bestimmter Wörter verändern – aus Bäckerei wird Bäk-kerei. Der japanische Kalender beginnt von vorn, wenn der Kaiser stirbt. Taiwanesen rümpfen die Nase über den festlandchinesischen Zeichensatz. Die Franzosen verwenden in Überschriften andere Anführungszeichen als im übrigen Text.

Traurigerweise haben nur wenige US-amerikanische Programmierer jemals Fremdsprachen gelernt, so daß diese Anpassungen meistens im Ausland erfolgen. Einer meiner Freunde – ein schlauer Internet-Junkie – hatte Französisch gelernt, weil es der bequemste Weg war, der Prüfungsordnung zu genügen. »Ich will meinen Abschluß kriegen, und dann einen Job«, schrieb er per E-Mail. »Geschichte, Englsch und Spachen sind dabei nur hinderlich.« Ich frage mich, ob in seinem Lebenslauf die Beherrschung der Englschen Spache Erwähnung findet.

Die allseits als hervorragendes Kinderprogramm gelobte *Sesamstraße* gibt es jetzt seit zwanzig Jahren. Die Idee, daß

Lernen für jeden wichtig sei, ist in den siebziger Jahren mit ähnlicher Breitenwirkung propagiert worden wie heute das Internet. Wo also sind nun die Massen kreativer und brillanter Köpfe, die auf die Universitäten drängen? Mußten die Kinder wirklich fernsehen lernen? Haben wir ihnen die übertriebene Erwartung vermittelt, Lernen sei immer lustig und farbenfroh? Wie viele derjenigen, die die kommenden Schuljahre für eine einfache Sache hielten, haben den Weg von »Tut, ein Auto« zur Existentialphänomenologie oder Himmelskörpermechanik zurückgelegt? Überhaupt: Sind die sozialen Auswirkungen der Sesamstraße eigentlich sorgfältig dokumentiert und geprüft worden?

Ich sehe Parallelen zwischen der Sesamstraße und den Computern für Kinder. Beide sind omnipräsent, teuer und ermuntern Kinder zum Stillsitzen. Beide bieten Zeichentrickfilme, ulkige Zahlen und seltsame, zusammenhanglose Geräusche. Beide bestärken die passive Hinnahme eines Mediums, das die Kinder den Rest ihres Lebens begleiten wird. Beide vermitteln den Eindruck, Lehrinhalte ließen sich ohne Anstrenung und Disziplin aneignen, indem man bloß auf den Schirm guckt. Und beide rufen das magische Mantra: »Hier gibt's den mühelosen, spaßigen Weg des Lernens.« Ich kann dem nicht zustimmen. Lernen ist nicht einfach. Es verlangt Arbeit und Disziplin. Tanzende Zahlen und singende Frösche können keine Mathematik unterrichten. Bunte Computerprogramme können Kindern nicht beibringen, andere so zu behandeln, wie sie selbst behandelt werden möchten.

Global Schoolhouse bietet allerhand Vorführungen für Politiker, Journalisten und Schulbehörden, aber verdammt wenig Forschungsergebnisse, die die Stimmungsmache für Computer im Klassenzimmer rechtfertigen könnten. Aber da wohlhabende Schulbezirke über jede Menge Rechner verfügen, würde es mich nicht wundern, wenn jemand eine enge Korrelation zwischen Computerzahl und guten Prüfungsergebnissen ermittelte. Das wird dann sicherlich als statistischer Beweis dafür zitiert, daß Schulen mit Netzzugang eine feine Sache sind. Bah.

Was genau wird mit Computern unterrichtet? Auf den ersten Blick lernen die Schüler Lesen, Maschineschreiben und die Anwendung von Programmen. Ich möchte wetten, daß der geheime Lehrplan ganz anders aussieht: Ihnen wird beigebracht, stundenlang auf einen Bildschirm zu starren. Wie man ohne Widerworte akzeptiert, was eine Maschine sagt. Daß die Welt ein passiver, vorprogrammierter Ort ist, wo ein Mausklick die richtige Antwort bringt. Wie man vergängliche und oberflächliche Kontakte per E-Mail-Direktübertragung knüpft. Daß es keiner Selbstbeherrschung bedarf, weil man Frustrationen per Taste wegzappen kann. Daß es auf Grammatik, analytisches Denken und menschliche Beziehungen nicht ankommt.

Auf diese Weise ergänzen Computer das Fernsehen. Kein technologischer Pfad, ob Muppet oder Modem, führt geradewegs zur guten Bildung.

Rasch: Wieviel Grad sind draußen?

Schauen Sie auf das Thermometer am Fenster? Schalten Sie den Wetterbericht ein? Informieren Sie sich beim telefonischen Wetterdienst? Wählen Sie sich bei *America Online* ein, um eine Wetterkarte zu sehen? Oder gehen Sie vor die Tür und verschaffen sich einen eigenen Eindruck?

Angenommen, Sie erhalten drei Antworten: Ein Fremder sagt Ihnen, draußen seien 86 Grad, der Mann im Fernsehen spricht von 24, und Ihr Thermometer zeigt 30. Da es ein normaler Hochsommertag ist, folgern Sie, daß der Fremde die Angabe in Fahrenheit gemacht hat, Ihr Thermometer auf Celsius lautet und der Wetterbericht verkehrt war. Überzeugend wird es jedoch erst durch die eigene Erfahrung. Sie strecken eine Hand hinaus und bemerken, daß es heiß ist. Computernetze ersetzen diese Lust am sinnlich Wahrnehmbaren durch virtuelle Realität.

Sie hätten gern die schönsten Himmelsfotos aller Zeiten? Sie bekommen sie über Internet mittels Dateitransfer-Protokoll: Tippen Sie bloß *ftp pubinfo.jpl.nasa.gov*, und Sie werden nach Ihrer Kennung gefragt. Gehen Sie als *anonymus* hinein, und wechseln Sie das Verzeichnis mit *cd images*. Rufen Sie die Dateinamen mit *ls* auf. Um ein phantastisches Bild des Orion zu bekommen, geben Sie nur noch *get orion.gif* ein. Wenn die Datei nicht verschoben worden ist, finden Sie auf Ihrem Schirm eine Großaufnahme des Großen Orionnebels M42 in Falschfarben-Wiedergabe.

Aber haben Sie nun wirklich Orion gesehen? Können Sie heute nacht mit dem Finger auf das Sternbild zeigen? Zu welcher Jahreszeit würden sie danach suchen? Finden Sie den Nebel am Nord- oder Südhimmel?

Verbringen Sie ein paar Nächte mit einem Fernglas, einer Sternkarte und einem Kompaß. Im Sommer müssen Sie vielleicht Mücken erschlagen und im Winter mit den Zähnen klappern. Aber Sie lernen das Firmament kennen. Sie werden näher an den Wundern der Astronomie sein, als es Ihnen eine Computerdarstellung jemals ermöglichen kann. Sie erleben dasselbe wie unsere Vorfahren. Im Gegensatz dazu ist vieles auf dem Bildschirm Ersatz für die eigene Erfahrung; Leben durch eine elektronische Verlängerung des Nervensystems, die die meisten Gefühle abstumpft und einige wenige intensiviert. Armselige Nachahmungen treten an die

Stelle der wirklichen Ereignisse. Was macht mehr Spaß – ein Basketball-Videospiel oder ein Basketballspiel?

Wenn Immobiliengesellschaften historische Schauplätze umpflügen und Holzwirtschaftsunternehmen alte Baumbestände niedersägen, richten diese Raubritter mitunter Besucherzentren ein, in denen zu sehen ist, wie die Gegend einmal aussah. Ich habe mir mehrere davon angeschaut und mit den Multimedia-Darstellungen herumgespielt. Sie sind farbenprächtig, interaktiv, professionell kommentiert. Und machen sich doch nur über das Gezeigte lustig. Am Glen-Canyon-Staudamm etwa kann man sich eine Fotodarstellung der unter Wasser gesetzten Felsschlucht angucken. Als ich sah, was das Amt für Landgewinnung zerstört hatte, mußte ich weinen und ging fort.

All die High-Tech-Knalleffekte sind nichts gegen einen Spaziergang über geschichtsträchtigen Boden oder eine stille Meditation zwischen tausendjährigen Mammutbäumen. Computerdarstellungen ahmen Geräusche, Aussehen, Geruch, Geschmack und Gefühl der Natur nur dürftig nach.

Nicht alle Schüler lassen sich mit technologischem Käse für dumm verkaufen. Jon Leary, der die Oberstufe der *East Mecklenburg High School* besucht, entschied sich für einen Ozeanographiekurs via Glasfaserkabel. Seine Klasse saß vor den Bildschirmen, die andere neben den Kameras. Er berichtet, daß die Schüler am Originalschauplatz wesentlich reichere Erfahrungen machen konnten. »Sie zeigen uns einen Kraken, damit wir einen visuellen Eindruck bekommen«, sagt er. »Sie erzählen uns, daß er glibschig ist. Wir fühlen nicht, daß er glibschig ist.«

Wie kann ich die Glibschigkeit eines Kraken empfinden? Wie kann man sicher sein, daß der Ozean salzig ist? Wie kann ein Chemiestudent die Kristallisationshitze einer übersättigten Kaliumnitratlösung spüren? Ganz einfach: den Kraken anfassen, das Ozeanwasser probieren, das Becherglas in der Hand halten. Eben diese Erfahrungen lassen elektronischer und Online-Unterricht nicht zu.

Übrigens auch nicht die Astronomie. Ich kann die Krater des Merkur nicht sehen, die Vulkane der Venus nicht berühren und die Stürme auf dem Mars nicht fühlen. Inwiefern sind sie also wirklicher als virtuelle Computerwelten?

In gewisser Hinsicht sind sie es nicht. Wir besitzen Fotos dieser Planeten, die Krater und Vulkane zeigen. Was andere Teile des Sonnensystems betrifft, etwa das Innere des Mondes, den Sonnenkern, die Jupiteratmosphäre – nun, hier verlassen wir uns auf Modelle. Viel von unserem Verständnis des Universums basiert auf Computersimulation, also rechnerischen Analogien der Realität. Agrarforscher konstruieren Modelle der Baumwollkultur – für gegebene Variablen wie Wetterbedingungen berechnen sie im voraus die Erntemenge. Wirtschaftsprognosen beruhen auf ausgeklügelten Programmen, die die Weltwirtschaft imitieren.

Der Unterschied zwischen einem *Sim-City*-Computerspiel und einem naturwissenschaftlichen Modell besteht darin, daß dem Forscher daran gelegen ist, der Wirklichkeit möglichst nahezukommen, während der Spielentwickler durch die Gesetze der Physik nicht gebunden ist. Und doch ist noch das schönste Computermodell nur eine Simulation der realen Welt. Man kennt selten seine Voraussetzungen und Begrenzungen und weiß nicht einmal, ob es richtig programmiert worden ist. Computermodelle sind nicht glibschig.

Viele sind ganz einfach falsch oder widersprechen einander. Angenommen, der Kohlendioxidgehalt der Atmosphäre verdoppelt sich: Was geschieht mit dem Klima? Das vom *Geophysical Fluid Dynamics Lab* entwickelte globale Klimamodell prognostiziert für Chikago vier Grad wärmere und dreißig Prozent trockenere Sommer. Das *Goddard Institute* wiederum erwartet nur 1,5 Grad Erwärmung und fünf Prozent mehr Feuchtigkeit. Der Unterschied ist vor allem den Annahmen geschuldet, die die Programmierer über den globalen Wetterkreislauf oder die Reflexionseigenschaften des Bodens getroffen haben. Wer von ihnen recht hatte, wissen Sie erst in hundert Jahren. Häufig können Computermodelle nicht getestet werden.

Ich habe auch einmal so eine Welt in meinem Rechner erschaffen. Heute frage ich mich, wie nahe ich der Wirklichkeit gekommen bin.

In einer Herbstnacht radele ich auf dem Heimweg von der Universität durch Tucson. Droben im Sternbild Stier sehe ich Jupiter, ein paar Grad entfernt von den Plejaden. Ich grübele über ein Thema für die Doktorarbeit.

Die Wolkengürtel des Jupiter. Eine Atmosphäre aus Wasserstoff, Helium, Methan und Ammoniak. Wir sehen die Oberseite der Wolken, doch was geschieht darunter? Vielleicht liegt hier eine Dissertation versteckt. Vielleicht ein Dutzend.

Professor Marty Tomasko versucht sich gerade an den neuesten NASA-Daten der *Pioneer*-Sonde. Mir ist bekannt, daß er einen Assistenten braucht; er weiß, daß ich nach einem Thema Ausschau halte. Am nächsten Morgen stelle ich mein Fahrrad vor Martys Büro ab und klopfe an. »Haben Sie unsere Jupiterbilder gesehen?« fragt er und reicht mir ein Dutzend Fotos des Planeten. »Genau was wir brauchen, um seine Wolkenstruktur näher zu bestimmen.«

Sein Schreibtisch ist übersät mit Ausdrucken, die Notebooks und Zeitungsausschnitte bedecken. Aufgrund seiner Reputation nennen wir ihn hinter seinem Rücken den Professor, doch im Sprechzimmer heißt er offiziell Marty.

Nun, unser Himmel ist blau, weil durchsichtiges Gas blaues Licht besser streut als Wolken. Anders als diese polarisiert es das Licht. Wenn man die Polarisierung verschiedener Farben kennt, läßt sich vielleicht die Höhe der Jupiterwolken herausfinden. Starke Polarisierung bedeutet, daß wir durch viel Gas schauen, bevor wir diese Wolken erreichen. Keinerlei Polarisierung heißt, dicke Wolken bis oben hin.

»Es gibt mehr Unbekannte, als Sie vielleicht glauben«, informiert mich Professor Tomasko. »1890 ermittelte Lord Rayleigh die Streuung des Lichtes an einem klaren Tag. Die Physik der Wolken ist nicht so einfach.«

Man simuliere also die Jupiteratmosphäre in einem Computerprogramm, indem man einige Wolken und durchsichtiges Gas mischt. Man berechne sodann, wie stark die Polarisation ist, vergleiche das mit den Daten der Sonde und schaue nach, ob das Programm es richtig getroffen hat. Falls nicht, ändere man es und wiederhole das Ganze.

Computermodellierung; dieselbe Methode, die auch von Bevölkerungswissenschaftlern, Geographen und Soziologen benutzt wird. Messen, modellieren und vergleichen.

»Niemand hat je einen Blick darauf geworfen«, sagt Marty. »Sie werden der erste sein, der bestimmt, wo sich die Jupiterwolken bilden. Falls Sie interessiert sind, könnte ich Ihnen eine Assistentenstelle verschaffen.«

Allerhand – dafür bezahlt werden, den Jupiter zu erforschen? Ich wäre schon glücklich, bloß mit diesem Burschen zusammenarbeiten zu dürfen: Er ist bereit, mir die schwarze Kunst der Strahlungsübertragung beizubringen. Ich stimme zu, und ein paar Minuten später tanze ich in der Eingangshalle, ein Magnetband unter dem Arm. Eine Dissertation. Einfach so.

Nun muß ich nur noch verstehen, was ich vor mir habe. Rotes Licht wird von den Wolkenpartikeln des Jupiter zurückgeworfen, blaues vom Gas. Okay; vergleichen wir also die Bilder in zwei Farben. Was dann?

Drei Monate in der Bibliothek verbringen und Aufsätze über atmosphärische Physik lesen. Puh – die sind voll von Fouriertransformation, Matrixrechnung und vierfachen Integralen. Viel Mathematik, wenig begriffen.

Es ist vier Uhr nachmittags an einem warmen Januartag; ich sitze auf den Stufen, die zum roten Ziegelsteinbau des Universitätsplanetariums hinaufführen, und vertilge Käsetortilla mit Avocado. Nach Westen wächst ein *Boogum*-Baum mitten auf dem Campus. Er sieht aus wie eine haariggrüne, kopfstehende Karotte. Ich kaue den Rest Avocado und blinzle in etwas Staub, der im Sonnenlicht tanzt.

Ein Hauch von Substanz ... vielleicht feiner Sand, der von der Wüste herübergeweht worden ist. Oder die Reste eines verglühten Meteors. Kein großer Unterschied – schließlich war einmal die ganze Erde nur Staub ... unser Planet entstand aus Partikeln solaren Urnebels.

Wie groß ist so ein Staubkorn? Vielleicht ein Mikron im Durchmesser? Ein paar tausend Moleküle? Eine Million solcher Partikel könnte eine Wolke entstehen lassen. Hier ist die Eintrittskarte. Ich beginne bei den Streuungseigenschaften eines einzelnen Teilchens – eines Punktes – und baue daraus eine ganze Wolke. Wie die Erforschung eines Ozeans, ausgehend vom Wassermolekül.

Ich rase in Martys Arbeitszimmer. »Geben Sie mir ein einziges Kristall, und ich erzeuge eine Atmosphäre«, sage ich zu ihm. »Verraten Sie mir, wie ein Körnchen Staub funktioniert, und ich berechne, wie eine dicke Wolke davon das Licht streuen wird.«

Seine Augen verraten keinerlei Überraschung. »Und wenn diese Atmosphäre nicht wie die des Jupiter aussieht?«

»Dann geben Sie mir ein anderes Kristall.«

»Und wenn es damit wieder nicht klappt?«

»Ich suche weiter, bis ich das richtige gefunden habe.«

»Sie haben's begriffen«, erwidert Marty grinsend. »Ein paar Monate Arbeit, und Sie sind am Ziel.«

Es dauerte nicht ein paar Monate. Eher ein paar Jahre. Bierernste Fehlersuche in selbstgebastelten Unterprogrammen. Literaturrecherche und nächtliche Datenverarbeitung. Cola-Sixpacks und eine Matratze unter dem Schreibtisch.

Langsam ergaben meine Computermodelle Sinn. Ihnen zufolge hat der Jupiter keine feste Oberfläche, sondern nur eine Wolkenschicht nach der anderen. Fast ganz oben liegt eine dicke Bank aus Eiskristallen. Darüber noch eine durchsichtige Schicht. Wenn Gase von unten emporsteigen, friert das Ammoniak und kristallisiert. Dies hatte ich beobachtet. Nach ihren Streuungseigenschaften zu urteilen, hatten sie einen Durchmesser von etwa zwei Mikron. Darüber durchsichtiges Gas.

Wirklich nett: Einige Raumschiff-Fotos, etwas Physik und zwei Jahre Rechnerei versetzten mich in die Lage, die Größe von Ammoniakkristallen auf einem Planeten zu messen, der ein halbes Sonnensystem entfernt ist. Und heute steht auf dem Regal der Fachbereichsbibliothek eine handgebundene Studie über die Jupiteratmosphäre.

Aber glaube ich heute daran? Diese Frage bringt mich in Verlegenheit. Komplizierte Computermodelle sind verführerisch – Forscher manipulieren ihre Sicht der Realität, bis sie zu ihrem Lieblingsprogramm paßt. Sie verschreiben sich ihren eigenen Modellen. Auch nach Jahren, in denen ich die Jupiteratmosphäre simuliert und verschiedene Parameter durchgetestet habe, bin ich mir nicht sicher. Ich habe monatelang nachgeforscht, was in dem Modell zu berücksichtigen wäre, aber sicherlich nicht alles hereingenommen. Ich habe nicht sämtliche vorstellbaren Wolkenstrukturen in Betracht gezogen, sondern nur die wahrscheinlichsten. Ich habe meine Software überprüft, aber nicht jede mögliche Fehlerquelle ausgeschlossen.

Die meisten Forschungsprojekte behalten unvermeidliche Ungenauigkeiten gut im Auge und können deshalb einschätzen, wie weit das Resultat von der Wirklichkeit entfernt ist. Bei Computersimulationen sind die Zahlen in der Regel vollkommen korrekt, aber eine einzige irrige Annahme oder ein simpler Programmfehler können das Ergebis völlig wertlos machen.

Computermodelle überzeugen nicht – sie sind nicht einfach, und vor allem nicht greifbar. Ich kann meine Annahmen aufzählen, die Daten präsentieren und das Programm beschreiben. Aber Sie werden hoffentlich trotzdem skeptisch bleiben – es gibt zu viele Möglichkeiten für Patzer. Der wohl einzige Weg, alle Unklarheiten zu beseitigen, bleibt ein Besuch des Planeten mit Mikroskop und Pinzette.

Aber andererseits passen die Wissenschaftler, die sich für meine Arbeit interessieren, problemlos in einen Kleinbus. Höchstwahrscheinlich glauben Sie, daß die äußeren Planeten langweilige Gassäcke sind, und vielleicht stinken Ihnen ja Atmosphären aus Methan und Ammoniak. Oder womöglich verkehren Sie mit flatterhaften galaktischen Astronomen, die sich nach dem Jupiter nicht einmal umgucken würden.

Schon gut – während Sie Schwarze Löcher jagen oder eine Rolle in dem einen oder anderen Internet-MUD spielen, finde ich noch etwas mehr über meinen Kumpel heraus. Gut das halbe Jahr über lacht er mich vom Abendhimmel an.

10//Eine Untersuchung zum Briefverkehr, ein Experiment mit dem Postamt und ein Kommentar über Geheimschriften

Vor hundert Jahren stand ein Farmer nur über Briefe mit dem Rest der Welt in Verbindung. Da er vielleicht einen langen Ritt zu Pferd von der nächsten Stadt mit einem Postamt entfernt wohnte, entstand dieser Kontakt bestenfalls ein paarmal im Monat. Kein Wunder, daß die Senatoren mit bäuerlicher Wählerschaft den regelmäßigen Postdienst in ländlichen Gebieten durchsetzen wollten. Briefe für jeden, und jeden Tag.

So seltsam es sich heute anhören mag: die Post war dagegen. Briefe in den letzten Winkel auszuliefern sei teuer, und dann müßten ja wohl die Städter die Hinterwäldler subventionieren. Konnten die überhaupt lesen?

Die Farmer waren siegreich: Postboten begannen Briefe, Zeitschriften und Pakete auszutragen; wenn nicht bis vor die Tür, dann wenigstens in einen Briefkasten am Straßenrand. Daraus entwickelte sich eine blühende Kultur des Zeitschriftenabonnements, dem Lesen wurde neuer Wert beigemessen, und lukrative Versandhäuser lebten auf – die Vereinigten Staaten erlebten die Hochzeit des *Sears*-Katalogs.

Schneckenpost. Schwerfällig, altmodisch, ineffizient und

unendlich langsam. Wie kann sie überhaupt mit der elektronischen Kommunikation konkurrieren? Ganz einfach: Sie liefert überallhin. Rasch. Billig. Zuverlässig. Die heutige Post bietet beeindruckend viel für wenig Geld. Es kostet weniger als einen Dollar, einen Brief irgendwohin im Land zu schicken. Er kommt dort binnen weniger Tage an. Standardisierte Dienstleistung zum Pauschalpreis.

Wir sind mit dem System der Postzustellung vertraut, haben also hohe Ansprüche daran. Da kaum jemand von uns versteht, wie E-Mail funktioniert, nehmen wir es hier weniger genau. Nach über zehn Jahren E-Mail-Benutzung überraschen mich jedenfalls die ständigen Klagen über den Postdienst. Wenn einmal ein Sack mit Briefen von einem verdrossenen Briefträger verbrannt wird, macht das Schlagzeilen im ganzen Land. Stürzt ein Universitätscomputer ab und vernichtet drei Tage Posteingang, zuckt man mit den Schultern. Eine zehnprozentige Erhöhung der Postgebühren zieht Kongreßanhörungen nach sich; als das *GEnie*-Netz seine Online-Abgabe verdoppelte, war kaum ein Winseln zu vernehmen. Wenn die Postzustellung nicht auf Zack ist, treten hochrangige Untersuchungskommissionen auf den Plan. Schlurft das Internet dahin – tja, wer dann zuständig ist, weiß ich nicht recht.

Wie vieles in der Datenverarbeitung ist E-Mail äußerst unstandardisiert. Jeden Tag wähle ich mich in sechs verschiedene Computersysteme ein, um meine elektronische Post abzurufen. Jedes funktioniert anders, arbeitet mit eigenem Befehlssatz und hat etwas abweichende Leistungsmerkmale.

Über *Unix* gebe ich entweder *mail* oder *elm* ein, je nach installiertem System. Die Befehle des einen zu beherrschen hilft einem beim anderen noch lange nicht weiter.

Im *GEnie*-Netz wiederum rufe ich die Post über eine Zahl

im Menü auf. Bei *CompuServe* heißt es *go mail*, und ich tippe eine Zahl für die Botschaft, die ich lesen will. Auf *America Online* klicke ich auf ein Briefumschlag-Piktogramm. In meinem örtlichen *Fidonet* lautet der Befehl *M* für *Mail*. Von *Prodigy*, *Delphi*, *BIX*, *ATTmail* und *MCImail* will ich gar nicht reden.

Im Internet über *Unix* bin ich als *stoll@ocf.berkeley.edu* bekannt. Meinen Freunden sage ich, daß Sie *ocf* mit dem Buchstaben *o* schreiben müssen, nicht als Null. *Berkeley* muß orthographisch korrekt sein. Ach, und bitte den Nachnamen benutzen; wenn es der Vorname ist, geht die Post an einen anderern Cliff. E-Mail an meine anderen Konten wird durch Übermittlungsprogramme an einen Sun-Terminal im Untergeschoß der *University of California* weitergeleitet. Mein Heimcomputer wählt sich ein, nimmt sich die Post und läßt eine Ikone blinken. Bei so vielen Gliedern in der Kette kann allerhand schiefgehen. Eigentlich ist es eine nette Überraschung, wenn alles klappt.

Was für eine gespenstische Art der Kommunikation. Wenn sie perfekt funktioniert, jagen die Botschaften in einer Minute zum Empfänger. Unterläuft Ihnen der jedoch kleinste Irrtum oder haben Sie das Pech eines Systemausfalls, verschwindet die Nachricht spurlos.

Warum nicht faxen? Es ist viel universeller als E-Mail – nicht nur gibt es die Geräte überall, sie sind auch miteinander kompatibel und übertragen darüber hinaus Diagramme, Bilder und jegliche Schriftsprache – ob japanisch, Hindi oder Kyrillisch.

Meine Freunde mit den Propellerhüten erzählen mir von Fax-Modems; Geräten, die ihren Rechnern die Ausführung zusätzlicher Funktionen erlauben. Eine nette Idee, Faxe oder E-Mail per Computer zu schicken oder zu empfangen. Eine halbe Stunde Arbeit für einen Computerfreak, und die Sache läuft. Normalerweise. Ich finde es einfacher, eine Notiz auf ein Blatt Papier zu kritzeln und zu faxen. Oder einen Umschlag mit einer Adresse zu versehen, eine Marke aufzukleben und den Brief mit der Post zu schicken.

Ein einzigartiger Vorteil der E-Mail ist die Möglichkeit, sie in andere Dokumente hineinzukopieren. Zum Beispiel schickt mir ein Astronom die Umlaufbahndaten eines Kometen. Ich lese seine Nachricht und übertrage die entscheidende Passage direkt in mein Programm für Himmelskörpermechanik. Weniger Fehlerquellen und keine Zeitverschwendung durch nochmaliges Abtippen.

Klappt mit Artikeln ebensogut. Ich empfange E-Mail und kopiere den interessanten Teil in mein eigenes Papier. Schwerlich eine schöpferische Handlung – es lenkt mich sogar davon ab, die Passage kritisch durchzusehen. Weder arbeite ich meine eigene Interpretation ein, noch korrigiere ich Fehler. Worin besteht mein Beitrag, wenn ich lediglich die Mailbox abkupfere? Kann ich dafür irgendeine Anerkennung verlangen?

Ich habe ein E-Mail-Archiv mit fünfzig MB und einer Umlaufgeschwindigkeit von 4500 Umdrehungen pro Minute. Ich kann die CD nach Titel, Datum, Größe, Dateityp oder Text durchsuchen. Binnen einer Minute kann ich jeden gewünschten Brief finden. Wirklich schön – eine Aufzeichnung all dessen, was mir durch den Kopf gegangen ist.

Alle paar Monate klettere ich die Leiter hinauf und gelange durch eine Luke auf meinen Dachboden. Dort drüben neben einem staubigen Sonnenstrahl steht ein grauer Schuhkarton mit Briefen. Hier ist ein Valentinsgruß aus meinem elften Lebensjahr; da eine Postkarte meines besten Freundes.

Ein Liebesbrief meiner Freundin aus der Studienzeit. Es kann leicht eine Stunde dauern, bis ich die gesuchte Post finde, weil ich mir für jede Erinnerung Zeit lasse. Wie schön – Korrespondenz, die mein Herz berührt.

Briefen aus dem Netz fehlt die Wärme, selbst, wenn sie zehn Jahre alt sind. Kein alterndes Papier, keine verblassenden Namenszüge. Zukünftige Generationen werden ihre Abenteuer vielleicht auf Floppy Discs und *Internet Uniform Record Locators* abspeichern. Ich bestehe auf meinem Schuhkarton mit alten Briefen.

Echte Post ist mit hübschen Briefmarken und Poststempeln versehen; ausländische Umschläge zieren geheimnisvolle Hieroglyphen, die mich zu einer Reise verführen wollen. Es gibt eine Absenderangabe, die an das Haus des Freundes erinnert, in dem ich einmal zu Besuch war. Hier haben wir eine gepreßte Blume aus irgendeinem längst vergangenen Sommer. Solche Post bringt Versprechen, Erinnerungen und ein Lächeln zurück.

Beim Durchstöbern eines Stapels alter Briefe fand ich einen, auf dem eine Marke mit Gazellenmotiv klebte. Hallo! Er ist von Guy Consolmagno und wurde in Nairobi aufgegeben.

»Grüße vom *Peace Corps* in Kenia«, schrieb Guy. »Afrika ist unglaublich. Ich habe eine Sonnenfinsternis und das Kreuz des Südens gesehen (die Venus war hell genug, um ein Buch zu lesen); außerdem das Rift Valley, alte Vulkane, junge Vulkane, hellrote Erde wie auf dem Mars und sattgrüne Vegetation (gar nicht wie der Mars). Ich habe den Mt. Elgon besucht und laufende Giraffen am Straßenrand beobachtet. Nur Post von Dir ist mir nicht unter die Augen gekommen. Was gibt's Neues? Hast Du einen Job? Sind es immer noch bloß zwei Jahre bis zum Start des Weltraumteleskops?«

Nach seiner Dissertation hatte Guy als Wissenschaftler in Harvard und am *Massachusetts Institute of Technolgy* gearbeitet. Anschließend wurde er Entwicklungshelfer.

Ich konnte es nicht vertreten, weitere Zeit mit Saturnmonden zu verbringen, während Menschen auf der Erde verhungerten.

Und nun habe ich meinen Vertrag. Ich unterrichte Physik im Hauptstudium an der Universität von Nairobi. Relativitätstheorie. Elektrizität und Magnetismus. Astrophysik. Offenbar brauchen sie jemanden, der ihnen etwas über die Saturnmonde beibringt.

Die Studenten in meinen Seminaren werden ihrerseits angehende Lehrer unterrichten, die wiederum den Stoff an Sekundarstufenschüler im ganzen Land weitergeben, so daß diese schließlich die passende Ausbildung haben, um als Autoschlosser in Tankstellen zu arbeiten oder Telefone, Generatoren und all die anderen Insignien der Industriegesellschaft am Laufen zu halten ... Nun aber scheint diese Gesellschaftsordnung die einzige zu sein, die ihre Angehörigen einigermaßen zuverlässig versorgen kann. Und so trage ich mein Teil dazu bei, den Hunger in Afrika zu beenden. Nehme ich an.

Also schreib mir! Schreib! Erzähle, was Jon Gradie so treibt. Ich hungere nach Neuigkeiten. Und Schokolade.

Als ich diesen Brief erhielt, hatte Jon Gradie seit fünf Jahren seinen Doktortitel. Er arbeitete an der *Cornell University* im Labor von Carl Sagan. Zuletzt hatte ich von ihm gehört, daß er Asteroiden im Sonnensystem klassifiziert. Ich könnte ihn ja mal anrufen und die neuesten Nachrichten abfragen.

»Hallo, ich brauche Informationen über Asteroiden ...«

Jon ist am anderen Ende, erkennt mich aber nicht.

»Nicht schon wieder«, stöhnt er. »Hören Sie, ich bin Astronom, kein Seesternexperte...«

Seestern? Ich versuche es noch einmal. »Mal wieder Höhlen besichtigt in letzter Zeit, Gradie?«

»Ach, du bist es, Cliff. Ich dachte, es wäre wieder einer dieser Meeresbiologen«, entschuldigt er sich. »Vor einem Monat habe ich einen Aufsatz über Asteroidenfamilien veröffentlicht. Seitdem rufen mich Biologen an und fragen nach Seesternen. Es scheint, daß sie auf lateinisch *Asteroidea* oder so heißen. Jedesmal, wenn einer in Schlagwortkatalogen nach Asteroidenfamilien sucht, stößt er auf meinen Namen. Bei mir ist aber von einer anderen Familie die Rede.«

Eines der Risiken der Online-Recherche: Der Computer filtert die Fehlanzeigen nicht heraus. Manchmal gräbt man Goldkörner aus, mitunter nur Schwefelkies.

»Also was machst du so?« frage ich ihn. »Und wie lautet die neueste Theorie über auseinanderbrechende Planeten?«

»Cliff, pack den Quatsch mit den explodierenden Planeten zwischen deine Comic-Hefte«, empfiehlt mir Jon. »Man kann allenfalls sagen, daß die S-Asteroiden Bruchstücke größerer Körper sein könnten; doch wo immer sie auch herstammen, sie bestehen alle aus demselben Material.«

S-Asteroiden? Die befinden sich auf einer Umlaufbahn zwischen Mars und Jupiter und sind von etwas hellerer Farbe als ihre Vettern, die C-Asteroiden. Nicht einmal entfernt mit Seesternen verwandt.

In den vergangenen Jahren hat Jon verschiedene Zonen im Asteroidengürtel entdeckt und die Farben der einzelnen Körper zu ihrer Umlaufbahn in Beziehung gesetzt. Die inneren Asteroiden, die dem Mars am nächsten sind, reflektieren mehr Licht; ihre Farbe entspricht der von Stein-Eisen-Meteoriten. Dies sind Jons S-Asteroiden. Die auf weiter entfernten Kreisbahnen sind dunkler und haben die Farbe von Kohlenstoff-Meteoriten. »Was bedeutet, daß sie große Ähnlichkeit mit dem Aufbau des ursprünglichen Sonnensystems haben«, erklärt mir Jon. »Wir sehen also die Abfälle der Planetenküche.«

Bildschön. Mit den Großteleskopen von Arizona und Hawaii hat Jon den Zusammenhang zwischen den Umlaufbahnen der Asteroiden und ihrem Material herausgefunden. »Ich habe auch den Zusammenhang zwischen Arizona und Hawaii entdeckt«, berichtet mir Jon. »Auf der Hauptinsel gibt es Höhlen, die aus Lavakanälen entstanden sind. Kommst du mit nachsehen, ob sie zum Festland führen?«

Ich streiche mit den Fingern über den Umschlag aus Kenia und stelle fest, daß ich über das Internet nie solche Briefe empfange. E-Mail mangelt es an Wärme und Bedeutung.

Nein, das stimmt nicht ganz, und ich habe eine Nachricht zum Beweis. Ich suche in meinem Computer, und schon erscheint auf dem Schirm der folgende Hilferuf von Aida Bajric, einer sechzehnjährigen Bosnierin, die nach Kroatien geflüchtet ist. Ihre E-Mail erreichte mich durch das kroatische Wissenschafts- und Forschungsnetz:

Die Lage hier ist sehr schlimm. Leute mit Geld haben das Hotel verlassen und sind in Norwegen gefahren. Die politische Situation ist auch schrecklich. Die Leute haben Angst vor dem, was kommt.

Ich habe dieses Jahr die Schule abgeschlossen, aber wenn ich noch ein Jahr hier bleibe, wird es sehr schwer. Ein Grund ist der Schulbus, der sehr teuer wird dieses Jahr, der andere ist, daß ich hier meine Zukunft nicht sehe. Nach zweiundzwanzig Jahren als Lehrerin kann meine Mutter keine Arbeit finden, so daß wir kein Geld für normal leben und unsere Schule haben.

Dieses Dorf liegt weit weg von den Augen der Welt. Ich bin eine Bosnierin, die ihre Heimat Banja Luka verloren hat, und die Welt hat das besiegelt, indem sie die Stadt den Leuten gegeben hat, die fast meine ganze Familie aus der Gegend vertrieben haben, die uns seit sechshundert Jahren gehört.

Jetzt sind wir in Kroatien. Der Krieg ist immer zweifelhaft für die kleinen Leute. In der ersten Zeit zeigten uns die Kroaten ihre Großzügigkeit, aber als ihr Präsident verstand, daß er an der Aufteilung Bosniens nicht teilnehmen kann, änderte sich das.

Viele Leute (Kroaten) sind dieselben geblieben, aber schreckliche Propaganda (Fernsehen, Nachrichten, Radio) beginnt irgendwie Einfluß auf sie zu haben. Vielleicht würde ich mich auch so verhalten, wenn ich die Erfahrung machte. Ich kann diesem Volk nichts vorwerfen und werde immer dankbar sein.

Die kroatische Regierung und Polizei sind extrem. Erst haben sie Bosnier ohne Flüchtlingspapiere festgenommen und sie zurück zu Bosnien und Herzegowina geschickt im Austausch gegen Soldaten. Dann haben sie Bosniern die Autos weggenommen. Ich bin Bosnierin islamischer Religion, und bei jedem Schritt merkt man Haß. Sie drohen, daß sie uns nach dem 1. September aus dem Hotel jagen.

Bitte, wenn Sie für uns ein Programm finden könnten, um in die USA zu kommen. Wenn Sie kein Programm finden können, machen Sie sich keine Gedanken, und es ist das wichtigste, daß wir noch Hoffnung haben werden, trotz allem, was passiert ist. Bessere Zeiten werden kommen, und wir werden alle in Liebe und Frieden leben. Ich lebe für diesen Moment.

Hochachtungsvoll,

Aida

Vorhin wollte ich sagen, daß der E-Mail die Leidenschaft handschriftlicher Briefe fehlt und daß die beiden völlig unterschiedlichen Zwecken dienen. Doch während ich dies schreibe, überdenke ich die Sache noch einmal: Für eine wirklich ausdrucksstarke Botschaft ist das Medium zweitrangig.

Kürzlich erreichte mich eine Nachricht von Guy Consolmagno, in der er mitteilt, daß er den Jesuiten beitreten werde. Das Schreiben war nicht mehr ganz neu: Guy gehörte der Bruderschaft schon fünf Jahre an, als es bei mir einging. (Nachdem Guy vom *Peace Corps* zurückgekehrt war, hatte er einige Jahre lang Physik und Astronomie unterrichtet und ein Dutzend Aufsätze über die Jupitermonde veröffentlicht. Nach mehreren Jahren der Selbstprüfung fand er dann seine Berufung.)

Offenbar hatte Guy die für mich bestimmte E-Mail an einen Computer geschickt, der gerade außer Betrieb gesetzt wurde. Ich hatte dort zwar ein Konto, wählte mich aber nie mehr ein. Seitdem stand das Gerät in einem Lager herum, während Guy in einem katholischen Kloster studierte. Er schloß ein zweijähriges Aufbaustudium der Physik ab, arbeitete in einem Indianerreservat in Süd-Dakota und schrieb noch mehr Artikel über die Jupitermonde.

Etwa zu der Zeit, als Guy seinen Ruf ans Vatikan-Observatorium erhielt (ja, es gibt wirklich eins!), wurde jener alte *Unix*-Computer für ein paar hundert Dollar versteigert. Ein freundlicher Mensch in Newton, Massachusetts, nahm ihn mit nach Hause, warf ihn an und entdeckte in einer Datei den nicht abgerufenen Brief von Guy. Irgendwie spürte der Finder meine Hausadresse auf und schickte mir das Schreiben mit der Post. Es erreichte mich mit fünf Jahren Verspätung.

Fürwahr eine Route mit Umwegen. E-Mail sollte nur wenige Minuten bis zum Zielort brauchen. Bewegen sich Elektronen nicht annähernd mit Lichtgeschwindigkeit? Nun, auf dem Weg gibt es das eine oder andere Hindernis, das die E-Mail verzögert. Verbindungen können defekt sein, so daß Datenpakete sich stauen oder umgeleitet werden. Ein Rechner ist vielleicht besonders langsam und schafft es nicht, die Post weiterzusenden. Eine Adressenkomponente mag nicht zu Auslegung eines entfernten Gerätes passen und erfordert zusätzliche Aufmerksamkeit. Oder der Empfangsrechner ist außer Betrieb.

Wir haben uns an die Dauer der normalen Postzustellung gewöhnt; ohne zu murren, leben die Leute mit der langsamen Auslieferung. Aber wie schlecht ist der Briefdienst eigentlich wirklich? Um das herauszufinden, bat ich meinen Bruder Don, mir alle zwei Monate eine Postkarte zu schicken. Er wohnt in Buffalo, New York; ich ein paar tausend Kilometer weiter westlich in Kalifornien. Das ganze Experiment kostete zehn Dollar.

Ich nahm an, es würde im Schnitt sechs bis sieben Tage dauern, zumal mein Bruder die Adresse mit der Hand schrieb. Tatsächlich benötigte die Hälfte der Karten zwei Tage, viele drei, und eine acht. Durchschnittliche Zustellzeit einschließlich Wochenenden: knapp unter drei Tagen. Schneckenpost? Wohl kaum – das ist Schnelldienst. Übrigens auch zuverlässig: Jede Karte kam an.

Gleichzeitig schickte ich von fünf entfernten Konten E-Mail an mich selbst. Die meisten Briefe gingen innerhalb von zwei Stunden ein; manche brauchten bis zu zwei Tage. Durchschnittliche Übertragungsdauer: zwölf Minuten. Doch ich mußte feststellen, daß fünf Botschaften auf der Strecke geblieben waren. Drei fielen unterwegs Netzproblemen oder abgestürzten Rechnern zum Opfer. Die anderen beiden? Verschluckt vom elektronischen Abgrund.

Im Anschluß an diesen Versuch hörte ich von einer laufenden Untersuchung der Firma *Arthur Anderson*. Auch sie hatte den Postdienst der Vereinigten Staaten getestet. Bei der innerstädtischen Expreßzustellung ermittelten sie für 75 Prozent der Fälle Auslieferungszeiten von unter 24 Stunden. Viele Städte erreichen 90 Prozent. Ich frage mich, was sie über E-Mail im Internet herausfinden würden?

Aber Sie müssen mir nicht glauben. Kaufen Sie einen Stoß Postkarten, und probieren Sie es selbst aus.

Es ist schwierig, die Kosten von E-Mail mit denen der Post zu vergleichen. Der mit Abstand teuerste Teil der Korrespondenz ist in jedem Fall die Zeit der Niederschrift. Bei den meisten geht es mit der Hand schneller; bei anderen ist es umgekehrt. Lassen wir dies also außer acht, und vergleichen wir nur die Versandkosten im Netz mit denen der Post.

Bei Netzbenutzung finden die Ausgaben im Vorfeld statt: Computer, Modem, Software und Anschlüsse. Auch die Übermittlungszeit gibt es gewiß nicht umsonst – kommerzielle Dienste verlangen fünf oder zehn Cent pro Minute. Zu diesen Sätzen kostet E-Mail mehr als eine gewöhnliche Briefsendung. Daher schreibe ich meine Briefe offline, wähle mich dann ein und schicke sie ab. So ist es billiger, weil ich nur ein, zwei Minuten Übertragungszeit benötige. Aber das Verfahren wird damit nochmals komplizierter.

Der Postdienst? Für weniger als fünfzig Cent kann ich sechs Seiten Text landesweit verschicken. Wenn ich eine Floppy Disc in den Umschlag stecke, sind es schon mehrere Megabyte für wenige Dollar. Ja, ich könnte sogar meine Gigabyte-Festplatte ausbauen und sie für unter zwanzig Dollar über Nacht quer durchs Land befördern lassen. Derselbe

Datentransfer per Modem würde eine Woche dauern und mich über tausend Dollar kosten.

Auch die Einsatzmöglichkeiten der E-Mail sind begrenzt. Wenn ich mir sicher bin, daß mein Freund das passende System hat, kann ich Klänge, Graphik und Videoclips senden. Häufiger schicke ich jedoch E-Mail an jemanden, der vielleicht nicht im Besitz der neuesten Hard- und Software ist. Dann bin ich mit dem simplen ASCII-Code geschlagen, der nur Groß- und Kleinschreibung darstellen kann. Keine schicken Grafiken, kein farbenfroher Briefkopf. Die Post erlaubt dagegen den Versand jeder beliebigen Botschaft, ob Foto, Zeitschriftenausschnitt oder Dollarnote. Sie kommt nicht so schnell an, aber mit Stil. Ein uniformierter Repräsentant des Staates überbringt den Brief persönlich.

E-Mail eignet sich weder für Hochglanzwerbung noch für parfümierte Liebesbriefe. Ich kann keine Tafel Schokolade abrufen oder mir per Datenübertragungsprotokoll das Fingerfarbengemälde meiner Nichte schicken lassen, und ich möchte es auch gar nicht. Ich will das Original sehen, und zwar an der Kühlschranktür.

Auch Geld kann ich nicht über Netz schicken. Eines Tages wird uns freilich digitale Währung ermöglichen, Waren über E-Mail auszutauschen. Samt Verschlüsselung, Beglaubigung und Identitätstest werden wir Echtzeit-Transaktionen abwickeln, die so gut sind wie richtige Dollar. Das System wird wissen, daß wir autorisiert sind, Geldgeschäfte zu tätigen, bestätigen, daß die Anbieter wirklich verkaufen wollen, spezielle Kodierungen verwenden, die Doppelbelastungen unserer Konten verhindern, und – topp! – der Handel findet statt; selbstverständlich digital vollkommen abgesichert. Jedenfalls wird einem das so erzählt.

Zweifellos sind die Banken scharf darauf, solche elektronischen Überweisungen auszunutzen. Wahrscheinlich denken sie an eine zweiprozentige Gebühr für jede von ihnen vermittelte Geldbewegung. Doch Digitalwährung eignet sich gewiß nicht, um zwischenmenschliches Vertrauen zu schaffen. Sie wird sicherlich keinen Durchbruch erzielen, bis das System ohne Betrug funktioniert.

Falls es jemals soweit kommt und das elektronische Bargeld ans Netz geht, werden es die Technojünger willkommen heißen und über die Wunder der Datenverarbeitung schwatzen. Unterdessen wird der Rest der Welt einen Scheck mit der Post schicken oder mit Bargeld an der Kasse zahlen. Einfach, sicher, direkt und zuverlässig.

Im Gegensatz zu den zerbrechlichen E-Mail-Systemen toleriert die traditionelle Post Fehler. Sortiermaschinen finden sich mit falsch geschriebenen Namen, Straßen und Wohnorten ab. Wenn wir die Postleitzahl vergessen, kommt die Sendung trotzdem an, wenn auch verzögert. Es ist ziemlich egal, ob die Adresse getippt, handgeschrieben oder kalligraphiert ist. Sie können sogar ein Bild von Alfred E. Neumann auf einen Umschlag kleben, und es erreicht das *MAD-Magazin*. Alles schon ausprobiert worden. Schreiben Sie meine Adresse falsch, und der vielgeschmähte Postdienst wird versuchen, den Brief trotzdem auszuliefern. Wahrscheinlich kommt er gut an. Schlimmstenfalls ist es wie in dem alten Elvis-Song: Er landet wieder bei Ihnen und trägt den Stempel *Return to sender, address unknown*.

Vergleichen Sie das einmal mit der E-Mail: Alles an der Adresse muß perfekt sein. Fehler werden nicht geduldet – paradox angesichts der Tatsache, daß das Internet seinen Benutzern ansonsten jeglichen Respekt vor der Rechtschreibung auszutreiben scheint. Machen Sie bei der Anschrift irgend etwas falsch, bleibt die E-Mail stecken. Wenn Sie Glück haben, wird sie nur abgewiesen, und Sie erhalten die Nachricht, daß die Sendung nicht durchgegangen ist. Erwarten Sie keine weitere Hilfestellung – das Netz ist nicht schlau genug, um Ihnen die richtige Adresse mitzuteilen. Vielleicht endet Ihre fehladressierte Post in der Warteschlange eines Systemverwalters, der sie liest und herauszufinden versucht, wohin sie gehört. Oder Ihr wortreicher Liebesbrief landet bei den Idioten im Zimmer 10. Vielleicht auch beim Chef.

Hoffentlich haben Sie Ihre Botschaft nicht versehentlich an eine *mailing list* oder einen Listenserver geschickt! Ihr Liebesbrief wird dann nämlich die Mailboxen von hundert und mehr Empfängern rund um die Welt beglücken. Die meisten werden ihn für *junk mail* halten und ignorieren, andere werden kichern oder Sie mit *flames* niedermachen. Oder aber Ihre E-Mail verschwindet im Äther und taucht nie wieder auf. Sie werden das nicht erfahren, weil Internet weder die Ankunft bestätigt noch etwaige Verluste meldet.

Schlimmere Dinge können geschehen. Eins von der Sorte entdeckte Eric Fair, Leiter der Postabteilung bei *Apple*, im Mai 1991. Während der Spätschicht am Montag abend überwachte er die Rechner in den Hinterzimmern der Zentrale. Plötzlich rollt sich einer der *VAX*-Computer zusammen und stirbt.

Bei dem abgestürzten Gerät handelte es sich um *Apples* Mailserver, *apple.com*. Offenbar hatten sich mehrere tausend Internet-Rechner eingewählt und jeweils eine Fehlermeldung übermittelt. Zweitausend Kopien derselben Botschaft lagen bereits in der Warteschlange für die Zustellung.

Eric entwirrte das Durcheinander: In einer Sendung war ein einziger Buchstabe verstümmelt worden. Das *Unix*-Mailsystem wiederum hatte den Fehler erkannt. Statt ihn zu korrigieren oder einfach zu ignorieren, sandte es eine Fehlermeldung an die Adresse, bei der es sich um eine Liste mehrerer hundert Computer handelte.

Jedes dieser Systeme reagierte entsprechend und sandte Fehlermeldungen sowohl zurück als auch an sämtliche anderen verbundenen Anlagen. Nach einer Stunde verschickten Tausende von Rechnern dieselbe Botschaft. Diese Überlastung ließ *Apples* Mailserver und all seine Relaisstationen landesweit abstürzen. In einem System verstopften über elftausend Kopien der Fehlermeldung die Festplatte.

Was für Probleme Sie auch immer mit der Bundespost haben mögen: Sie können sie nicht mit einem einzigen Buchstaben außer Kraft setzen.

Wie lang darf ein Brief werden? Im Internet hat alles über 32000 Byte gute Chancen, verhackstückt zu werden. Sie meinen vielleicht, das sei doch recht lang – etwa dreißig Seiten. Doch eines Tages werden Sie mehrere Berichte gleichzeitig abschicken, und das letzte Drittel wird stillschweigend beseitigt. Oder versuchen Sie einfach, eine Zeile mit mehreren hundert Zeichen zu senden. In der Regel wird sie gut ankommen. Bei manchen Systemen hingegen geht alles jenseits der achtzigsten Spalte verloren. Sie werden es nicht bemerken, bis sich der Empfänger beschwert.

Und vergessen Sie nicht, daß gewöhnliche E-Mail ausschließlich Text übermitteln kann. Graphik, Videos und Tondateien benötigen einen binären Übertragungsmodus oder spezielle Behandlung. Für Fachleute ist das natürlich kein Hindernis. Sie wissen, daß das *File Transfer Protocol* (FTP) die Übertragung großer Dateien erledigt. Oder sie umgehen das Problem mittels Postverkapselungstechnik. Aber das ist nichts für Anfänger.

Sie möchten eine wichtige Nachricht verschicken und sichergehen, daß sie auch ankommt? Senden Sie E-Mail und rufen Ihren Freund dann an, damit er den Eingang bestätigen kann. Schicken Sie ein Fax. Vielleicht könnten Sie aufs Postamt gehen und ein Einschreiben aufgeben. Verlassen Sie sich jedenfalls nicht allein aufs Internet.

Es ist schwer zu sagen, wer über Internet tatsächlich zu erreichen ist. Politiker und Filmstars haben Netzadressen, doch ich bezweifle, daß sie alles lesen, was ihnen durchs Modem kommt. Und die große Mehrheit der Bürger hat einfach keinen Computer. Sie sind gar nicht über Netz zu kontaktieren. Mit gewöhnlicher Post hingegen sind alle zu erreichen, nicht nur die mit Rechner. Also jeder Mensch im Land, jede Firma, jeder Regierungsbeamte. Mein Bruder Ray, der Streichholzheftchen sammelt. Der liebe Abby. Smokey der Bär. Sankt Nikolaus. Sogar die Obdachlosen können postlagernde Briefe empfangen. Das nenne ich umfassende Dienstleistung!

Vergleichen Sie die Dauerhaftigkeit von Papier mit E-Mail. Mein Schuhkarton mit alten Briefen beweist die Langlebigkeit herkömmlicher Korrespondenz. Wer weiß, wie lange sich E-Mail hält?

Und was tun wir mit besonders wichtigen Nachrichten aus dem Netz? Na, ausdrucken natürlich. Schwarz auf weiß ist das Wort greifbarer als im virtuellen Zustand.

Unser Expreßpostsystem ist eines der Wunder des zwanzigsten Jahrhunderts, doch es wird langsam demontiert – durch Übernacht-Zustelldienste, bürokratische Nachlässigkeit, Fax und E-Mail.

Eines Morgens wachen Sie auf und stellen fest, daß Ihre Handschrift verschwunden ist. Sie können nicht unterschreiben. Ihre Firma hat Briefkopf, Umschläge, Schecks und Logos verloren, und sogar die Tinte in Ihrem Füllfederhalter ist weg. Sie öffnen den Mund, aber kein Laut kommt heraus. Sie können nicht mehr die Hand geben, die Stirn runzeln, kichern oder laut herausplatzen. Aber natürlich können Sie immer noch kommunizieren, und zwar in dem aller Welt vorgeschriebenen Einheitsstil, dem ASCII-Code. Der Unterschied zwischen Ihren Botschaften und denen eines anderen beschränkt sich auf den Inhalt.

Im Laufe seines Lebens entwickelt jeder Mensch seine öffentliche Erscheinung: Sie zeigt sich in Handschrift, Namenszug, Stimme, Kleidung und im Händedruck. All das fehlt, wenn Sie E-Mail versenden. Es wird ersetzt durch den uniformen ASCII-Schriftsatz. Klar, unmißverständlich und langweilig.

O ja, Sie können eine krude Computergrafik ans Ende Ihrer Botschaft hängen. Ein paar Systeme lassen Ihnen die Wahl zwischen verschiedenen Schriftarten oder gestatten sogar Ton und Graphik. Doch Sie können sich nicht darauf verlassen, denn nur wenige Ihrer Adressaten verfügen über die Software, die die Darstellung dieser netten Grafiken erlaubt.

Ein kleines Piktogramm blinkt jedesmal, wenn mein Computer eine Nachricht empfängt. In anderen Systemen klingelt vielleicht eine Glocke, eine Textzeile erscheint, oder ein Briefkasten leuchtet auf. Dadurch entsteht ein starker Eindruck von Gegenwärtigkeit. Schließlich ist die Sendung vielleicht gerade zwanzig Sekunden alt, wenn wir benachrichtigt werden. »Sofort nachsehen«, befiehlt uns die Botschaft. Hinter derselben blinkenden Ikone kann sich der Brief einer meiner Schwestern, die Einladung zu einer Feier oder die allgemeine Mitteilung verbergen, daß heute die Stempelkarten fällig sind.

Das Internet verbreitet ein Gefühl von Dringlichkeit. Früher räumten mir die Verfasser von Briefen eine Woche zum Antworten ein. Wenn ich heute nicht binnen weniger Tage reagiere, rücken sie mir erneut auf die Pelle. Meine natürliche Reaktion? Die Antwort tippen und raus in den Äther schicken. Doch nach dem Eingabebefehl bleibt mir kein zweiter Versuch. Ich schicke die erste Fassung, ungeglättet und unredigiert.

Wie die Urversionen von Software sind solche Erstfassungen holprig und fehlerhaft. Doch das Piktogramm hört nicht auf zu blinken, bis meine Mailbox wieder frei wird. Der Computer verlangt eine Antwort.

Wenn ich nicht antworten kann, ignoriere ich den Brief und stecke ihn in die Datei für Nachrichten, mit denen ich mich morgen befasse. Der Stapel wächst; morgen ist nicht heute, und die Absender fragen sich, ob ich ihre Post jemals erhalten habe.

Doch bei aller Dringlichkeit wird E-Mail letztlich doch weniger ernst genommen als Papierbriefe. Als ich mehrere Freunde per E-Mail um Kommentare zu einem wissenschaftlichen Manuskript bat, antwortete die Hälfte. Als ich dasselbe Dokument im Umschlag verschickte, reagierten sie alle. Ich wette, ich bin nicht der einzige mit einer Morgen-Datei.

Anders als maschinen- oder handgeschriebene Briefe hält E-Mail vom Nachdenken ab. Solange man am Netz ist, fällt es schwer, eine Nachricht zu verfassen und dann zum Überprüfen beiseite zu legen … es ist zu einfach, die Abschicktaste zu drücken. So werden viele Briefe ohne weiteren Gedanken an die Konsequenzen versandt.

Ein Mangel an Reflexion zeigt sich aber nicht nur in der

Art des Schreibens, sondern auch beim Lesen. Statt den Text auf uns wirken zu lassen, springen wir weiter zur nächsten Datei.

Von Zeit zu Zeit stellen sich wichtige Leute wie Politiker und Filmstars einem Online-Interview. Sie beantworten Fragen in Konferenzschaltungen mit Dutzenden von Teilnehmern, die ihre Live-Antworten verfolgen. Ich wundere mich über die Zahl ihrer augenfälligen Irrtümer. Aber Moment: Das ist entschuldbar. Ich lese ihre Erwiderungen in der unkorrigierten Rohfassung.

Doch sollten wir nicht eigentlich mehr Fehler in getippten und handschriftlichen Briefen finden? Schließlich haben nur wenige Schreibmaschinen moderne Korrektureinrichtungen, während praktisch alle Computer über Textverarbeitung und Rechtschreibprogramm verfügen. Viele überprüfen sogar die Grammatik.

Vielleicht liegt es am Verschwinden der Sekretärinnen – in der Vergangenheit waren sie für Orthographie und Grammatik verantwortlich. Heute verfassen die Vorgesetzten ihre E-Mail selbst. Vielleicht verlassen sie sich dabei auf die wertlosen Sprachprüfprogramme.

Ich frage mich aber auch, ob nicht Textverarbeitung und E-Mail als solche die Kunst des Schreibens untergraben. Unsere neuentdeckte Fähigkeit, Mängel ohne Schwierigkeit zu beseitigen, verleitet zu einer Haltung des »Erst schreiben, dann nachdenken«. Wenn ich mit dem Stift in der Hand arbeite, muß ich jeden Satz im Kopf vorformulieren, bevor ich ihn zu Papier bringe.

Noch nie, nie, nie hat mir jemand vorgeworfen, ein pedantischer Grammatiker zu sein, der auf perfekte Rechtschreibung besteht und über schwerfällige Partizipialkonstruktionen oder ähnliches nörgelt. Meine E-Mail-Partner tolerieren meine Tippfehler und ich ihre. Was mich beunruhigt, ist der netzweite Mangel an Interesse für wirkungsvolles Schreiben. Ich beginne zu glauben, daß E-Mail das Nachdenken an beiden Enden der Verbindung zerstört. Unter dem Druck, eine Antwort aus dem Stegreif zu formulieren, verzichte ich auf nochmaliges Durchlesen und gute Präsentation meiner Argumente. Ich schenke meinen Botschaften nicht die Aufmerksamkeit, die sie verdienen. Beim Lesen wie beim Schreiben ist langsam besser als schnell.

Ich habe viel E-Mail verschickt, die ich später bereut habe. Handschriftliche Briefe hingegen verschaffen mir Gelegenheit zum Innehalten: Ich lese den Text noch einmal, versehe einen Umschlag mit der Adresse und suche die passende Marke. Zeit zum Überdenken. Der wütende Brief, den ich heute nacht geschrieben habe, kann morgen noch einmal bei Tageslicht redigiert werden.

Die E-Mail-Empfänger verhalten sich ebenfalls verkehrt. Sie lesen die Botschaft, die über ihren Schirm rollt, und drücken die Taste. Augenblicklich ist der Text gelöscht oder abgespeichert. Keine Sekunde des Nachdenkens oder der Besinnung. Statt bei den schwierigen Punkten zu verharren, heißt es: weiter im Programm. Reflexhafte Antworten ohne Reflexion. Die Worte haben weniger Gewicht, also nehmen wir sie leicht. Wir legen keinen Sinn in unsere Botschaften. Doch unser Zeitalter ist ja eines der Eile – wir haben keine Minute zu verschwenden. Die Stundenpläne sind voll, die Termine drängen. Kaum Zeit zum Überlegen.

So? Nehmen wir einmal die folgende Flaschenpost, die 1856 an der Westküste der Hebriden an Land gespült wurde. Ihr Verfasser hatte es offensichtlich eilig:

An Bord der *Pacific* von Liverpool nach N. Y. – Schiff sinkt. Verwirrung an Bord – Eisberge auf allen Seiten. Ich weiß, daß ich nicht davonkommen werde. Ich schreibe den Grund unseres Verschwindens hier nieder, damit die Freunde nicht im ungewissen bleiben. Der Finder möchte es bitte veröffentlichen lassen. Wm. Graham.

In einem Absatz faßt Herr Graham ein Unglück zusammen, nimmt Abschied, bittet um Veröffentlichung und prophezeit den Untergang der *Titanic.* Schreibt übrigens auch alles richtig.

Auf dem Weg von meiner Tastatur zum Terminal eines Freundes durchquert meine E-Mail regelmäßig ein Dutzend Computer. Im Internet gibt es keine technische Möglichkeit, diese Zwischenwirte von der Lektüre meiner Briefe abzuhalten.

Nehmen wir also an, daß ich Angst vor einer Zapfstelle habe... jemand könnte meine Sendungen mithören, wenn sie übers Netz gehen. Ich bin wehrlos dagegen, solange ich nicht auf Verschlüsselungen zurückgreife und den Text so verquirle, daß ihn niemand mehr lesen kann.

Zusätzlich zur Geheimhaltung bietet die Kryptographie häufig eine digitale Unterschrift – numerischer Beweis, daß der Absender ist, für wen er sich ausgibt. Eine gute Lösung des Problems gefälschter Briefe. *Cypherpunks* – die Zauberer, die Kryptographie in den Netzen propagieren – glauben, daß verschlüsselte Botschaften viele Schwierigkeiten beseitigen können, indem sie Vertraulichkeit, Geheimhaltung und Authentizität gewährleisten. Ich bin ein Spötter, der die Probleme faszinierend findet, während die Lösungen weit über seinen Bedarf hinausgehen.

Es gibt ein halbes Dutzend Wege, Nachrichten zu verschlüsseln, darunter PGP, DES und der von der Regierung favorisierte *clipper chip*. Sie alle bieten kugelsicheren Schutz gegen Gelegenheitsanzapfer; die meisten zeigen sich auch unverletzlich gegen die Angriffe wild entschlossener Gegner. Moderne Codierungssysteme verwenden die Technik des öffentlichen Schlüssels. Ihr Code ist dabei in einen persönlichen und einen allgemein zugänglichen Teil untergliedert. Den privaten kennen nur Sie selbst; der öffentliche geht an alle Welt.

Um eine Botschaft zu codieren, wird Ihr Privatschlüssel mit dem öffentlichen Ihrer Korrespondenzpartnerin verschränkt. Kein anderer kann jetzt das Kryptogramm entziffern – für Außenstehende sieht es aus wie qwertzuiopü. Um Ihren Brief zu entziffern, nutzt die Adressatin Ihren öffentlichen Schlüssel und ihren privaten. Sie liest die Nachricht, ohne dabei Ihren Privatschlüssel zu sehen.

Dies hat alle möglichen netten Nebeneffekte: Da Ihr Code geheim bleibt, kann Ihre Bekannte nur Nachrichten lesen, die auch an sie adressiert sind. Sie kann die Information nicht nutzen, um Briefe zu entziffern, die Sie anderen geschrieben haben. Außerdem können die Botschaften nicht gefälscht werden – das System garantiert, daß kein Dritter eine falsche hineingemogelt hat. Der feindliche Lauscher im Netz wird matt gesetzt.

Die leider dennoch bestehenden Schwachstellen des Systems liegen anderswo. Speichern Sie den Klartext nach der Entschlüsselung auf Diskette? Haben Sie Ihren Geheimcode in Ihrem Computer versteckt? Hat Ihre Bekannte dasselbe getan?

Gegen einen starken kryptographischen Datenschutz ist die *United States National Security Agency*. Ihre Angestellten wollen fremde Briefe lesen. Fünfzig Jahre lang hatte die Spionageabwehr das Monopol auf Geheimschriften. Jetzt ist es durch neue Verfahren gefährdet, die von Firmen und sogar Amateuren entwickelt worden sind. Man denke: Verschlüsselungstechniken, deren Schwierigkeitsgrad sogar NSA-Spezialisten frustriert.

Die Schlapphüte sind verständlicherweise beunruhigt darüber, daß sich andere in ihrem Metier breitmachen, zumal die neuen Methoden der Codierung vertrackt genug sind, um fremden Mächten einen Informationsaustausch zu ermöglichen, dessen Schlüssel nicht mehr geknackt werden kann. Sie fürchten, daß Drogenschmuggler und internationale Gangstersyndikate einen Vorsprung vor der Polizei gewinnen könnten. Die elektronischen Schnüffler werden unfähig, zu spionieren. Sie brauchen eine Auszeit.

Die NSA schlug also den *clipper chip* vor: ein System, das sichere Verschlüsselung erlaubt, freilich mit einer Einschränkung: Ein spezieller Code kann den Datenverkehr dechiffrieren. Zugang dazu erhält man nur mit Zustimmung eines Bundesgerichts, wodurch ein gewisses Maß an Sicherheit und Vertraulichkeit gewährleistet bleibt.

Bürgerrechtsgruppen nahmen diesen Vorschlag aufs Korn und argwöhnten, daß sich der Große Bruder durch diese Hintertür wieder Zutritt zum Privatleben einzelner Bürger verschaffen würde. Sie befürchten auch, daß die NSA US-amerikanischen Firmen den Export kryptographischer Systeme verwehren könnte, so daß einige Unternehmen auf lukrative Märkte verzichten müßten.

Diese Argumente wandern stündlich durchs Usenet. Mir scheint, ich gehöre zu den wenigen, die das nicht interessiert. Das vernetzte Universum hat es mit vielen Problemen zu tun; Verschlüsselung zählt meiner Meinung zu den unwichtigsten. Kaum jemand verschlüsselt Botschaften, obwohl öffentliche Codierungs-Software überall zu haben ist. Zum

Teil liegt es daran, daß die Programme nicht nutzerfreundlich sind. Die Schlüssel kann man sich kaum merken. Die Software ist schwerfällig und selten in andere Programme integriert.

Chiffrierprogramme machen Netz-Anzapfern gewiß das Leben schwer; gleichzeitig schaffen sie jedoch neue Verwirrung für Einsteiger wie Fachleute. Außerdem ist es unmöglich, verschlüsselte Daten nach einem Systemabsturz wiederzufinden. Vergessen Sie *Norton Utilities* – ein faules Byte, und die ganze Botschaft ist Müll.

Daß Kriminelle Leitungen anzapfen oder Nachrichten abfangen, geschieht eher selten. Häufiger werden Sicherheitsvorkehrungen umgangen, indem in einen vernetzten Computer eingebrochen und Post gelesen wird, die als Klartext abgespeichert ist. Oder ein Mitnutzer informiert sich, wenn der Besitzer nicht im Büro ist. Der Teil des Datenverkehrs, der am einfachsten abzufangen ist – die beim Einwählen übermittelten Paßwörter –, kann nicht verschlüsselt werden.

Meiner Meinung bedürfen nur wenige Nachrichten des Schutzes moderner Chiffrierung. Der übliche Geschäftsdatenverkehr hat schon nach ein paar Monaten keinen Wert mehr. Weshalb sollte man da ein Kryptogramm verwenden, das ein mit Supercomputer ausgestatteter Konkurrent in tausend Jahren noch nicht entschlüsselt hat?

Ich wüßte kein System, das einfacher anzuzapfen wäre als der Postdienst der Vereinigten Staaten. Dennoch habe ich noch nie einen verschlüsselten Brief bekommen. Gewiß, mein Postgeheimnis ist gesetzlich geschützt, aber es gibt eine bessere Verteidigungslinie: die bloße Anzahl der Briefe, die bei den Ämtern eingehen. In der Tat sind Betrug und Postdiebstahl ernsthafte Probleme. Dennoch bleibt die überwältigende Mehrheit der Korrespondenz schlicht und ergreifend – langweilig. Auch bei E-Mail und sonstigen elektronischen Nachrichten ist der Löwenanteil so hausbacken, daß niemand eine Woche dafür verschwenden wird, den Text zu dechiffrieren. Dennoch ist es der letzte Schrei, Netzsendungen mit öffentlichem PGP-Schlüssel zu versehen. So macht sich der Datenverkehr wichtig – jemand schickt mir eine versiegelte Botschaft!

Auch jede Menge *junk mail* geht im Internet um. Es kostet nichts, der *mailing list* einen weiteren Namen hinzuzufügen, und so empfangen wir allerhand ungebetene Post.

Sie wissen schon, wie man sich der Wurfsendungen entledigt, die einem weismachen wollen, daß man vielleicht schon gewonnen hat. Wenn Sie schlechter Laune sind, übermalen Sie die Zähne des fröhlichen Kerls mit schwarzer Tinte, verpassen ihm einen Schnurrbart, knüllen das Papier zusammen und befördern es geradewegs in die Mülltonne.

Aber Sie wissen nicht, was Sie in der Mailbox erwartet. Auf dem Bildschirm heißt es lediglich, daß fünfzehn Botschaften gelesen werden wollen. Eine oder zwei sind vielleicht von Freunden; der Rest reicht von Bekanntmachungen neuer Computer bis zu Kettenbriefen, die Sie auffordern, Geld an einen Kerl auf Taiwan zu überweisen. *Junk mail.*

11//Der Autor widmet sich der Zukunft der Bibliothek, dem Mythos der freien Information und einer neuartigen Methode, Badewasser zu erhitzen

Nur wenige der großen gesellschaftlichen Schäden sind auf Wirbelstürme und Erdbeben zurückzuführen. Nein, die wirklich bedeutenden Zerstörungen kommen durch die Hintertür; wenn uns auffällt, daß etwas fehlt, ist es schon zu spät. Unsere Städte sind nicht den Atombomben oder der Beulenpest zum Opfer gefallen, sondern der Zersiedelung.

Das Telefon untergrub die Kunst des Briefeschreibens. Das Fernsehen ruinierte die kleinen Kinos. MTV und Superstars schwächten Amateurmusiker und örtliche Gruppen. Das Auto machte der Straßenbahn den Garaus, Autobahnen erledigten die Personenzüge und das Flugzeug die Passagierschiffahrt. Was ist heute durch die Großraumnetze gefährdet?

Vor allem das Bibliothekswesen.

Sicherlich schätzen viele Bibliothekare Netze und Computer – die meisten gehen ganz in der Technologie auf. Öffentliche Bücherhallen erstellen Online-Kataloge, die man von zu Hause aus durchstöbern kann. Und viele Bibliotheken unterstützen örtliche Schwarze Bretter und freie Netze – allgemein zugängliche Anwählverbindungen zum Internet.

Aber, vereinfacht gesagt: Je mehr Information online, desto weniger Existenzgründe für die Bibliothek. Eine komplett vernetzte Bücherei braucht weder Bücher noch Informationspersonal; CD-ROMs und Hilfsdateien treten an ihre Stelle. Die bücherlose Bibliothek.

Wie sieht die Bibliothek der Zukunft aus? Marvin Minsky, Professor am *Massachusetts Instititute of Technology* und Kapazität in Sachen Künstliche Intelligenz, versetzte sich schon in sie hinein: »Können Sie sich vorstellen, daß es früher Büchereien gab, deren Bücher nicht miteinander redeten?« Edward Feigenbaum, Pamela McCorduck und H. Penny Nii, allesamt K. I.-Erleuchtete, schreiben, die Bibliotheken von heute seien »Lagerhallen für passive Objekte. Die Bücher und Zeitschriften stehen auf den Regalen herum und warten darauf, daß wir unseren Verstand benutzen, sie zu finden, zu lesen, zu interpretieren und schließlich zu veranlassen, ihr aufgespeichertes Wissen preiszugeben.«*

Feigenbaums Expertensystem-Bücherei verwendet Wissens-Server, um relevante Informationen zu sammeln und zusammenzufassen. Elektronische Lehrbücher und Wissensprozessoren unterstützen den Nutzer bei lösungsorientierten und komplexen Denkaufgaben. Wissensstrukturen werden in Wissensspeichern aufbewahrt, während Wissensingenieure die Wissensbanken warten. Keine Bücher in dieser Bibliothek. Keine Bibliothekare. Keine Zeitungen. Bloß Wissen.

In *Netze, offener Zugang und virtuelle Büchereien: Implikationen für die Forschungsbibliothek* macht der Automatisierungsbefürworter Clifford Lynch die folgenden Vorhersagen für das Jahr 1996: »EinE NutzerIn wird seine/ihre

* Feigenbaum/McCorduck/Nii, The Rise of the Expert Company, New York 1988

Informationsbedürfnisse mit Software auf seinem/ihrem Computer diskutieren. Dieser wird eine Reihe vernetzter Informationsquellen anwählen, die anfallenden Gebühren bearbeiten, Informationen aus unterschiedlichen Quellen zusammenfassen, neue Literatur registrieren und die Informationen aktiv verarbeiten. Ein örtliches Bibliothekssystem ist verzichtbar.« Seine Bücherei ist überschwemmt mit Informationen und Quellen, verfügt über allerhand Rechner und Netze, jedoch keine Bücher.

Lassen Sie mich meine Traumbibliothek der Zukunft beschreiben. Es gibt einen Haufen Bücher, einen Kartenkatalog, eine Kinderabteilung mit Vorlesestunde, einen Lesesaal mit druckfrischen Tageszeitungen, zahlreiche Zeitschriften, eine Kiste mit ausrangierten Paperbacks (25 Cent das Stück), ein Schwarzes Brett aus Kork mit allerlei Hinweisen aus dem Stadtviertel, einen billigen Fotokopierer und einen stark beanspruchten, aber lächelnden Bibliothekar. Ich sehe noch ein paar Ehrenamtliche, die Bände umsortieren. Ach ja, und alles bitte gleich nebenan.

Ich fürchte, wenn es nach Professor Minsky & Co. geht, wird es meine Wunschbibliothek nie geben. Aber die ihrige ebensowenig, und zwar aus folgendem Grund:

Ein paarmal im Monat statte ich dem Magazin der *University of California* einen Besuch ab, vergrabe mich hinter einem Studiertisch und lese muffige alte Zeitschriften aus den dreißiger Jahren. Die wirklich guten Sachen scheinen den Computern vorausgegangen zu sein. Verstaubte Zeitungen und Illustrierte zeigen mir, wo wir einmal waren. Hier eine Anzeige von 1905: »Erhöhen Sie Ihr Gehalt durch das Studium der Elektrizität« – für nur 65 Cent wird Ihnen beigebracht, wie Sie Telegraphist werden. In einer *Life*-Ausgabe von 1949 schwadroniert R.J. Reynolds, daß die meisten

Ärzte *Camel* allen anderen Zigaretten vorzögen. Und schließlich ein Foto des jungen Richard Nixon, der gerade einen in einem Kürbis gefundenen Mikrofilm entwirrt.

Nichts davon erscheint online; nichts davon ist jemals eingescannt worden. Die Netzrecherche hat einen Horizont von fünfzehn Jahren – vor 1980 hat man nichts digitalisiert.

Oder fast nichts. Am *Illinois Benedictine College* rief Professor Michael Hart das *Gutenberg-Projekt* ins Leben, das eine komplette Bibliothek für Online-Zugang einrichten soll. Bis zum Jahr 2001 wird man zehntausend Bücher einscannen, die dann zum Netzabruf oder für billige CD-ROM-Publikationen bereitstehen. Ein achtbares Anliegen, das sich ausschließlich auf ehrenamtliche Arbeit verläßt. Nach mehreren Jahren des Einlesens umfaßt die Gutenberg-Bibliothek *Moby Dick*, *Das verlorene Paradies*, die Bibel, eine Ansprache von George Bush, *Alice im Wunderland* und die Verfassung von Peru. Eine großartige Sache, und es reizt mich, sie weiterzuverfolgen. Beim Gedanken an Freiwillige, die Literatur ins Netz bringen, wird einem warm ums Herz. Seit 1971 haben sie etwa zweihundert Bücher digitalisiert.

Ich vermisse allerdings noch etwas. Zweihundert Bücher passen leicht auf fünf Regalbretter. Mir fehlen da noch ungefähr zehn Millionen Bände.

Professor Hart wird nicht abstreiten, daß die Sammlung des Gutenberg-Projekts klein ist. Aber sie wächst: Jeden Monat werden zehn neue Bücher gescannt. Erinnern Sie sich an das Ziel von zehntausend eingelesenen Büchern bis 2001, und vergleichen Sie es mit den alljährlich vierzigtausend neuveröffentlichten Titeln.

Wer entscheidet im Gutenberg-Projekt über die Auswahl? Wie steht es mit der Magna Charta? Dem neuesten Tom-Clancy-Thriller? Einem rätselhaften Aufsatz von Stephen

Hawking? Einer Michael-Jackson-Biographie? In Anbetracht der ganzen noch nicht berücksichtigten Weltliteratur überrascht es mich, unter den ersten zweihundert Büchern Titel wie *Der endgültige Kompromiß* von Winn Schwartau und *Die Anfänge des Amateurfunks in Großbritannien und Griechenland* von Norman Joly zu finden.

Nicht, daß die Gutenberg-Leute keine anspruchsvollen Ziele hätten. Sie rechnen innerhalb von sieben Jahren mit einer Milliarde Computernutzern. Ein Zehntel von diesen wird eine komplette Ausgabe der gespeicherten Titel erhalten. Jeder Leser bekommt zehntausend Dateien im Wert von je einem Dollar (fragen Sie mich nicht, wie sie dazu kommen, für George Bushs Antrittsrede einen grünen Schein zu verlangen). Auf Grundlage dieser zweifelhaften Annahmen behaupten sie, einen Gesamtwert von einer Billion Dollar zu produzieren. Solche Luftschlösser bilden den Hintergrund einer geistesverwandten Phantasie: der Online-Bibliothek.

Eine der großen Verheißungen der vernetzten Welt ist der schnelle Zugang zu gewaltigen Mengen an Information. Internet-Befürworter sprechen von bücherlosen Bibliotheken und der Zeit, wenn praktisch alle Veröffentlichungen über Netz zugänglich sind. Wir werden dann in der Lage sein, uns per Computer in jedes gewünschte Dokument einzuwählen. Der Buchhandel erfolgt elektronisch.

Ich behaupte, daß diese bücherlose Bücherei ein Hirngespinst ist: Halluzination netzsüchtiger Konvertiten und der Kennergemeinde der Bibliotheksautomatisierung. US-Vizepräsident Al Gore sagt: »Wenn wir die nötigen Datenautobahnen hätten, könnte sich jedes Schulkind nachmittags in die Kongreßbibliothek wählen und dort ein Universum des Wissens erforschen, von einem Thema zu nächsten springen und ganz spontan seiner Neugier folgen.« Ein solcher

Traum unterstellt, daß die Bücher der Bibliothek allesamt digitalisiert und per Computer abrufbar sind. Sie sind es nicht und werden es auch nie sein.

Heute kann ich über Internet die Kataloge von fünfzig bedeutenden Büchereien einsehen. Ich tippe *telnet.locis.loc.gov* und schaue nach, ob die Kongreßbibliothek über den Titel verfügt. Eine bequeme Form der Literaturrecherche. Aber mit dem Wissen, daß ein Buch im Bestand ist, hält man es noch lange nicht in der Hand. Der Katalog nennt mir vielleicht Titel, Verfasser, ein paar Schlagworte und die Seitenzahl.

Online-Kataloge sind wie Speisekarten – sie machen Appetit, aber sie machen nicht satt. Ich will das Buch lesen und die Anliegen des Autors verstehen. Ich brauche den vollständigen Text – jede Abbildung, jeden Absatz, jede Seite.

Ja, es gibt viele Kataloge im Netz, aber wenig Bücher, selbst wenn ich die Bestände des Gutenberg-Projektes einrechne. Al Gores Schulkind dürfte mit dem Online-Katalog der Kongreßbibliothek nicht recht glücklich werden. Vor allem wird es enttäuscht sein, daß sie keine Bücher ausleiht.

Derselbe vollmundige Optimismus kennzeichnete den 1965 in *Popular Science* erschienenen Artikel *Die Bücherei im Schuhkarton*: »Wie wär's: Die gesamte Kongreßbibliothek mit 400 Regalkilometern bei Ihnen zu Haus? Klingt unmöglich? Nun, mit neuartigen Mikrofilm-Verfahren könnten Sie sich eines Tages den gesamten Inhalt dieser großen Bücherei in die gute Stube holen – alles in vielleicht sechs Aktenschränken verstaut.«

Auch die Kongreßbibliothek selbst versucht, uns von ihrer elektronischen Verfügbarkeit zu überzeugen. Einer Pressemitteilung zufolge sollen ihr Informationssystem sowie LC MARVEL – die »computergestützte Realisierung der virtuellen elektronischen Bibliothek« – »die gewaltigen Informationsmengen über den Büchereibestand mit dem leichten Zugang zu diversen elektronischen Quellen im Internet kombinieren«. In einem Jahr, in dem die Bibliothek ihre Leseräume schloß und Personal abbaute, hatte man offenbar genug Geld für Computer.

Aufgepaßt: Die Söldner der Bibliotheksautomatisierung wollen uns ein X für ein U vormachen. Sie versprechen Zugang zur Kongreßbibliothek und fünfunddreißig Millionen Dokumenten. Statt dessen liefern sie einen elektronischen Katalog und ein paar Dutzend Sammelausgaben wie Übersetzungen von Stalinreden und Schriften von Leonard Bernstein. So gut wie kein Buch ist ins Netz übertragen worden. Wahrlich eine virtuelle elektronische Bibliothek.

Weshalb kommt man im Internet nicht an Bücher heran? Thomas Mann von der Kongreß-Freihandbibliothek erklärt es in *Modelle für Verweissysteme.*

Es sind vor allem Urheberrecht und menschliche Natur, die diese Informationsutopie torpedieren. Leute, die Bücher schreiben, Symphonien komponieren oder Bilder malen, wollen für ihre Arbeit bezahlt werden. Irgendwie muß die Online-Bibliothek einen Weg finden, die Autoren zu entschädigen. Doch Büchereien haben nun einmal nicht das Recht, schöpferische Arbeiten wiederzuveröffenlichen oder weiterzuverbreiten. Ohne grundlegende Veränderung des Urheberrechts – unwahrscheinlich, da Gegenstand internationaler Verträge – können Bibliotheken ihre Sammlungen nicht ins Netz bringen. Das Problem besteht nicht etwa darin, daß virtuelle Büchereien durch juristische Bestimmungen verhindert würden. Vielmehr ist das Urheberrecht die Antwort auf die tieferliegende Schwierigkeit, daß wir für den Gebrauch unseres geistigen Eigentums bezahlt werden möchten.

Wir könnten das Problem umgehen, indem wir den Privatbesitz und insbesondere die Urheberrechte abschafften. Copyrights und Patente würden verschwinden, die Information wäre befreit und Karl Marx hocherfreut.

Hm, ja. Mark Twain hat gesagt: »Ein Land ohne Patentamt und gutes Patentrecht ist bloß ein Krebs und kann sich nur seit- und rückwärts fortbewegen.« Ebenso verhält es sich mit dem Urheberrecht: Schaffen Sie es ab, und Sie entwerten die Autoren.

Wahlweise könnten Bibliotheken elektronische Lizenzausgaben vertreiben. Das würde eine Unmenge von Verhandlungen heraufbeschwören – Verleger, Autoren und Regierungen wollen alle ihren Anteil an den Einnahmen, und wenige Büchereien besitzen das Geld dafür.

Ich habe von anderen Lösungen gehört: Brad Templeton von *Clarinet Communications* richtete eine Online-Bücherei mit Lesen-satt-Möglichkeit ein. Das Abonnement kostete ein paar Dollar im Monat. Die Gebühreneinnahmen wurden auf die Autoren aufgeteilt, je nachdem, wie oft ihre Werke abgerufen worden waren. Nette Idee. Klappte bloß nicht so gut. Als er eine Science-fiction-Anthologie ins Netz brachte, waren nur wenige interessiert. Brad verkaufte allerhand CD-ROMs mit demselben Inhalt und hat heute den Eindruck, daß die Zeit noch nicht reif ist für Online-Bibliotheken mit Lesegebühren.

Vielleicht funktioniert die elektronische Bereitstellung vollständiger Texte nicht im Unterhaltungsbereich, doch für Geschäfts- und Forschungszwecke wird vieles abgerufen, vor allem von Ärzten und Anwälten. Geschichtsstudenten können es sich nicht leisten.

Gleichwohl glauben Frederick Hayes-Roth und Neil Jacobstein, Kapazitäten der Künstlichen Intelligenz, daß der Tag nicht mehr fern ist. In der Ausgabe der *Communications of the Association of Computing Machinery* vom März 1994 beschwören sie »eine Welt, in der Menschen elektronisches Aktivwissen veröffentlichen und für jede Nutzung bezahlt werden. Dies wird möglich, wenn man Wissenssysteme digitalisiert und über Hochgeschwindigkeits-Computernetze weithin zugänglich macht.«

Damit Sie aber nun nicht glauben, diese Leute seien ganz auf der Höhe, sollten Sie zur Kenntnis nehmen, daß ihnen zufolge »Wissen in Produkte aller Art eingebaut ist; vom Auto über die Mikrowelle bis hin zum Staubsauger«. Vermutlich sollte ich etwas mehr Respekt für meinen alten *Hoover* aufbringen – er weiß, wie man Teppiche saugt. So betrachtet, könnte ich nun der Mikrowelle meines Mitbewohners die Schuld für meine verbrannten Turnschuhe geben, weil sie nicht begriffen hat, daß man die nicht erhitzt.

Selbst wenn die Urheberrechtsprobleme gelöst wären, bliebe die Digitalisierung von Millionen bereits veröffentlichter Bücher eine ausgesprochen teure Angelegenheit. Man müßte sie für fünfzig Cent bis drei Dollar pro Seite einscannen, so daß für jedes Buch Kosten von rund 100 Dollar entstehen würden. Klingt unerschwinglich? Die Schwierigkeit besteht darin, daß auch die besten der modernen Scanningsysteme nur 99,9prozentige Genauigkeit erreichen. Das bedeutet zwei Druckfehler pro Seite. Jemand muß den Text korrrekturlesen und berichtigen.* Teuer.

* Ist Ihnen schon aufgefallen, daß Sie beim zweiten oder dritten Lesen eines Buches alle Sorten von Druckfehlern entdecken? Je häufiger Sie den Text durcharbeiten, desto mehr finden Sie davon.

Es handelt sich um Fehler, die durch das Lesen des Buches ent-

Da Digitalisierung so kostspielig ist, dokumentieren kommerzielle Dienste nur wenige tausend Periodika online. Das klingt vielleicht nach einer ganzen Menge Information, doch die Kongreßbibliothek abonniert 65 000 Zeitungen, Illustrierte und Fachzeitschriften.

Suchzeiten im kommerziellen Dienst *NEXIS* liegen bei rund zweihundert Dollar die Stunde. Thomas Mann schätzt, daß *NEXIS* allein für die Digitalisierung der eingehenden Periodika der Kongreßbibliothek denselben Betrag in der Minute verlangen müßte. Gott weiß, was es bei den ganzen zwanzig Millionen Bände kosten würde.

Für Brad Templeton ist das kein Problem. »Lassen Sie Strafgefangene die Bücher einlesen«, schlägt er vor. »Bringen Sie ihnen Eintippen und Einscannen bei. Früher mußten sie Bundesstraßen ausbessern und Nummernschilder herstellen.« Nicht gerade das Image, das ich Online-Bibliotheken wünsche. Kommt mir vor, als würde man Kindern erzählen, daß nur Sträflinge Müll vom Straßenrand aufsammeln.

stehen. Um fortdauernde Korrektheit zu gewährleisten, sollten Sie jedesmal eine neue Ausgabe kaufen, wenn Sie das Werk nochmals lesen wollen. Vermeiden Sie vor allem antiquarische Bände, Raubdrucke und Bücher unbekannter Herkunft. Öffentliche Bibliotheken sind besonders gefährlich! Ihre Bestände werden vielfach gelesen, wodurch unzählige Lesefehler entstehen. Und schlimmer: Manche Ausleiher (und einige skrupellose Verfasser) können Bücher mit Literaturviren (vergleichbar den Computerviren) infizieren, die andere Leser anstekken.

Sie können diese Probleme umgehen, indem Sie ausschließlich neue Bücher lesen und originalverpackte Editionen bei Ihrem örtlichen Buchhändler kaufen. Besorgen Sie sich nach Möglichkeit Exemplare mit festem Einband. Sie sind besonders widerstandsfähig gegen Druckfehler und literarische Viren.

Es gibt noch einen Grund, weshalb ich nicht an Netzbibliotheken glaube: Elektronische Medien sind nicht archivierbar. Oh, ich höre meine Technokumpel schon aufheulen. CD-ROMs haben Lebenserwartungen von Jahrzehnten, wenn nicht Jahrhunderten. Aber nicht das Material ist das Problem, sondern der Lesevorgang.

Als 1979 die *Pioneer*-Sonde der NASA am Saturn vorbeiflog, half ich bei der Aufzeichnung der laufend übertragenen Daten auf Magnetband. Um sicherzugehen, daß wir keine der unbezahlbaren Informationen verlieren würden, speicherten wir sie in vier Formaten: 9-Spur-Magnetband, 7-Spur-Magnetband, Lochstreifen und -karten. Das gibt allerlei Schachteln voll Papier, aber ich besitze schließlich auch Gürtel und Hosenträger.

Fünfzehn Jahre danach fristen all die Karten und Bänder ihr Dasein in einem Lager in Tucson, bewacht von Leguanen und Skorpionen. Sie sind bestens erhalten, aber man kann sie nicht entziffern. Lesegeräte für Lochkarten und -streifen gibt es einfach nicht mehr. Ebensowenig die großen Tonbandgeräte. Wenn es nur ein paar Bänder wären, könnte ich sie wegschicken und auf Diskette kopieren lassen. Aber hier ist von einer Lastwagenladung voll die Rede.

Stellen Sie sich einmal die ganzen ausgestorbenen Formate vor: 78er Schallplatten, Phonographenwalzen, Lochstreifen, 80-Spalten-Lochkarten, 100-Spalten-Lochkarten, 7-Spur-Digitalband, Tonbandgeräte, 8-Spur-Bänder, DEC-Band, Acht-Millimeter-Filme, Fünf-Zoll-Glasdiarahmen. Dann denken Sie an diejenigen, die jetzt langsam verschwinden: 45er und 33er Schallplatten, 5¼-Zoll-Disketten, Betamax-Bänder, *single-side, single-density*-Disketten, die EBCDIC-Verschlüsselung. Selbst der vertraute ASCII-Code könnte durch ein Verschlüsselungssystem verdrängt werden, das besser für andere Sprachen als das Englische geeignet ist: *Unicode*. Wird mein *backup* von letzter Nacht in hundert Jahren noch lesbar sein? Ich bezweifle es.

Die heutige Information besteht nicht bloß aus magnetischen Datenfeldern auf Eisenoxid oder Höckern auf einer schimmernden Plastikdiskette. Das Format entscheidet, ob eine Datei gelesen werden kann oder nur eine Fehlermeldung hervorruft. Eine Diskette mit Dateien der ausgestorbenen *Visicalc*-Programme mag ausgezeichnet lesbar sein, doch die heutigen Tabellenkalkulationsprogramme können sie nicht interpretieren. Das jüngste *Microsoft*-Programm kann Dateien ab Version 1.0 lesen – schon ein Segen an Kompatibilität –, aber vermag irgend jemand Dateien von *Electric-Pencil*, dem ersten Textverarbeitungssystem für Heimcomputer, zu entziffern? Werden die Dateien meiner Textverarbeitungs- oder Datenbankprogramme in fünfzig Jahren noch verstanden? Wird man noch etwas mit der Hypertext-Markup-Sprache anfangen können, die heute in *World Wide Web*, *Mosaic*, *Lynx* und anderen Internet-Programmen allgemeine Verwendung findet?

Wenn jemand am 31. Dezember 1999 um 23:59 einen Fehler in einem alten Fortran- oder BASIC-Programm entdeckt, wird er dann ein Übersetzungsprogramm haben, um ihn zu flicken? Wird er wissen, wo sie nach der Umsetztabelle suchen muß? Werden die Bibliotheken des Laufzeitsystems noch kompatibel sein?

All diese Medien sind standardisiert, dokumentiert und grundsätzlich lesbar. Aber das Lesen wird immer kostspieliger, weil das Zubehör aufwendiger gewartet werden muß oder einfach nicht mehr zu reparieren ist.

»Ach«, werden Sie sagen, »kopieren Sie die digitale Information einfach auf ein moderneres Format.« Eine gute Lösung, wenn auch ziemlich teuer. Alle zwanzig oder dreißig Jahre muß eine komplette Sammlung reproduziert werden.

Doch ein Medium für dauerhafte Aufbewahrung sollte nicht auf Reproduktion angewiesen sein. Mit Ausnahme der Konservierung von Büchern, die auf säurehaltigem Papier gedruckt sind, brauchen Bibliotheken ihre Bestände nicht alle paar Jahrzehnte zu duplizieren. Sie haben auch weder das Geld noch das Fachwissen, um ständig Kopien ihrer Sammlungen anzufertigen.

Dateiformate sind oft schwierig zu reproduzieren. Sie können eine Datenbasis von Diskette auf CD-ROM kopieren, doch wenn Ihr Programm diesen Wechsel nicht erkennt, hängen Sie in der Luft. Außerdem liegt solchen Überlegungen die stillschweigende Annahme zugrunde, daß man Informationen nehmen und ihr Format ändern könne, ohne diese zu modifizieren. Das gilt für Daten, aber nicht für Information. Wenn Sie auf ein neues Format umsteigen, wechselt auch Ihr Zugang zur Information. Ein Video ist nicht dasselbe wie ein Film, selbst wenn wir unterschiedliche Rahmenmaße, Randformen und Farbauflösungen außer acht lassen. Ihr Zugang hat sich verändert.

Ein Rezept auf einem Computerbildschirm enthält dieselben Daten wie eines auf einer Karteikarte. Aber nur eines dieser Formate ist gut für die Küche geeignet, wenn Sie fettige Finger haben und nicht mehr wissen, wie man Vanillecreme macht. Ein Stadtplan unterscheidet sich von einer Datenbank, auch wenn beide dieselben Daten enthalten und dasselbe Gebiet darstellen. Die Formate sind so verschieden wie unser Zugang: Das eine läßt sich gut mit Zensusdaten kombinieren, das andere liegt im Handschuhfach bereit.

In ähnlicher Weise ist das Online-Buch etwas anderes als das Buch auf Papier. Sie haben zweierlei Formate.

Das Format beeinflußt nicht nur den Zugang zur Information, sondern oft auch deren Inhalt. Beim Abspielen einer 78er Schallplatte von *Alexander's Ragtime Band* erwarten Sie das Knacken der Kratzer; beim Hören desselben Stückes auf einer CD wirkt das Knacken absolut deplaciert. Die Partitur von *Brother, Can You Spare A Dime* enthält nicht nur Noten und Text. Auf der Titelseite findet sich in der einen Ecke ein blauer Adler, Symbol des Nationalen Gesetzes für Wiederaufbau – eines der Versuche, die große Wirtschaftskrise zu überwinden.

Ein weiterer Grund, weshalb die traditionellen Bibliotheken nicht verschwinden werden: Es ist schwierig, übers Netz ernsthafte Recherchen zu betreiben. Ich verliere mich im Hyperraum – oder ist es der Menüraum? Nach ein paar Suchvorgängen und Querverweisen bin ich nicht mehr sicher, was für Daten ich gerade betrachte.

Der *Gopher*-Dienst fürs Internet ist ein klassischer Fall: Man springt ganz leicht von Universität zu Bibliothek zu Archiv zu Katalog. Jeder Schritt bietet ein Dutzend Optionen: Soll ich nach einem Schlüsselwort suchen, eine Datei abrufen oder aus einem Nummernmenü auswählen? Oder verwende ich lieber den Hypertext der Schnittstelle *Mosaic*, wo ich per Doppelklick auf ein Wort in ein anderes Dokument hüpfe? Selbst der engagierteste Forscher wirft benebelt das Handtuch. Mitunter ist schon das Aufgeben schwierig genug – werden mit der Abmeldung auch alle virtuellen Verbindungen gekappt?

Informations-Server nennen uns vielleicht die Titel der Dateien. Um jedoch herauszufinden, ob ein Dokument tatsächlich nützlich ist, müssen wir es komplett abrufen. Also übertragen wir es per *ftp* auf unseren Computer. Und jeder

Netzanwender kennt die Erfahrung, daß dann die Dateien mit den interssanten Namen nicht unseren Vorstellungen entsprechen. Am Ende schmeißen wir das meiste, was wir runtergeladen haben, wieder hinaus. Als würde man sich ein Buch per Nachnahme bestellen, um zu prüfen, ob es auch das gewünschte ist.

Dann wäre da noch das Problem der kommerziellen und der kostenlosen Informationsdienste. Brad Templeton ist der Auffassung, daß es nicht gleichzeitig gebührenfreie und gebührenpflichtige elektronische Bibliotheken geben kann. Er rechnet damit, daß mit dem Wachstum der Netze die kommerziellen Quellendienste aufblühen und kostenfreie Leihbüchereien dahinwelken werden – ohne allerdings völlig zu verschwinden: Brad meint, sie würden alles archivieren, was nicht digital formatiert ist, bei der Literatursuche helfen und Terminals für die Armen bereitstellen.

Hören Sie nun den Anwalt der Bibliotheksautomatisierung, Dr. Clifford Lynch, in *Netze, freier Zugang und virtuelle Bibliotheken*: »Viele der kleineren öffentlichen Bücherhallen werden sich darauf beschränken, aktuelle Romane zu verleihen, jedoch keine weitergehenden Informationsbedürfnisse ihrer Nutzergruppen befriedigen können«, schreibt er. »Sie werden weder die Mittel noch das Fachwissen haben, um als Bindeglied zur elektronischen Information zu wirken.«

Wie werden die elektronischen Bücher aussehen? So eine Art Miniatur-Laptop, vermute ich. Wir werden eine Textauswahl abrufen und elektronisch durchblättern. Ich habe versucht, sie zu lesen. Es ist schauderhaft. Aber eine großartige Methode, Stammleser aus den Büchereien zu vertreiben.

Und es gibt noch einen Grund, weshalb Online-Bibliotheken nicht funktionieren. (Oder vielleicht werden sie darum auch gerade florieren?) Thomas Mann von der Kongreßbibliothek nennt ihn das Prinzip des geringsten Aufwandes. Demzufolge entscheiden sich die meisten Forscher, sogar ernsthafte Wissenschaftler, im Zweifelsfall für die besser zugänglichen Informationsquellen, selbst, wenn sie schlechterer Qualität sein sollten. Man gibt sich normalerweise eher mit dem leicht Auffindbaren zufrieden, statt sich zuzumuten, nach besseren Quellen zu graben. George Zipf, einer der Pioniere der Informationswissenschaften, drückte es anders aus. Konfrontiert mit mehreren Lösungswegen, wählen Menschen denjenigen, der am wenigsten Arbeit macht.

Nach einer Erhebung bei Tausenden von Forschern und Entscheidungsträgern in ländlichen Gesundheitszentren zogen John Salison und Toby Cedar den folgenden Schluß: »Informationsquellen werden tendenziell eher aufgrund der empfundenen Einfachheit der Nutzung ausgewählt als nach dem Gesichtspunkt der erwarteten Informationsmenge.« Und Mann schreibt: »Wenn ein System nur einige wenige Quellen leicht zugänglich macht und diese womöglich noch oberflächlich oder niveaulos sind, kann es der Forschungsqualität ernsthaften Schaden zufügen, indem die Nutzer dazu ermuntert werden, es bei den erreichbaren Informationen bewenden zu lassen, ohne auf deren Wert oder Vollständigkeit zu achten.«

Mit anderen Worten: Die Menschen sind faul. Bequemer Gebrauch ist ihnen wichtiger als Inhalte. Bringen Sie etwas ins Netz, was auch immer, und die Forscher werden darauf abfahren, ob es nun richtig ist oder nicht.

Dies ist eine der Triebkräfte hinter dem Bedürfnis nach Online-Bibliotheken, ja, nach dem Internet selbst: Das Gefühl, daß irgendeine Antwort besser ist als gar keine. Sie mag falsch, unvollständig oder irreführend sein, aber lieber das als nichts. Statt Unmengen von Büchern durchzuarbeiten, nehme ich Professor Feigenbaums Wissensprozessor, der meine Arbeit erledigt und die Frage beantwortet. Wenn ich jenes eine bestimmte Faktum entdecke, das das Problem löst, kann ich Feierabend machen. Man gebe mir nur Online-Bibliothek, Expertensystem, Netzzugang und fixe Computer der fünften Generation.

Ach, wäre die Welt doch so eingerichtet! Wie lange habe ich bei meinen Forschungen nach der einen simplen Lösung gesucht. Einfach einwählen, die richtige Frage stellen, die passenden Schlüsselwörter heraussuchen, die Kurbel drehen, und – wutsch! – haben wir die Antwort. Aber ich glaube nicht an Zauberei. Gute Forschung, gute Kunst, gutes Kochen, guter Unterricht, gutes Wasauchimmer braucht Geduld, Kreativität, wechselnde Herangehensweisen, Zeit und Arbeit. Jede Menge Arbeit.

Die leichten, langweiligen Fragen haben einfache Antworten. Wie weit ist es zur Sonne? So etwas läßt sich im Internet herausfinden, wenn auch weniger leicht, als man meinen könnte. Aber woher wissen wir es? Wie genau ist die Messung? Wie können wir diese Genauigkeit beurteilen? Das ist schon schwieriger. Wie verändert sich die Entfernung der Sonne im Lauf der Jahrhunderte? Wie wird dadurch das Klima beeinflußt? Dies sind schöne Fragen – Sie werden darauf nirgends saubere Antworten finden.

Der Traum vom universellen Informationsspringbrunnen zur freien Verfügung aller wird immer bleiben, was er ist: ein Traum. Wäre es bloß eine Illusion, würde mich das nicht weiter kümmern. Aber der große Vorstoß zur Computerisierung der Bibliotheken hat verschiedene böse Nebeneffekte. Einer ist die Art und Weise, wie Büchereien ihr knappes Geld ausgeben.

Die Mittel, die für elektronischen Schabernack und Online-Gebühren lockergemacht werden, stammen aus denselben Haushaltstiteln, aus denen auch Bücher angeschafft und Angestellte bezahlt werden. Offen gesagt würde ich lieber eine Bibliothek voller Bücher und kompetentem Personal aufsuchen als eine mit Online-Katalogen, CD-ROMs, Terminals und weniger Büchern. Daher habe ich Angst vor der Bücherei der Zukunft eines Minsky, Feigenbaum oder Lynch. Wegen der hohen Kosten und aus Gründen des Urheberrechts und der langfristigen Archivierung wird es sie nicht geben. Aber schon der stürmische Versuch, dorthin zu gelangen, kostet uns barbarische Mengen an Geld für Elektronik, während für Bücher und Bibliothekare nur noch Krümel abfallen.

Noch ein Argument gefällig, weshalb Netze schlecht für Bibliothekare sind? Weil sie die Bücherei in ihrer Funktion als Archiv zerstören. Wem vertrauen wir unser kulturelles Erbe an – der Firma *Meade Data Central* oder zehntausend Bibliotheken im ganzen Land?

Hier ist die Idee für einen John-Grisham-Thriller: Ein Terroristenring will das amerikanische Rechtssystem zerstören. Sie verstecken also eine Bombe im *Westlaw*-Computerhaus in Eagan, Minnesota. Da *Westlaw* Kopien seiner Daten außerhalb der Zentrale aufbewahrt, bringen die Übeltäter dort Fälschungen unter. Zur Stunde X sind plötzlich Rechtsbibliotheken, Anwaltskanzleien, Gerichte und gesetzgebende Körperschaften lahmgelegt: Sie bekommen keine Verweise mehr.

Heutzutage würde die Geschichte nicht ganz funktionieren. Die meisten Büchereien abonnieren noch Papierzeitschriften, und sei es nur, um einem Hintergründe für Fotos von Staatsanwälten zur Verfügung zu stellen. Aber wenn Bücher in wachsendem Maße durch Kathodenstrahlröhren ersetzt werden, verschwinden auch diese Papierarchive.

Allenthalben wollen Bibliotheksverwalter die Periodika eliminieren. Sie kennen die Kosten der Zeitschriften – Abonnement, Handhabung, Katalogisierung, Platzverbrauch und Diebstahl. Besser, den Kunden einfach ein Terminal hinzustellen. Das Problem: Mit weniger Abonnenten kann man die Redakteure nicht mehr bezahlen, geschweige denn die Drucklegung. Das Blatt geht ein – Verlust für Autoren wie Leser. Und das Online-Magazin verkauft uns für dumm. Schautafeln, Fotos, Gleichungen und Schrifttypen sind verschwunden. Auch läßt es sich nicht in einem Rutsch durchlesen. Man bekommt nur Ausschnitte; vielleicht einen Artikel, einen Autor oder einen Absatz. Online-Dienste zerstören das Gesamtbild der Zeitschrift.

Sie glauben vielleicht, daß digitale Archive dauerhaft sind. Dann nehmen Sie den Fall von *Coffee Line*. Um das Neueste zum Thema Kaffee zu erfahren, wählten wir das *Dialog*-System an und schlürften Informationen zu Wachstum, Handel und Verpackung. Hier gab es auch die Tonnenzahl für verschifften *Kona*-Kaffee, wöchentlich aktualisiert. Nun: Aus und vorbei. Rufen Sie *Dialog*, und es grüßt Sie die Zeile »*Coffee Line* ab 1. Oktober nicht mehr verfügbar«. Weshalb? Die Aufrechterhaltung rentierte sich nicht.

Wird dasselbe mit Ihrer Lieblingsdatenbank geschehen? Schalten Sie sich nächstes Jahr wieder ein, und sehen Sie selbst. In der Zwischenzeit rufen Sie bitte Zeter und Mordio, wenn Ihr Bibliotheksmanager die Ausgaben für neue Bücher reduzieren will.

Stellen Sie sich vor, Sie leben im Mittleren Westen der Vereinigten Staaten, nur wenige Blocks von der *University of Minnesota* entfernt. Sie brauchen ein paar Minuten, um zur Universitätsbibliothek hinüberzugehen und die Liste der Neuanschaffungen durchzublättern. Wie oft würden Sie das tun?

Gute Neuigkeiten! Dank des *Gopher*-Informationsdienstes können Sie sich den Weg sparen und den Katalog jederzeit von zu Hause aus einsehen. Die kompletten Bestandsverzeichnisse Hunderter von Hochschulen sind über das Internet verbunden. Wählen Sie einfach irgendein Wirts-Computersystem im Internet an und treten Sie in Verbindung mit der *Gopher*-Zentrale, der *University of Minnesota*. Fast all ihre Archive sind inzwischen online, so daß Sie die neueste Ausgabe des *Minnesota Daily* lesen oder in ihrem Telefonbuch herumsuchen können. Wenn Sie Informationen aus einer anderen Hochschule benötigen, steuern Sie den entsprechenden Server an oder probieren es mit einer Datenbanksuche über *Veronica*. Hier finden Sie Telefonnummernverzeichnisse für mehrere Universitäten, eine Liste demnächst beginnender Seminare über Zernikes orthogonale Polynome und Stellungnahmen zum Seerecht.

Eine solche elektronische Suche ist noch weit entfernt von Feigenbaums Wissens-Server und ebensoweit von einer wirklichen Bibliothek. Es würde mich nicht wundern, wenn Sie dieses Archiv niemals anwählen. Manche Leute freilich sehnen sich verzweifelt danach.

Ich erhalte einen Notruf von einem Burschen, der Hilfe bei seiner Forschungsarbeit braucht. Er schreibt eine Diplomarbeit über die sozialen Auswirkungen angewandter Wissenschaft. Das Jahr ist fast um und der Abgabetermin bedrohlich nahe.

Natürlich verweise ich ihn an die Bibliothek, in der es allerhand Bücher zum Thema gibt. Aber davon will er nichts wissen. »Ich habe es eilig«, sagt er mir. »Nächste Woche treffe ich mich mit meinem Tutor, und da muß ich deutliche Fortschritte vorweisen können.«

Ein Grund mehr, sich schnurstracks in die Bibliothek zu begeben. Doch er will es schneller. »Können Sie mir Informationen aus dem Internet beschaffen?«

Nun ja, gewiß, aber das hätte wenig Sinn. Ich empfehle ihm *Veronica* und erkläre die Schlüsselwortsuche. Die meisten Netzserver sind belegt, also versuchen wir es nochmals und warten. Warten. Während wir Däumchen drehen, erwähne ich, daß unsere Suche nur die letzten Jahre abdecken wird.

»Das geht in Ordnung«, antwortet er. »Ich brauche nur die allerneusten Berichte. Der veraltete Kram ist unwichtig.«

Aua. Alles, was nicht online ist, ist unwichtig. Was er nicht sofort bekommt – nicht einmal in einem Tag, sondern binnen Minuten –, hat keinen Wert.

Wie soll ich ihm beibringen, daß praktisch nichts, was er auf diese Art ausgräbt, von Bedeutung sein wird? Ein Computersuchlauf ergibt ein paar Hinweise und eine Handvoll Berichte. Was fehlt? Praktisch alles Gedruckte. Der bloße Computerbezug verengt den Blick. Seine Forschungsergebnisse werden vor Oberflächlichkeit kaum mehr erkennbar sein.

Er akzeptiert diese Erklärung nicht. »Gibt es keine Möglichkeit, den Rechner die Recherche durchführen zu lassen?« fragt er. »Wenn ich erst einmal die Ausdrucke habe, schreibe ich die Arbeit.« Teufel auch, der Kerl ist ein wahrer Gläubiger. Er hält Marvin Minskys Traum für die Realität. Forschung ist für ihn gleichbedeutend mit Datensammeln;

das Abfassen des Papiers ist einfach. Sie denken vielleicht, er sei bloß einer, der sich durchmogeln will und es verdient, wenn ihm sein Tutor die Hölle heiß macht. Nun: Sein Professor hatte ihm empfohlen, die Informationen über Rechner zu beschaffen. Berufsforscher ignorieren die Grenzen computergestützter Recherche. Sie denken nur an das Geld, das man sparen kann, wenn man die unverschämt exorbitanten Kopiergebühren von fünfundzwanzig Cent pro Seite umgeht.

Wären Sie nicht mißtrauisch bei einer Forschungsarbeit, die keine Quelle von vor 1990 aufführt? Ideen fallen nicht einfach so vom Himmel. Ich habe Respekt vor Leuten, die tiefer schürfen und herausfinden, daß Charles Darwin nur einer von mehreren Wissenschaftlern war, die Theorien zur Evolution aufgestellt hatten, daß Carl Sagan nicht als erster über nuklearen Winter geschrieben hat oder daß Thomas Edison die Anerkennung für die Glühlampe mit Sir Joseph Swan teilen müßte.

Zu guter Letzt entsprach das Internet den Bedürfnissen des Studenten auf genau die richtige Weise: Eine halbe Stunde lang antworteten sämtliche *Veronica*-Datenbankdienste mit »Augenblicklich zu viele Anfragen; versuchen Sie es später noch einmal«. In Anbetracht des Zeitdrucks gab er das Internet auf und ging hinüber in die Bibliothek. Ich frage mich, was er nach dieser Erfahrung über computergestützte Literaturrecherche denkt.

Das neueste Online-Wunder ist das Münzfernsehen auf Abruf. Netzanbieter, Hollywoodstudios und Telefonmonopole geben sich durchweg der Phantasie hin, daß wir eines Tages den gewünschten Spielfilm eingeben, und – schwupp! – erscheint er schon auf unserem Fernsehschirm.

Es ist jedoch ein leicht zu unterschätzendes technisches Problem, tausend verschiedene Filme zum augenblicklichen Abruf bereitzuhalten. Auf Videoband können sie nicht gespeichert sein, weil die meisten Nutzer dieselben Filme verlangen werden. Stellen Sie sich zehntausend Kopien von *Jurassic Park* vor, die alle zu verschiedenen Zeiten beginnen.

Und wenn wir die Herausforderung meistern? Werden die Verbraucher künftig darauf verzichten, im Videoshop vorbeizuschauen? Erste Versuche bestätigen das nicht. Die Gesellschaften *AT&T*, *TCI* und *US West* haben in Littleton, Colorado, ein Videoabrufsystem eingerichtet. Nach einem Jahr Werbung forderten die Familien monatlich zwei bis drei Filme an. Trotz eines ungewöhnlich kalten Winters zogen es die meisten vor, das Geschäft um die Ecke aufzusuchen. Die allgegenwärtige Videokassette, die sich so einfach bedienen läßt, ist mit ihren vier Gigabyte an Daten wirklich ein Wunder. Wenn Sie für den Hin- und Rückweg zum Laden zwanzig Minuten brauchen, haben Sie eine Übertragungsgeschwindigkeit von drei Megabyte pro Sekunde bewerkstelligt.

Ich wette, daß die Einwohner von Littleton ihre Normalo-Videoshops dem Abrufsystem aus demselben Grund vorziehen, der uns auch wirkliche Büchereien anstelle von Online-Datenbanken aufsuchen läßt: Sie sind ohne langes Nachdenken zu benutzen. Sie schlagen in einem logisch aufgebauten Katalog nach. Sie wissen genau, was sie bekommen. Und wenn etwas gerade vergeben ist, warten Sie ein paar Tage. Video auf Abruf, das Kommunikationsmedium zur endgültigen Beseitigung der Kommunikation, wird ein Traum bleiben.

Erlernen Sie ein paar geheimnisvolle Befehle, wühlen Sie sich durch mehrere Lagen von Verweisen, und Sie können elektronische Recherchen unternehmen. Oft werden Sie Triviales, Alltägliches und Offensichtliches zutage fördern. Sie wissen nicht, ob die Suche vollständig war oder Sie nur die Oberfläche angekratzt haben. Ebensowenig können Sie die Gebühren im Auge behalten. Apropos kratzen: Eine Recherche zu Parasiten über *MEDLINE* klärte mich darüber auf, daß die meisten Hunde Flöhe haben. Kostenpunkt: fünfundzwanzig Dollar.

Wie lernt man, im Internet nach Antworten zu suchen? Es gibt jede Menge Internet-Kurse und Seminare zur Datenautobahn, aber überraschend wenig Trainingsangebote. Es fällt schwer, ohne Terminal das Navigieren im Datenozean einzuüben.

Meine Lieblingsmethode, das Internet zu erlernen, ereignet sich am Ersten jeden Monats. Dann finden Sie mich verstrickt in die große Internet-Jagd. Statt in den Höhlen südlich von Tucson herumzukrabbeln, erstellt Rick Gates von der *University of Arizona* eine monatliche Fragenliste. Er schickt sie ins Netz, und Wettbewerber aus aller Welt versuchen, sie zu beantworten. Jeder darf mitmachen: Datenbanken, *net news*, Informationsdienste und *Knowbots* von wo auch immer.

Die Internet-Jagd lebt von einem Potpourri der Banalitäten, die alle online zu finden sind. Manche Fragen sind einfach: Wie lautet die E-Mail-Adresse des Präsidenten? Andere erfordern weitergehende Nachforschungen: Wo in Kanada bebte zuletzt die Erde? Wie lautet die amtliche Empfehlung für Reisende nach Belize? Wie viele Tiere kommen in Lewis Carrolls *Alice im Wunderland* vor? Als der Quizmaster wissen wollte, wieviel es kostet, dem Fechtklub der *University of*

Tasmania beizutreten, nutzte ein Mitspieler das *Gopher*-System in Pisa, wo er einen Hinweis auf einen australischen Informationsdienst fand, der die Lösung lieferte: zwölf Dollar für Studenten, fünfundvierzig für Nichtstudierende.

Jetzt kommt der Clou der Sache: Man erhält Punkte für die Beschreibung der Internet-Werkzeuge sowie der Suchstrategie, jedoch keinen einzigen für die richtige Antwort. Als ob man eine Banknote in einem Band einer Bücherei versteckt und seinen Studenten Tips gibt. Alles freiwillig und ohne Zuschüsse. Um Näheres zu erfahren, schreiben Sie an *rgates@locust.cic.net.*

Stören Sie mich also nicht am Monatsersten. Ich hocke an der in Mondlicht getauchten Bucht von San Francisco, nehme Witterung auf und messe meine Geisteskräfte mit den Schnitzeljagdmeistern des Internet.

Sie besitzen etwas erst dann wirklich, wenn Sie wissen, wo es ist. Auch über Informationen verfügen Sie nur, wenn Sie sie finden können. Eine Online-Bibliothek ohne Katalog macht wenig Sinn – es mag Sie einen Tag kosten, das gewünschte Buch zu finden. Und wenn Sie sich nicht an Autor oder Titel erinnern, könnte der Band genausogut in einer Schlucht auf dem dritten Jupitermond stecken, was Ihre Chancen einer erfolgreichen Suche betrifft.

Es gibt eine Abkürzung, mit der sich Katalogprobleme umgehen lassen: Man begibt sich einfach in die richtige Ecke der Bibliothek und sucht die Regale ab. Eine verbreitete und beliebte Methode, und eben diejenige, die uns die computergestütze Recherche verwehrt: beim Herumsuchen die eigene Suchtechnik zu entwickeln.

Gewiß, jede elektronische Bibliothek hat eine Stöberfunktion, die Ihnen Bücher ähnlicher Thematik oder desselben Verfassers auflisten soll. Aber es ist nicht dasselbe wie eine gemütliche Suche vor einem Regal.*

Es geht um die Glückstreffer – ein wichtiger Teil der Forschung. Gehen Sie an ein Regal, und stöbern Sie herum. Sicherlich werden Sie ein Werk finden, das Ihren Bedürfnissen ziemlich nahekommt; mit einiger Wahrscheinlichkeit hat es ein Literaturverzeichnis, das auf andere Quellen verweist. Dies sind keine beliebigen Zufälle – Büchereien sind so eingerichet, daß solch erfreuliche Entdeckungen immer wieder gemacht werden.

Aber bringen Sie nicht Technologie und Suchmethoden durcheinander. Nicht der Erfinder des Bücherregals hat die Bibliotheken brauchbar gemacht. Diese Ehre gebührt Herrn Dewey und den Generationen von Bibliothekaren, die die Katalogsysteme weiterentwickelt und verbessert haben.

Es gibt Tausende von Informationsdiensten im Internet. Sie reichen von kardiologischen Daten bis zum Telefonverzeichnis der *University of Tasmania*. Trotzdem kenne ich kein gutes Suchschema – eines, das einfach zu erlernen ist, auf allen Systemen funktioniert, einen weiten Bereich abdeckt, rasch reagiert und ständig zur Verfügung steht. Und wenn ich eines finde, ist es in drei Jahren veraltet, und ich muß die ganzen Befehle wieder von vorn lernen.

* Das gilt selbst dann, wenn Ihre Bibliothek mit diesen verflixten Zeit-Kippschaltern am Ende jeder Regalwand ausgerüstet ist. Sie wissen schon, die, die das Licht genau dann wieder auslöschen, wenn Sie endlich das fehlende Puzzleteil oder den lange vermißten Band entdeckt haben. Sie sind wie Bildschirmschoner, die Ihren Monitor ausgerechnet dann schließen, wenn Sie gerade weiterarbeiten wollen. Oder, ebenso schlimm: die beweglichen Regale, die das Stöbern verhindern. Die sogenannten Platzsparer sind mechanische Pendants der Datenverdichtung: Sie verlangsamen den Zugang und reduzieren Verläßlichkeit ebenso wie Bequemlichkeit.

Wieviel Information können wir über eine Nachrichtenverbindung senden? Welches ist das schnellste Modem, das wir an unsere Computer anschließen können? 14400 Baud? 28800? 56000? Gibt es eine Grenze?

Sie finden die Antworten in der Ausgabe des *Bell System Technical Journal* vom Juli 1947: *Die Mathematische Theorie der Kommunikation.* Ohne Computer oder Usenet erfand Claude Shannon die Kommunikationstheorie. Dieser unaufdringlich geschriebene Bericht ist einer der wichtigsten des Jahrhunderts. Hier erschien erstmals das Wort Bit, eine Abkürzung für *binary digit*, Binärziffer. Ob Modem, Datenverdichtungsprogramm oder Glasfaserkabel, sie alle verdanken ihre Existenz diesem Papier. Das bloße Lesen der Quellenangaben jagt mir einen Schauer den Rücken hinunter: Nyquist, Pierce, von Neumann, Tukey, Hartley, Wiener; sogar der große Astronom Chandrasekhar taucht auf.

Shannon zeigte, daß Information in Botschaften enthalten ist. »Häufig haben Botschaften einen Sinn, das heißt, sie beziehen sich auf ein System materieller oder begrifflicher Einheiten. Diese semantischen Gesichtspunkte der Kommunikation sind indessen für die technischen Konstruktionsprobleme irrelevant.«

Sehen Sie sich einmal die folgenden 38-Byte-Botschaften an:

- Setz 12 $ auf Bonny das Pferd im 7ten.
- Dreifach gegrüßt, o Liebling des Lenz!
- pnqidMrybgsakApw894kvmdsjW$eifkslekfj.

Für einen Rechner enthalten alle drei Botschaften dieselbe Menge Information, nämlich 38 Bytes. Ein Kommunikationstheoretiker würde vielleicht sagen, daß die letzte am meisten Information enthält, weil sie nach dem Zufallsprinzip konstruiert und am schwierigsten zu verdichten ist, also über die höchste Entropie verfügt.

Der gesunde Menschenverstand sagt das Gegenteil. Eine dieser Botschaften kann hundert Dollar gewinnen helfen, eine andere stammt aus einem Gedicht, und die dritte ist Zeitverschwendung.

Die Daten-Reklamefritzen wenden nun unzulässigerweise Shannons Definition der Information auf deren Alltagsbegriff an. In den Computernetzen ist ein gewaltiger Haufen von Daten verfügbar, der weit über Megabytes, Gigabytes oder Terabytes hinausreicht, nämlich gut und gern in die 16stellige Petabyte-Region. Doch wieviel Information ist das für den gesunden Menschenverstand? Daten sind sowenig Information wie fünfzig Tonnen Beton ein Wolkenkratzer. Eine Kette von Bits kann einen Vertragsentwurf zwischen zwei Nationen darstellen, ein Stückchen Rockvideo, tausend Ziffern von π oder Zufallsrauschen. Daten sind nichts als Bits und Bytes ... Sandkörner ohne Form. Information ist nützlich. Sie hat Sinn.

Vor allem jedoch ist Information noch kein Wissen. Zurück zu meiner Schlüsselthese: Mein Computer hat Zugang zum Schweizer Archiv der Molekularbiologie, doch weiß ich darum noch lange nichts über DNA-Transkription. Jeder kann die Auszüge der New Yorker Börse abrufen, aber wer kann deshalb voraussagen, was morgen geschieht? Und im Besitz der jüngsten Jupiterfotos zu sein heißt noch nicht, daß man Planetenatmosphären versteht. Mein Doktorvater Professor Tomasko würde mich als lebendigen Beweis hinstellen.

Es geht um den Zusammenhang zwischen Daten, Information, Wissen, Verstehen und Weisheit. Unsere Netze strotzen vor Daten. Etwas davon ist Information. Ein Bissel* dessen erscheint als Wissen. In Kombination mit Ideen ist manches davon tatsächlich brauchbar. Unter Hinzufügung von Erfahrung, Kontextbezug, Mitleid, Disziplin, Humor, Toleranz und Bescheidenheit wird Wissen vielleicht zu Weisheit.

Der Geist arbeitet mit Ideen, nicht mit Informationen. Keine Datenmenge, Bandbreite oder Verarbeitungskapazität kann inspirierte Gedankengänge ersetzen. Betäubt von Computern und Kommunikationstheorie haben wir uns zu der Vorstellung verleiten lassen, daß Erfahrung auf Bits und Bytes zurückgeführt werden kann. Diejenigen mit den meisten Informationen haben die größte Macht.

Es liegt auf der Hand, daß das falsch ist. Die große Datenhalde Internet verleiht weder Macht noch Wohlstand noch Scharfsinn. Vizepräsident Al Gore warnte davor, »unsere Gesellschaft in Informationsbesitzer und -habenichtse zu spalten«. Ich bin kein bißchen besorgt: Information gibt es überall. Man kann sich davon nehmen, soviel man will.

Auch Charles Osgood von den CBS-Nachrichten wachsen keine grauen Haare: »Nicht jede Information ist auch gute Information«, meint er. »Wir bekommen schon so viel davon und mit einer solchen Geschwindigkeit, daß unsere Hirne es nicht mehr verarbeiten, verdauen und bewerten können.«

Wird die Bücherei von morgen dem heutigen Internet ähnlich sehen? Mangels Bibliothekaren stoße ich dort nur auf völlige Desorganisation. Gleich neben den Fotografien des Hubble-Weltraumteleskops findet man Wirtschaftsstatistiken des Bundesstaates Maryland.

* 1 Bissel = 7,25 Bagatellen

Netz-Quellen sind chaotisch angeordnet. Manche Dateien sind katalogisiert, andere nicht, wieder andere falsch benannt. Statt des Dewey-Dezimalsystems oder der Katalogordnung der Kongreßbibliothek gibt es ein informelles Verweissystem mit der Bezeichnung *Uniform Record Locators.* Das Internet-Poesiearchiv zum Beispiel, das von der *University of North Carolina* unterhalten wird, findet man unter http://sunsite.unc.edu/dykki/poetry/milosz/milcov.html.

Was prima funktioniert, solange nicht irgendein Systemoperator seine Festplatte reorganisiert. Dann sitzen Sie mit einem in der Luft hängenden Verweis da – die gesuchte Datei existiert, aber viel Glück beim Suchen. Und da Online-Information laufend verschoben und umgeordnet wird, bleiben Kettungen nur selten lange gültig. Ich hatte mir einmal einen privaten Katalog nützlicher *Uniform Record Locators* eingerichtet. Nach einem Jahr war nur noch die Hälfte davon erreichbar. Kein Vergleich mit der Poesieabteilung der öffentlichen Bücherei in meiner Nachbarschaft: Dort stellt man die Bücher höchstens alle zehn Jahre einmal um.

Wie soll die Literaturliste eines Buches solche Quellen verzeichnen? Die gedruckte Referenz wird bedeutungslos, sobald sich der Zugangspfad ändert. Und selbst wenn er gleichbleibt, aktualisiert vielleicht jemand die Datei und verwirrt alle, die nach der ursprünglichen Version suchen.

Bibliotheken haben ein sauberes System für die Aufbewahrung von Büchern; dasselbe, das ich verwende, um sie zu suchen. Ich wette, die Bibliothekare verwenden Lehrlisten oder Musterblätter. Jedes Buch hat seinen Platz. Im Internet hingegen gibt es keine solche Organisation – Dateien werden an beliebigen Orten verfügbar gemacht. Um uns in diesem Chaos zurechtzufinden, brauchen wir schlaue Werkzeuge; Programme, die für uns Quellen aufspüren.

Diese Werkzeuge fangen an zu arbeiten, wenn die Fakten schon geschaffen sind: Etwas wird archiviert, anschließend von einem Katalogisierungsprogramm entdeckt und schließlich ins Verzeichnis aufgenommen. Diese Werkzeuge sind nicht besonders gut zur Quellensuche geeignet: zum einen, weil sie sich stark an Titeln orientieren und darüber den Dateiinhalt vernachlässigen. Zum anderen, weil sie zwar hervorragend Zeichenketten finden können, aber nicht unbedingt bedeutungsvolle Informationen.

Vor ein paar Monaten habe ich einen Artikel über die unsinnige Idee gelesen, eine kommerzielle Kindertagesstätte zu betreiben. Wohin wende ich mich heute, um ihn wieder auszugraben?

Nun gut; versuchen wir es im Internet. Die Stichwortsuche über *Veronica* förderte eine ganze Menge ans Licht, aber nicht den gewünschten Artikel. Das Durchlesen von Sendungen unter *misc.kids* ergab allerhand Botschaften über Stillen, Sex nach der Geburt und Namen, die man seinem Kind nicht geben sollte (Barbara White würde ihre Tochter nicht *Snow* nennen). Noch immer kein direkter Hinweis. Sechs Stunden dauerte die Suche nach sofortiger Befriedigung, dann gab ich auf und radelte in meine Bibliothek. Der Bibliothekar verwies mich an den *Reader's Guide to Periodical Literature*. Hallo! *The Wall Street Journal*, 21. Juli 1994. Sie hatten zurückliegende Ausgaben der Zeitung im Magazin, und eine Viertelstunde später brach ich grinsend wieder auf, nachdem ich den unverschämten, ruchlosen Wucherpreis von 25 Cent für ein Fotokopie geblecht hatte.

Wie sich herausstellte, ist der *Reader's Guide* auch online erhältlich. Aber ich muß für den Zugang bezahlen. Aus irgendeinem Grund ist die Kunde von der freien Information noch nicht zu den Verantwortlichen vorgedrungen.

Zum *Telebase*-System ebenfalls nicht. Sehen Sie deren Katalog für die *IQuest*-Suchdienste durch: Sie durchforsten etwa 800 Datenbanken, darunter *Who's Who*, *Consumer Reports*, *Magill Survey of Cinema* und die *Los Angeles Times*. Praktisch, aber teuer: Fünf Dollar, um nach einer Information zu forschen. So kann man in einer Stunde leicht hundert Dollar ausgeben. Die Bibliotheken werden untergehen, wenn sie diesen Dienst anbieten.

In Montgomery County, Maryland, kämpfte eine Bürgerinitiative verbissen für eine Verlängerung der Bücherei-Öffnungszeiten, die zuvor zehn Jahre lang schrittweise verkürzt worden waren. Die meisten gaben den knickrigen Steuerzahlern die Schuld.

Allen Hengst, Bibliothekar an der *Bethesda Regional Library*, ist den Aktivisten dankbar für die Unterstützung, hat jedoch einen anderen Schurken ausgemacht: die Bibliotheksförderer selbst. Ihre »Komplizenschaft bei der Befürwortung kostspieliger technologischer Einbahnstraßen wie den CD-ROMs schluckt knappe Dollar und blutet die Büchereien regelrecht aus«, schreibt Hengst in einem Leserbrief an die *Washington Post*.

Seine Bibliothek zahlt viertausend Dollar für jede eingerichtete Multimedia-Workstation. »Diese Anfangsinvestition deckt noch nicht die Unterhaltskosten«, fügt er hinzu. »Das Betriebssystem für die CD-ROM-Rechner der *Bethesda Library* wurde diesen Monat versehentlich von einem Nutzer gelöscht, der die falsche Taste drückte.«

Sie werden diesen Bibliothekar an der Information finden, wo er Fragen beantwortet, und nicht hinter einem Computer-Terminal. Er macht sich Gedanken, ob die Bestände öffentlicher Büchereien auch in Zukunft auf anständige und gerechte Weise zugänglich gemacht werden können. Nachdem er seine Kunden ein Jahr lang beim Umgang mit dem CD-ROM-System beobachtet hat, wartet er noch darauf, »daß dieses Angebot von den Armen und Ausgestoßenen benutzt wird, zugunsten derer es angeblich eingerichtet werden mußte«.

Befreundete Bibliothekare erzählen mir, daß sich unter den beliebtesten Büchern vietnamesische, chinesische, spanische und koreanische Werke befinden. In der öffentlichen Bücherhalle von San José wird zum Beispiel vietnamesische Belletristik so viel gelesen – in einem Fall über 120mal –, daß die Einbände langsam auseinanderfallen. CD-ROMs und Datenbanken kommen den Bedürfnissen dieser Leute nicht entgegen. Die Bibliothekare schon. Ebenso längere Öffnungszeiten und mehr Bücher.

Trotz der gewaltigen Bestände des Internet fühle ich mich damit ziemlich alleingelassen. Einer Bibliothekarin brauche ich nur eine dumme Frage zu stellen, und schon zeigt sie mir freundlich den passenden Katalog. Dieselbe Frage im Usenet, und ich handele mir *flames* ein.

Sie sind auf der Suche nach verborgenen Informationen? Wühlen Sie sich durch das weltweite Material im Netz. Wählen Sie eine Verbindung zu *NEXIS* oder *MEDLINE*, um die neuesten Dokumente zu erkunden (aber nicht vergessen zu bezahlen!). Veranlassen Sie eine Suche über ein *Gopher*-Programm, und vertrauen Sie darauf, keine Botschaften wie »fehlerhafte Artikelnummer« zu erhalten.

Wenn Sie über eine *Mosaic*- oder *Lynx*-Schnittstelle verfügen, haben Sie Zugang zu einem Hypertext-System, mit dem Sie ein Dokument lesen, ein Wort auswählen und zu einer Seite springen können, die das Wort ebenfalls enthält. Im *World Wide Web* hüpfen Sie von einer Datei zur nächsten.

Sie klicken den Begriff *Verfassung* an, um den Text des betreffenden Dokuments zu lesen. Wählen Sie die niedliche Fußballgrafik, um die letzten Ergebnisse von der WM aufgeführt zu bekommen. Gehen Sie auf das blinkende Bildchen mit dem Ticker-Band, und Sie erhalten den Dow-Jones-Index.

Recherche wird so zu einer Art Computerspiel. Doch wie bei allen Computerspielen können Sie nur dorthin, wo es der Programmierer will. Vielleicht möchten Sie nicht den Text der US-amerikanischen Verfassung, sondern den der peruanischen. Und wie die digitale Weiterentwicklung des Anrufbeantworters, die automatische *voice-mail*, die Ihnen auf jeder Ebene ein Dutzend Optionen bietet, sind auch die Forschungssysteme erstaunlich frustrierend. Manchmal gerät man in Sackgassen, dann wieder bewegt man sich im Kreis.

Es ist einfach, für das *World Wide Web* phantasievolle Einstiegsseiten zu entwerfen. Aber das Hüpfen von Dokument zu Dokument verstört mich noch mehr, als jemanden beim Zappen zu beobachten. Nie weiß ich sicher, wo in diesem kurvenreichen Labyrinth von Querverweisen ich mich gerade befinde.

Den Hypertext-Dokumenten fehlt die Einheitlichkeit. Eine Seite kann voller Informationen sein, eine andere wieder ein Vakuum. Die Befürworter sprechen von nichtlinearem Text – man liest kein kontinuierliches Schriftstück, sondern springt nach Belieben herum. So verschwinden Logik, Gliederung und Gedankengang des Verfassers. Was bleibt, sind zusammenhanglose Fakten.

Das *World Wide Web* scheint auf Schlagwortsuche gut vorbereitet zu sein. Ihr Computer durchkämmt Dateien nach Wörtern aus Titeln oder Textteilen. Es wirkt wie ein Ritt auf dem besten Katalog der Welt. Ist es aber nicht.

Schlagwort-im-Kontext-Listen sind ein schwacher Ersatz für einen echten Index. Recherchen auf dieser Basis entwerten die ganze Idee der Forschung. Ihre flotte Zweckmäßigkeit schafft Informationen zu umstandslos heran, als daß sie verläßlich sein könnten. Ich kenne weder die Tiefe noch die Breite der Quellensuche. Welche Datenbanken wurden übersehen? Wäre ich auf andere Informationen gestoßen, wenn ich das Wort großgeschrieben hätte?

Und das wirkliche Lesen besteht in der Verarbeitung der gesammelten Information; der Weg dorthin ist der vergnügliche Teil. Einen hervorgehobenen Satz zur sphärischen Aberration zu schlucken ist nicht dasselbe wie das Durcharbeiten einer ganzen Seite über Spiegeltestverfahren, die Ihnen wiederum bedeutend weniger über das Konstruktionsdebakel des Hubble-Weltraumteleskops verrät, als es ein komplettes Kapitel tun würde.

Nebenbei bemerkt: Eine weitere unangenehme Eigenschaft der Computerhandbücher sind ihre schauderhaften Stichwortverzeichnisse. Technikbegeisterte Autoren glauben, daß ein vom Rechner erstellter Index gut genug sei. Gewiß, seine Programme registrieren jedes Vorkommen eines wichtigen Begriffs, aber sie können nicht unterscheiden, ob er als Hauptpunkt auftaucht oder nur nebenher. Und Jumbo der Dickhäuter wird nicht unter *Elefant* geführt.

Sind Sie immer noch enttäuscht von Ihrer Quellenrecherche? Ich wiederhole: Gehen Sie in eine Bibliothek. Sie werden dort einen lebendigen Menschen vorfinden, der Ihnen womöglich hilft, etwas zu finden. Informationen aus der Bücherei sind genauso frei wie die Online-Geschichten. Mit Ausnahme der absurden, niederträchtigen und haarsträubenden Kopiergebühren.

Fünf Monate, bevor der Komet auf den Jupiter niedergehen sollte, fing ich mit der Literaturrecherche an. Ich begann nicht mit einem Verzeichnis von Buchtiteln, sondern mit einer Liste von Themen: Jupiter. Kometen. Atmosphärische Physik. Strahlungsübertragung.

Ich ging hinüber zur *University of California* in Berkeley und begab mich in den Katalogsaal; den mit der erstaunlichen Blattgolddecke und den Holzschnitzereien an der Wand. Mein Notebook unterm Arm, spazierte ich zum Schlagwortverzeichnis. Etwas fehlte.

Jemand hatte den Katalog gestohlen.

Eine kurze Nachfrage ergab, daß die Bibliothekare konspiriert hatten, um ihn zu entwenden. Er war durch eine unsichtbare Datenbank ersetzt worden. Anstelle von fünfzig schönen hölzernen Kästen fand ich zwölf Terminals vor. Mein wichtigstes Forschungswerkzeug war verschwunden. Ich stöhnte laut auf. Die zuständige Bibliothekarin besänftigte mich. »Bitte in der Bücherei nicht herumbrüllen! Und übrigens ist alles, was Sie brauchen, gleich hier auf dem Computer.« Als das Blut in mein Gesicht zurückgekehrt war, erzählte sie vom Tag der Umstellung. Die meisten ihrer Kollegen hatten eine Feier veranstaltet – nie wieder Ablage, und keine fehlenden Karten mehr.

Auch andere Bibliotheken, darunter Harvard, die *University of Maryland* und die *Cornell University*, haben ihre Kartenkataloge ausrangiert und den Anlaß gebührend begossen. Der Romancier Nicholson Baker besuchte Hunderte von Büchereien und berichtete, wie ein Angestellter auf den Katalog geschossen und ein anderer von einem Freudenfeuer gesprochen habe. Wenn Sie diese Zeilen lesen, wird die Dampfwalze der Modernisierung über die meisten US-amerikanischen Kartenkataloge hinweggegangen sein.

»Aber, aber das ist doch kein Grund, den ganzen Katalog zu zerstören«, stotterte ich. »Mein Kartenkatalog hilft mir besser weiter als jedes elektronische System.« Die Bibliothekarin bemerkte, daß sie es mit einem komischen Kauz zu tun hatte, und führte mich geduldig in den Gebrauch des Computers ein. »Es ist wirklich ziemlich einfach«, sagte sie in demselben herablassenden Tonfall, den ich von den Software-Hilfsverbindungen kenne. »Folgen Sie einfach dem Bildschirmmenü.«

Über Computer läßt sich am besten herausfinden, ob ein bestimmtes Buch in einer Bibliothek vorhanden ist. Rechner sind auch hervorragend geeignet, nach einem bekannten Verfasser oder Titel zu suchen. Bevor ich in die Bücherei gehe, wähle ich mich ein, um sicherzugehen, daß das Gewünschte zur Verfügung steht. Aber jetzt forschte ich über Kometen, Planeten und Atmosphären. Ich kannte weder Verfasser noch Titel der entsprechenden Werke. Für meine Arbeit brauchte ich themenbezogene Querverweise. Ich benötigte die professionelle Anleitung, die in einen guten Kartenkatalog eingebaut ist. Ich war auf die intuitiven Suchvorgänge angewiesen.

Als ich mit den Angestellten sprach, erfuhr ich, daß bei der Beerdigungsfeier für den Kartenkatalog ein paar Gesichter gefehlt hatten. Manche Kollegen hatten den Informationsverlust beklagt – nicht jeder Eintrag auf den Karten war in den Rechner gelangt. Andere räumten ein, daß computergestützte Recherche nicht der beste Weg sei. Sie kennen die Bedeutung des Glückstreffers; die Karten verraten einem Dinge, von denen ein Rechner nichts weiß. Oldtimer werden sich erinnern, daß früher ein oder zwei fehlende Karten eine unvollständige Recherche bedeuteten. Aber Außenseiter begreifen nicht, daß das Fehlen kompletter Kataloge die Vollständigkeit weitaus mehr beeinträchtigt.

Nach schrillen Protesten wurde Berkeleys Kartenregister mit knapper Not gerettet. Heute teilen Ihnen die Automatisierungsbefürworter mit, daß Sie es nur nach vorheriger Anmeldung benutzen können, und zwar in einem acht Kilometer vom Campus entfernten Lagerhaus.

Aber warum sollte irgend jemand mit Online-Katalogen unglücklich sein? Bibliothekare erklären Ihnen, daß sie bei der Umstellung auf Computersystem gewissenhaft sämtliche Informationen einscannen würden, damit nichts fehlt. Der Rechner habe alles aus dem Kartenregister, auch den direkten Zugang. Die Hinweise fänden sich nun lückenlos in einem System wieder, das wesentlich effizienter und nutzungsfreundlicher sei.

Keineswegs! Computerverzeichnisse haben nicht dieselbe Funktion wie Kartenkataloge. Sie sind eigentlich nur eine Auflistung dessen, was in den Regalen steht – eine Inventarliste nach Titel und Verfasser. Wenn Sie in eine Bücherei gehen und den gewünschten Titel schon kennen, sind Sie fein raus. *Das astronomische Sammelalbum* gefällig? Den neuesten Krimi von Sue Grafton? Ab zum Computer-Terminal, mein Freund. Für Leute, die nicht so genau wissen, welches Buch sie wollen, ist die Sache schon komplizierter. Viele recherchieren ganze Themenkomplexe, etwa den Pullman-Streik von 1894, oder Robert Moogs ersten Musik-Synthesizer. Sie benötigen Schlagwortverzeichnisse und Querverweise. Hiermit geizen die Computerkataloge – jedem Werk werden nur wenige Sachgebiete zugeordnet. Und diese sind nicht kreuzweise verknüpft; Sie können also nicht von Buch zu Buch hüpfen wie bei der Kartei.

Andere haben eine ungefähre Idee dessen, worauf sie zusteuern, und kommen in die Bibliothek, weil sie das Thema weiter zuspitzen müssen. Nehmen wir an, Sie wollen über viktorianische Architektur arbeiten, haben sich aber noch nicht entschieden, zu welchem Teilbereich. Der Computer wird überlaufen: viel zuviele Einträge unter diesem Begriff. Wenn Sie die Kartei durchstöbern, landen Sie vielleicht bei viktorianischen Kamindekorationen. Da aber der elektronische Katalog auf einzelne Werke anstelle von ganzen Sachgebieten verweist, läßt der Rechner Sie im Stich.

Wieder andere Forscher schätzen das Herumstöbern und Regaleabgrasen weit mehr als zielgerichtete, computergestützte Literatursuche. Ich gehöre zu jenen schlichten Gemütern; ich arbeite mich durch die Kartensammlung, um ein Gefühl dafür zu entwickeln, was im Bestand ist, und um Ideen für neue Richtungen der Recherche zu bekommen. Zur Inspiration also.

Ich weiß, daß Karteien nicht attraktiv sind. Sie haben keine flotten Namen wie *Gladis*, *Melvyl* oder *Hollis*. Sie versinnbildlichen auch nicht für die Außenwelt, daß die betreffende Bibliothek auf der Speerspitze des technologischen Fortschritts reitet (klingt schmerzhaft, nicht wahr?). Der Kartenkatalog ist eher das stumme Erbe von Generationen kompetenter Bibliothekare, denen ihre lokale Sammlung am Herzen lag.

Professor Beverly Lynch vom Büchereiverein der *University of California*, ehemaliger Vorsitzender der *American Library Association*, erinnert mich daran, daß die Kernidee der Bibliothekswissenschaft darin bestand, Material für die jeweilige örtliche Bücherei auszusuchen. Erst im Zuge der Automatisierungswelle wurde *gemeinsame Bestandsnutzung* zum neuen Zauberwort.

Mit anderen Worten: Sie sollten nicht länger nach Sammlungen Ausschau halten, die auf die Bedürfnisse Ihres Fachgebiets zugeschnitten sind. Statt dessen machen die Rechner jede Bibliothek zum Teil eines gigantischen Puzzles. Man kann Tapeten mit Bücherrücken kaufen – reihenweise Einbände. Fernsehstudios benutzen sie gern, um den Eindruck zu erwecken, sie verfügten über zahllose Nachschlagewerke. Vielleicht sollten die Bibliotheken Tapeten mit Computermuster anschaffen, damit die Besucher glauben, sie seien *high-tech*.

Computerkataloge funktionieren nicht, wie ich es erwarten würde. Ich wünsche eine Liste von Büchern über *Kometen* und *Jupiter* und erhalte die Antwort »622 Einträge gefunden«. Ich will ein paar Bücher, keine Lastwagenladung.

Ohne Befehle aus der Booleschen Algebra kann die computergestützte Schlagwortsuche nicht zwischen dem Planeten Saturn und dem gleichnamigen Gott oder Auto unterscheiden. Die Forscher müssen also eine logische Algebra erlernen, um ihre Anliegen auszudrücken. Leser werden zu Programmierern.

Auf dem grünen Bildschirm sehe ich stets nur eine Eintragung, ein Buch zur selben Zeit. Das System arbeitet linear und läßt keinen Raum für Zufallsentdeckungen. Nichts zum Anfassen, keine Inspiration. Die Karteikarte dagegen ist handfest, oder doch wenigstens von Pappe.* Und vergleichen Sie den Bildschirm mit den wunderschönen Holzschränken des Kartenkatalogs. Gemütliche Kämmerchen und kleine Schubladen, die nach Eiche riechen und nicht nach Plastik oder Ozon. All diese kleinen Fächer – ich würde gern Socken darin aufbewahren. Oder besser, eine

* Im Original spielt Stoll mit der Doppelbedeutung des englischen Wortes concrete (hier mit handfest übersetzt), das Beton oder auch konkret heißen kann – A. d. Ü.

ganze Wand meines Schlafzimmers damit auskleiden und in jedem Kästchen ein Paar Strümpfe verstecken.

Und wo würde ich dann die Literaturhinweise finden? Wahrscheinlich müßte ich den Computer bemühen. Aber für neue Anregungen, Glückstreffer und das Gefühl der Zusammengehörigkeit mit anderen Forschern werde ich mich weiter den Karten zuwenden. Sollten Sie jemals von einer Bibliothek hören, die ihre Kataloge verbrennen will, machen Sie den Leuten die Hölle heiß.

Wenn Sie das nächste Mal in der Bücherei sind, besorgen Sie sich professionelle Kommentare zu computerisierten Karteien. Sicherlich werden Sie auf ein gerüttelt Maß an technischen Lobeshymnen stoßen. Keine der Fachzeitschriften warnt davor, die alten Kataloge zu beseitigen. Die großen Namen der Bibliothekswissenschaft sind alle dabei; unvermeidlicherweise sind es Führungskräfte, die keinen Kontakt mit den Lesern haben.

Clifford Lynch hat einen Doktor in Computerwissenschaft und leitet die Bibliotheksautomatisierung der *University of California*. Seine Abteilung ersetzt Karteien durch Rechner.

»Es wird allerhand Unsinn über Online-Kataloge geschrieben«, schrieb er mir. »Manches sind letztlich nur sentimentale Gedankengänge über die Freuden der alten Kartenkataloge.« Wahrscheinlich bin ich sentimental, und ich habe auch Freude an Kartenkatalogen.

Ich bin nicht der einzige. In einem Beitrag für den *New Yorker* beschreibt Nicholson Baker das Kartenregister als ein wichtiges Forschungsinstrument, das von Bibliotheken landauf, landab ausgemustert wird. Er hält die Beseitigung dieser Kataloge für einen Anfall von Kurzsichtigkeit und Geistesfeindlichkeit. Recht hat er. Ich würde noch falsche

Sparsamkeit hinzufügen: Stets werden Online-Systeme als kostengünstig für die Büchereien hingestellt. Aber das Geld wird für Terminals und Programme ausgegeben, statt für Bücher, Schränke und Personal.

Elektronische Kataloge lassen viele sinnvolle Dinge nicht zu. Wenn Sie unter dem Schlagwort *Folklore* nach Büchern stöbern möchten, erwidert der Computer: »Stoßzeit-Beschränkung. Ihr Suchauftrag besteht aus einem Alltagsbegriff, dessen Bearbeitung das System verlangsamen würde. Während der Hauptnutzungszeiten kann Ihre Recherche nicht durchgeführt werden.« Kein Kartenregister hat mir jemals so etwas an den Kopf geworfen. Wie Baker erläutert, ist ein solcher Auftrag vollkommen vernünftig, vor allem bei neuen Nutzern. Doch das System ist im Interesse jener Fortgeschrittenen entwickelt worden, die die Online-Sprache beherrschen.

Wenn Sie wieder einmal in Chikago sind, probieren Sie doch das computerisierte Zentralregister der Stadtbücherei aus. Gehört ein Buch nicht zum Bestand einer der Zweigstellen, wird Ihnen seine Signatur nicht mitgeteilt. Sie können also nicht ans Regal gehen, wo es sonst systematisch eingeordnet wäre, und nachsehen, ob in der Nähe ein ähnliches Werk vorhanden ist. Grrr.

Obwohl ich ständig mit Rechnern arbeite, muß ich immer wieder neu überlegen, wie ich nach Quellen suchen soll. Zwischen den Bibliotheksbesuchen vergesse ich die Befehle. Jede Bücherei hat ein anderes Online-System; meine hat drei, die untereinander nicht kompatibel sind. Die Tasten der Terminals sind klebrig. Gerade wenn ich das Befehlsmenü brauche, ist es schon nach oben weggerollt. Ich brauche Hilfe.

Ebenso die Kinder. Leslie Edmonds von der *Downers Grove Public Library* in Illinois bat Viert-, Sechst- und Achtkläßler, Dinge wie *Feuerwehr*, *Insekten-Gedichte*, *Oktopustorte*, und *Der Fluch der blauen Figur* nachzuschlagen. Zwei Drittel der Suchvorgänge am Kartenkatalog führten zum Erfolg, aber nur 18 Prozent der Online-Recherchen. Keiner der Viertkläßler konnte mit dem computerisierten System umgehen. Es ist nicht ihre Schuld. Computerfreaks können solche Systeme nicht vernünftig entwerfen.

Die ihrer Mittel beraubten Büchereien haben Millionen von Dollar ausgegeben, um digitalisierte Register zu entwikkeln und zu unterhalten. Sie behaupten, diese seien effizient – schließlich brauchen die Bibliothekare keine neuen Kärtchen mehr in die kleinen Schubladen einzuordnen. Ich wette, daß das Ganze für die Bibliotheken unterm Strich ein Verlustgeschäft gewesen ist. Und mit den Büchern schwindet auch die Unterstützung der Kunden. Trotzdem glaubt jemand dort draußen, es sei notwendig, Kindern Zugang zum computerisierten Katalog der Kongreßbibliothek zu verschaffen. Macht nichts, daß sie dann nach Washington reisen müssen, wenn sie die Bücher dann lesen möchten.

Während die Bibliothekare Kartenkataloge wegwerfen und durch digitalisierte Inventarlisten ersetzen, streichen Büchereien die abendlichen Öffnungszeiten. Finden Sie den Fehler in diesem Bild.

Wir schreiben den 19. Juli 1994. Die Bruchstücke des Kometen Shoemaker-Levy 9 gehen gerade auf den Jupiter nieder, und jeder Planetenwissenschaftler schaut zu. Das kürzlich reparierte Hubble-Weltraumteleskop sendet Bilder herunter, bei denen mir das Wasser im Munde zusammenläuft. Zwanzig bedeutende Observatorien haben elektronische Suchstrahlen auf den Jupiter gerichtet. Ich verfolge alles an meiner Workstation.

Ansonsten bin ich immer noch dabei, die Jupiteratmosphäre zu simulieren. Ich frage mich, wie rasch sich die Einschlagsenergie zerstreuen wird. Ich will die Wirkungen des Kometen auf Basis eines mathematischen Modells der Jupiteratmosphäre in meinem Computer berechnen. Wenn ich weiß, wieviel Energie im sichtbaren und im unsichtbaren Infrarotbereich des Spektrums emittiert wird, kann ich vielleicht die Wolkenstruktur des Planeten noch präziser beschreiben. Ein schönes Stück Arbeit – man gebe mir ein paar Bilder des Kometeneinschlags, und ich drehe die Kurbel. Es gibt etwas Zeitdruck ... ein Dutzend anderer theoretischer Astronomen versuchen sich an demselben Problem. Ich möchte den Wettlauf gewinnen. Alles, was ich brauche, sind diese Aufnahmen.

Ich gehe ans Netz und wähle mich über *ftp* in den Dateiserver des *Space Telescope Science Institute* ein. Binnen zehn Sekunden müßte er mich eigentlich mit dem üblichen freudigen »anmelden bitte« begrüßen. Ich werde dann »anonym« eingeben und begrenzte Rechte auf Dateiabruf erhalten.

Eine Minute vergeht. Kein Piep von meinem vertrauten Netz. Vielleicht ist etwas falsch mit der Verbindung. Ich verlasse *ftp* und prüfe das Gerät mit *ping*. *Ping* ist ein nettes *Unix*-Programm, das nach Verzögerungen im Netz sucht. Es sendet ein kleines Paket durchs Netz, und der Rechner am anderen Ende schickt es zurück. Das Paket ist mit einer Zeitmarke versehen – bei Rückkehr berechnet mein Computer die Zeit, die es unterwegs war. Kurz gesagt stoppe ich also die Dauer der Echos aus einem elektronischen Abgrund.

> ping ftp.stsci.edu	*Ich beginne, Pakete abzuschicken*
PING MARVEL.STSCI.EDU: 56 data bytes	*Hier kommt das erste*

64 Bytes from 130.167.1.125: time=964 ms	*Antwort brauchte fast eine Sekunde*
Timed out waiting for echo reply	*Paket verlorengegangen*
64 Bytes from 130.167.1.125: time=583 ms	*Antwort brauchte eine halbe Sekunde*
Timed out waiting for echo reply	*noch ein verlorenes Paket*
Timed out waiting for echo reply	*und wieder eins in Luft aufgelöst*
64 Bytes from 130.167.1.125: time=617 ms	*etwas über eine halbe Sekunde*
64 Bytes from 130.167.1.125: time=994 ms	*fast eine Sekunde Verzögerung*

Aha. Lange Verzögerungen. Pakete sollten nur eine Zehntelsekunde brauchen, um das Netz zu durchqueren. Hier dauert es fünf- bis zehnmal so lange. Es sind auch welche verlorengegangen. Andere Dienste sind ebenfalls verstopft: *Jet Propulsion Labs*, *Center for Astrophysics*, das *Goddard Spaceflight Center* der NASA. Warum? Weil jeder Hans und Franz diese Bilder will. Es gibt auf der Welt nur ein paar tausend Astronomen, doch die Reklame im Umfeld dieses Ereignisses ist eine Einladung für hunderttausend Dateiübertragungen. Um so schlimmer, als jede Aufnahme g-r-o-o-o-ß ist: ein viertel Megabyte oder mehr.

Während ich darauf warte, daß die Daten durch die verstopften Arterien sickern, lange ich in den Topf mit Schokolinsenkeksen und überlege: Woran genau liegt es, daß ich die Daten jetzt nicht bekomme? Was muß hier verbessert werden?

Die Kunde von interessanten Sachen im astronomischen Archiv oder dem MTV-Dateiserver verbreitet sich rasch. Das Netz ist für Normalbelastung ausgelegt; wenn jeder eine Datei von derselben Quelle will, wird eben alles langsamer. Lösung: Größere Bandbreiten fürs Rückgrat des Systems. Schnellere Glasfaserverbindungen. Mehr Dateiserver.

Doppelte Bandbreite, doppelte Übertragungsgeschwindigkeit. Nettes technisches Flickwerk.

Solche Sachen schlagen die Computerfreaks vor. David Wasley, der Leiter der Netzdienste an der *University of California* in Berkeley, meint: »Es wird immer wieder Verstopfungen geben, dagegen ist nichts zu machen. Wir müssen ganz einfach Wege finden, bei Bedarf neue Kapazitäten zu schaffen.«

Das beseitigt die Bandbreitenprobleme des Internet ebensowenig wie neue Autobahnen den Verkehrsstau. Die Zahl der Bytes, die den Kontinent durchqueren, wird ansteigen wie die der Kraftfahrzeuge. Haben wir aus fünf Jahrzehnten Autobahnbau nichts gelernt? Jede neue Straße sollte ausdrücklich Engpässe beseitigen, und doch sind die Verstopfungen heute schlimmer denn je. Autobahnbau zieht neue Verkehrsströme nach sich. Er fördert auch eine benzinverschwendende Welt, die das Bewohnen von Trabantenstädten als Lebensstil ermöglicht und Berufspendeln zum achtbaren Zeitvertreib macht. Diese Politk ist nachweislich schuld am Niedergang unserer Eisen- und Straßenbahnen und der Zerstörung unserer Städte, von den zubetonierten Wäldern und Feldern ganz zu schweigen. Sie hat uns in die Abhängigkeit von ausländischem Erdöl getrieben, das Schmiedehandwerk praktisch beseitigt und die Abfallberge wachsen lassen. Gut, ich wollte also nur sagen, daß mehr Straßen dazu führen, daß auf ihnen mehr Autos fahren.

Daher bezweifle ich auch, daß die Ausweitung der Bandbreiten im Internet künftige Engpässe vermeiden hilft. Es werden bloß noch mehr Leute im Netz fischen und größere Pakete durch die Kabel schicken.

Es ist eine Besonderheit des Internet, daß Überlastung Verspätungen nach sich zieht. Ein anders konzipiertes System würde die Daten vielleicht mit derselben Geschwindigkeit übertragen, aber die Qualität herabsetzen. Wir würden die Informationen rasch erhalten, aber mit Fehlern. Das Geheimnis besteht darin, daß das Internet keine Verbindungen kennt. Es gibt keine Direktschaltung vom Sender zum Empfänger. Eine Botschaft wird in Pakete unterteilt, die alle über unterschiedliche Verzweigungen ihren eigenen Weg zur Adresse nehmen.

Es scheint, als gebe es da eine Leitung zwischen Ihrem Rechner und meinem, aber jedes Paket macht vielleicht zwanzig oder dreißig Sprünge. Verschiedene Pakete ein und derselben Dateiübertragung können sehr verschiedene Pfade benutzen. Dies ist dynamisches Routing: Eine Botschaft geht in Form vieler Pakete auf die Reise, und jedes sucht sich die günstigste Strecke. Wenn unterwegs ein Computer abstürzt, kommt die Nachricht dennoch an, weil der Ursprungsrechner das Paket schließlich noch einmal senden wird. Pakete vieler Absender können sich ein einziges Kabel teilen. Um eine Nachricht von Berkeley nach England zu schicken, brauche ich nicht eigens eine Leitung zu mieten.

All das funktioniert bestens, solange das System nicht überlastet ist. Bei zu starker Beanspruchung läßt sich nicht viel machen. Das Netz kann Pakete verzögern, so daß es langsam erscheint. Oder Schaltpunkte am Weg lassen einige Pakete fallen, woraufhin sie die sendenden Rechner erneut abschicken. Auch dann wirkt das Netz langsam.

Es ist wie mit der Tragödie des Gemeindelandes. Wenn nur wenige Dorfbewohner ihre Kühe dort grasen lassen, ist alles in Ordnung, und die Kommune gedeiht. Da es nichts kostet, bringen die Besitzer immer mehr Vieh auf den Anger. Schließlich ist das Land überweidet und verwandelt sich in Schlamm. Alle verlieren. Dasselbe geschah mit der Dorschfischerei vor der Küste Neufundlands und der sauberen Luft von Los Angeles. Der einzelne ist unschuldig; das Problem besteht darin, daß wir für eine knappe Ressource nicht zur Kasse gebeten werden.

Die Ausdehnung der Bandbreite wird die Schwierigkeiten des Internet ebensowenig lösen wie die Vergrößerung des Gemeindelandes das der Überweidung. Große wissenschaftliche Probleme wie Lautstärkenvisualisierung oder hydrodynamische Modelle können mehrere Gigabyte pro Sekunde beanspruchen. Selbst simple Dinge wie die Vorführung beweglicher Bilder oder die Übertragung von Stimme im Netz schlucken leicht viele Megabyte im selben Zeitabschnitt. Und die Versandgeschwindigkeiten für Daten sind begrenzt. Selbst bei superschnellen Verbindungen bleibt der Engpaß der Knotenpunkte. An jeder Schaltstelle muß ein Computer die Adresse sämtlicher eingehenden Pakete lesen. Bei rund einem Dutzend solcher Relaisstationen zwischen Sender und Empfänger beschränkt dies die maximale Reisegeschwindigkeit der Daten. Wir haben uns daran gewöhnt, Verbindungswege für die Schwachstelle zu halten, aber bald wird es das Schaltsystem sein. Im kommenden Jahrzehnt dürften Verstopfungen ebensosehr aus den einen wie dem anderen resultieren.

Wenn jeder Nutzer die Art Dienste erwartet, von denen die Internet-Verfechter heute tönen, ist ein Gigabyte pro Sekunde keine ausreichende Bandbreite. Schließlich bekommt man Informationen im Internet umsonst. Der Versand von E-Mail, Datensuche oder Dateiübertragung verursacht keine Kosten. Wirklich nicht?

Unfug. Information gab und gibt es nicht geschenkt. Jemand hat die Zeitschrift vor meiner Tür bezahlt. Nicht nur das Papier. Schreiber, Redakteure und Drucker arbeiten nicht ehrenamtlich. Und ebensowenig gibt es im Internet Gratisinformationen. Jemand hat Geld für das grüne Ethernet-Kabel ausgegeben, das an meiner Wand entlangläuft, und auch für den Hochgeschwindigkeits-Paketrouter, die Glasfaserverbindungen und die Gigabyte an Diskettenkapazität. Das heutige Internet vermittelt den falschen Eindruck eines kostenlosen Netzes. Ich zahle nichts, wenn ich mitten in der Nacht Dateien verschicke. Derselbe Preis gilt tagsüber, ob es sich um einen Absatz E-Mail oder eine Dissertation handelt, um eine innerstädtische oder eine Überseeverbindung. Da es keine funktionierende Buchhaltung gibt, scheinen Internet-Botschaften soviel zu kosten wie Luft.

Diese auf dem Kopf stehende Ökonomie bietet keinen Anreiz für einen effizienten Gebrauch des Netzes. Die phantasievollsten Programme, wie etwa *Mosaic*, konsumieren jede Menge Bandbreite, um hübsche Hintergrundbilder zu zeigen. Interaktive Telnet-Sitzungen erfordern beim Senden eines vollen Pakets durchs Netz den Anschluß jeder Taste. Auszüge von Rockmusik schlucken weitaus mehr Ressourcen der Netzgemeinschaft als eine E-Mail-Botschaft mit zwanzig Worten.

Ich behaupte, daß das Internet mißbraucht werden wird, solange seine Preise nicht die Kosten reflektieren. Es gibt viele Möglichkeiten, Gebühren zu erheben. Die meisten kommerziellen Dienste berechnen einfach die Dauer, die der Kunde online ist. Ich zahle dasselbe, ob ich nun während der Einwählzeit die Witze des Tages unter *rec.humor.funny* lese oder eine gewaltige Photoshop-Datei versende.

Da für die Übertragung von Dateien keine Gebühren bezahlt werden müssen, rufen Computerfreaks einfach Bilder von Diensten wie *alt.binaries.pictures.erotica* ab. Diese Dateien sind groß, und ihr Versand kostet Geld. Es wäre weitaus billiger, Pornohefte zu kaufen – wenn den Nutzern die Verwendung des Internet in Rechnung gestellt würde.

Warum nicht die Preise nach Anzahl der Bytes oder Entfernung des Adressaten kalkulieren? Neuseeland und Chile haben schon eine Art verbrauchsbezogenes Forderungssystem eingerichtet. Aber das Internet ist nicht wirklich auf diese Art der Kontenführung ausgelegt. Es bedürfte dafür einer grundlegenden Änderung der Art und Weise des Netzbetriebs.

Jeffrey MacKie-Mason und Hal Varian von der *University of Michigan* schlagen vor, Netzressourcen zu versteigern: Wenn Sie eine Botschaft senden, fügen Sie den Preis bei, den Sie für eine schnelle Antwort zu zahlen bereit sind. Die Router vergleichen Ihr Gebot mit anderen Teilnehmern und leiten die Post der Meistbietenden bevorzugt weiter.

Doch keiner dieser Vorschläge genießt bei den Netzsurfern Popularität. Wenn Dienstleistungen Geld kosten, fühlen sie sich eingeengt. Sie wollen für die Nutzung von Information nichts bezahlen.

Vielleicht habe ich es falsch verstanden. Möglicherweise geht es in Ordnung, für die *Verbreitung* zu zahlen, nicht aber für die Information als solche? Nun, Informationen über Telefon sind nicht umsonst, selbst, wenn man die Fernsprechgebühren unberücksichtigt läßt. Jemand stellt Zeit und Fachwissen zur Verfügung. Ein fünfminütiges Gespräch mit einem Anwalt kostet Geld, obgleich die Rechtsbibliotheken der Öffentlichkeit zugänglich sind. Ein Dutzend Programmierer entwickelt eine Textverarbeitung. Ein Jahr lang schwitzen sie, überarbeiten Funktionen und spüren Fehler auf. Das Schloß aus Bits, das sie erbaut haben, macht eine einzige Datei aus. Auch hier handelt es sich um Information – und schwerlich um kostenlose.

Wer ist Eigentümer solcher Informationen? Nur, weil Ihnen ein Buch oder eine CD-ROM gehört, haben Sie noch nicht das Recht auf Vervielfältigung oder Wiederveröffentlichung. Und doch habe ich von der *Free Software Foundation* das Argument gehört, Programme unterschieden sich grundlegend von Büchern, weil man letztere mit Vergnügen lesen, erstere hingegen lediglich benutzen würde. Sie meinen, Urheberrechte richteten gesellschaftlichen Schaden an, indem sie den freien Informationsfluß behinderten.

Information soll es umsonst geben. So lautet das Credo derer, die sich Software kopieren oder in Computer einbrechen. Das ist Techno-Marxismus: Schaffen wir das Privateigentum ab, und alle werden glücklich.

In einer Traumwelt könnten vielleicht sämtliche Informationen gratis an alle verteilt werden – Bücher, Programme, Datenbanken, Videobänder, Aufnahmen und die Zeitung von morgen. Wir müßten auch niemanden dafür bezahlen, dieses Info-Utopia zu katalogisieren. Wenn Sie etwas wünschen, fragen Sie danach, und ein Expertensystem schafft es herbei.

Ich kaue noch immer auf den Schokolinsenkeksen, als mir auffällt, daß inzwischen eine Stunde vergangen ist und ich nach wie vor auf meine Jupiterbilder warte. Seltsam: Ich schmecke Lebensmittel nicht wirklich, wenn ich online bin. Die Tastatur wird fettig, aber ich weiß nicht recht, wie viele Kekse ich verzehrt habe. Der Computer hat das Beste am Essen gestohlen.

Zehn Jahre lang betrieb *White Sands Missile Range* das wichtigste Archiv des Internet: die *SIMTEL*-Softwarebibliothek. Sie speicherte Gigabytes von Public-Domain-Programmen für Großrechner, PCs und alles dazwischen. Wenn ich ein Programm benötigte, schaute ich erst bei *SIMTEL* nach.

Um die Bestände zu verwalten, zu lichten und zu katalogisieren, waren drei Vollzeitkräfte beschäftigt. Das Archivieren von Information ist nicht passiv und trivial: Die drei mußten laufend nach Viren, Dopplungen und überholten Programmen suchen. Sie hatten neben den Programmen die Dokumentation zu speichern und Kataloge mit Programmbeschreibungen zu erstellen. Einiges davon automatisierten sie; für den Rest bedurfte es eben einiger schlauer und tatkräftiger Leute.

Als dann der Rotstift regierte, wurde es auch für *SIMTEL* eng. Das Archiv brachte nichts für die Raketenbasis; es diente dem Gemeinwohl. Drei Petitionsinitiativen über Internet, Telefonanrufe und E-Mail ans Pentagon konnten die Schließung der Bibliothek nicht verhindern. Sollten Sie heute nach einem ungwöhnlichen Stück Software suchen, muß ich Ihnen leider mitteilen, daß die schönste Sammlung des Internet nur mehr eine Erinnerung ist.

Aber es hat nichts mit *SIMTEL* zu tun, daß ich heute nacht nicht an meine Jupiteraufnahmen komme. Ich bin beim vorletzten Keks angelangt, als der Cursor auf dem Schirm blinkt. Diesmal ist es nicht das langsame Netz: Mein Heimcomputer ist seit zehn Minuten abgeschaltet. Nach zwei Stunden ohne Eingabe meinerseits hat mich mein Computer in Berkeley abgemeldet.

Dem Fortschritt der Astrophysik kann eine zweistündige Verspätung nichts anhaben. Es wird ohnehin ein paar Monate dauern, die Jupiterdaten zu analysieren. Aber trotzdem, da haben Sie's: Das Internet in der Feuerprobe. Keine Empfehlung für ein System, das als weltweiter Notdienst im Falle von Naturkatastrophen propagiert wird.

Beim letzten Erdbeben in San Francisco machte sich das Internet ganz prächtig bei der Datenübermittlung. Aber damals funktionierte in den meisten Haushalten auch noch die Stromversorgung, und das örtliche Telefonnetz war intakt geblieben, so daß Netzbotschaften weitergeleitet wurden, wenn auch langsam. Das lag daran, daß das Internet Pakete an fehlerhaften Stellen umleitet. Das System kann die Zustellung nicht garantieren, aber es tut sein Bestes.

Doch für künftige Katastrophen bin ich mir nicht so sicher. Nur wenige Internet-Computer verfügen über Notstromaggregate, die stundenlangen Betrieb gewährleisten – niemand verlangt, daß Dienstleistungsanbieter Ersatzgeneratoren bereithalten. Außerdem folgen die Datenströme denselben Routen wie der Fernsprechverkehr. Ist dieser unterbrochen, dann auch jene, wenn auch das Internet den Vorteil robusterer Umleitungsmöglichkeiten hat. Allerdings: Bei Erdbeben oder Überschwemmungen wird mein Heimcomputer wertlos. Elektrizität ist normalerweise die erste Versorgungseinrichtung, die ausfällt, dicht gefolgt vom Telefon. Ich bräuchte also einen Laptop, der über ein Funktelefon-Modem vernetzt ist. Die Funkverbindungen werden vermutlich auch überlastet sein.

Und überhaupt: Die meisten Notfälle verlangen Bewegung und Muskelkraft, keine elektronischen Gedankengänge. Wenn die Hayward-Verwerfung nachgibt und meine Seite von Berkeley in Richtung San Francisco Bay rutscht, wird die entscheidende Kommunikation über Walkie-talkie und CB-Funk stattfinden; nicht im Netz.

Aber andererseits, was ist schon entscheidend? Meine Astronomie ist es nicht. Das *SIMTEL*-Softwarearchiv war es nicht. Und Bibliotheken sind es vielleicht auch nicht.

Besuchen Sie Ihre örtliche Bücherei, und berichten Sie mir anschließend, weshalb sie dringend Zuschüsse benötigt. Ich verstehe es nämlich nicht – Bibliotheken sind unsere wichtigsten kommunalen Informationseinrichtungen. Da es ständig heißt, daß wir im Informationszeitalter leben, müßte ihnen doch eigentlich höchste politische Priorität zukommen. Schließlich sind sie das Zentrum eines jeden Wohnviertels, das die Leute aufsuchen, um die letzten Meldungen zu hören?

Tatsächlich geschieht ebendies: Büchereien werden beliebte Einfallstore zum Netz. In Cleveland, Los Angeles und Victoria in British Columbia bieten kommunale Bibliotheken bereits kostenlosen öffentlichen Internet-Zugang. Juhu! Die freien Netze erreichen die echten Wohnviertel.

Wieder andere Büchereien haben örtliche Schwarze Bretter eingerichtet, wo wirkliche kommunale Anliegen zur Sprache kommen. Nationale Fragen treten in den Hintergrund, wo es um Verkehrsberuhigung, Straßenreinigung und Parkuhren geht. Hier verschmelzen die elektronischen mit den realen Gemeinschaften zu einer Mischung aus Büchereien, Computeramateuren und Vorgartenpolitik. Natürlich fehlt es dafür an öffentlichen Mitteln, aber eines Tages werden die Leute, die Datenautobahnen subventionieren, herausfinden, daß sich das wirkliche Leben in den Gassen und Nebenstraßen abspielt.

Wenn es etwas gibt, womit sich Bibliothekare auskennen, ist es das Katalogisieren. Sie haben jahrhundertelange Erfahrung im Umgang mit Büchern über seltsame Themen. Also erklären Sie mir bitte eins: Wie kommt es, daß sie nicht von Anfang an bei der Entwicklung der meisten Datenbanken konsultiert worden sind?

Das weltweite Usenet bietet ein gutes Beispiel für die Verwirrung, die sich in Abwesenheit von Bibliothekaren ausbreitet. Es ist die verrückteste Art, Information zu organisieren. Anders als *Gaul* ist das Usenet in acht Hauptteile untergliedert: *Datenverarbeitung*, *Wissenschaft*, *Freizeit*, *Nachrichten*, *Gesellschaft*, *Schwatz*, *Verschiedenes* und *Alternatives*. Die drei ersten Netzgruppen sind einfach – Sie finden *comp.graphics.animation* oder *rec.sport.rugby*. Die Nachrichtensparte handelt vom Usenet selbst: Titel für die Nachrichtenverwaltung, Fragen der Netzpolitik, Statistiken.

Damit bleiben vier Gruppen für den Rest der Welt: *Gesellschaft*, *Schwatz*, *Verschiedenes* und *Alternatives*. Die *Gesellschafts*-Newsgroups konzentrieren sich auf kulturellen und religiösen Streit – Armenier kämpfen gegen Türken und Taiwanesen gegen Rotchinesen. Hier findet sich aber auch *soc.singles*, wohin Nachrichten über Single-Treffen gesandt werden. Die *Schwatz*-Newsgroups vereinen politische, religiöse und philosophische Phrasendrescherei. Die *Alternativ*-Abteilung steht jedem offen, um Diskussionsforen zu beliebigen Themen einzurichten.

Eine seltsame Weise, die ganze Palette menschlicher Beziehungen einzuteilen. Es klappt gut, solange die meisten Nutzer an Datenverarbeitung, Ingenieurswesen und Freizeit interessiert sind. Während sich Tausende von Newsgroups der Informatik hingeben, beziehen sich erstaunlich wenige auf Geisteswissenschaften. Wählen Sie ein Thema aus diesem Bereich: Wahrscheinlich ist es im Usenet nicht abgedeckt. Oder möchten Sie den kommerziellen Bananenanbau diskutieren? Nun, dafür gibt es keine Sparte außer *Verschiedenes*.

Ich erwähne das nur, weil kein Bibliothekar jemals auf die Idee käme, ein derartig abgedrehtes, obskures System aufzustellen. Ich könnte wetten, da hat irgendein Computerfreak die Dinge niedergekritzelt, die ihm wichtig vorkamen, als er gerade mit dem Bus fuhr. Er entwickelte das System an einem Nachmittag, und wir müssen nun die nächsten hundert Jahre damit leben. Bananenpflanzer finden sich in derselben Kategorie wie Behinderte, Hausbesitzer und Grundstücksspekulanten: *Verschiedenes*.

Neue Internet-Nutzer machen sich oft Vorwürfe, wenn sie keine Informationen aufspüren. »Ich muß begriffsstutzig sein. Wenn ich bloß logischer denken könnte, würde ich auch finden, wonach ich suche.« Sie merken nicht, daß die Wurzel ihres Unheils in der Desorganisation des Netzes besteht.

Computer dringen in die Büchereien vor, und Bibliothekare verbringen viel Zeit damit, sie bedienen zu lernen. Wenn Sie das nächste Mal Ihren Leseausweis verlängern müssen und sich fragen, wo der Bibliothekar steckt, schauen Sie nach, ob er gerade Unterricht nimmt, um den Zugang zu irgendeiner Datenbank zu erlernen.

Halten Sie einen Moment inne, um des griechischen Astronomen Eratosthenes zu gedenken. Sie entsinnen sich vielleicht, daß er als erster die Größe der Erde berechnete. Um 200 v. Chr. bemerkte er am Sommeranfang, daß das Licht der Mittagssonne bei Syene in Ägypten gerade in einen Brunnenschacht fiel, während es in Alexandria sieben Grad von der Vertikale abwich. Aus diesem Verhältnis und der Entfernung der beiden Städte voneinander ermittelte er die Größe der Erde. Und er war es auch, der einen Weg fand, durch bloßes Abzählen Primzahlen zu ermitteln. Man schreibe von drei an aufwärts alle ungeraden Zahlen nieder und streiche jede dritte Zahl nach der Drei, jede fünfte nach der Fünf, jede siebte nach der Sieben, und so weiter. Übrig bleiben die Primzahlen. Das Sieb des Erathostenes entdeckt sie ohne Division oder Multiplikation.

Wundervolle Experimente, für die weder Computer noch Netz zur Verfügung standen. Aber Eratosthenes war im Besitz eines weit leistungsfähigeren Werkzeugs: Er war Bibliothekar der Bücherei von Alexandria.

Die Stadt war der Standort des großen Leuchtturms von Pharos, eines der sieben antiken Weltwunder. Aber stellen Sie sich die Bücherei vor – sie ist das wirkliche Monument, das durch die Jahrhunderte schien.

König Ptolomäus der Erste sandte Botschaften an alle Herrscher und Statthalter der damals bekannten Welt und bat sie um Werke aller Art – »von Poeten und Prosaschreibern, und allen anderen auch«. Sämtliche Bücher an Bord von Schiffen, die den Hafen anliefen, wurden konfisziert und kopiert; die Besitzer erhielten die Abschriften.

Diese Sammlung von fünfhunderttausend Schriftrollen markierte den Höhepunkt des hellenistischen Griechenland. Ptolomäus Philadelphus hielt Symposien ab, auf denen er die größten Weisen jener Tage befragte: »Wie kann das Königreich erhalten werden?« – »Wie kann man in Gerichtsverfahren die Zustimmung von Leuten erlangen, die die Wahrheit nicht sehen?« – »Wie kann man mit seiner Frau auf gutem Fuß bleiben?« und »Wie soll man die Mußestunden verbringen?« Ein jüdischer Forscher, dem nicht bekannt war, daß sein Gesprächspartner sämtliche Bücher der Welt besaß, antwortete auf die letzte Frage: »Vor allem solltet Ihr lesen.«

Nun hat das nicht viel mit Computern oder Netzen zu tun, mit Ausnahme dessen, was 900 Jahre später geschah. Als Amrou ibn al-As die Flagge Mohammeds über den Mauern von Alexandria hißte, fragte er den Kalifen Omar, was mit der Bücherei geschehen sollte. Traurigerweise lautete die Antwort: »Wenn die Bücher im Einklang mit dem Buch Allahs stehen, können wir auf sie verzichten, denn das Buch Allahs ist mehr als genug. Wenn sie nicht im Einklang stehen, besteht kein Bedarf, sie aufzuheben.«

Sie brauchten sechs Monate, um die Bücher zu verbrennen. Das Feuer diente dazu, Wasser für die öffentlichen Bäder zu erhitzen.

Stellen Sie sich vor, Sie könnten eine Zeitreise machen und die Bibliothek von Alexandria retten. Gehen wir von einer halben Million Werke aus. Es sind zylindrische Rollen, also nicht gut zu stapeln. Vielleicht können Sie ein paar tausend davon in einem großen gelben Möbelwagen unterbringen. Sie rufen also beim *Ryder*-Autoverleih an, treiben dreihundert Lkw auf und fahren sie durch eine Zeitschleife ins Nildelta des Jahres 50 v. Chr. Der Konvoi verlädt die Bestände, entkommt in die Wüste und zaubert die Werke hinweg, noch bevor der Pöbel an die Tore der Bücherei gelangt ist, rechtzeitig vor der Ankunft von Julius Cäsar oder Kalif Omar.

Hier und jetzt, zwei Jahrtausende später, wird das Wissen, das sonst zerstört worden wäre, zum Schatz von Forschern und Historikern. Wir könnten die Hintergründe des aristotelischen Denkens verstehen, Details des täglichen Lebens in Mesopotamien rekonstruieren oder Fortsetzungen der Homerischen Epen lesen (*Ilias, Teil III: Die Rache des Trojanischen Pferdes*). Und erstaunlicherweise würden wir sie immer noch entziffern können. Könnte ich das doch auch von meinen alten CP/M-8-inch Floppy Discs sagen!

Aber um das Wichtigste nicht zu versäumen: Der wirkliche Wert der Bücher zeigt sich als Bestandteil einer funktionierenden Bibliothek im Herzen der antiken Welt. Zusammen mit den Bibliothekaren gehören diese Rollen nach Alexandria, um dort jeden zu unterweisen oder anzuregen, der zum Lesen hereinkommt.

Die zerstörten Schriftrollen sollten uns eine Lehre sein: Wenn wir unsere Schätze nicht beschützen, hallt der Verlust durch alle Zeiten nach.

Doch so wird es unseren öffentlichen Büchereien nicht ergehen.

Nein, ich mache mir keine Gedanken um die bücherlose Bibliothek, dieses effiziente, kostensparende Konstrukt, das menschenleer ist und nur glänzende Bestände an Modems, Laufwerken und miteinander kommunizierenden Datenträgern beherbergt. Ein Ort ohne Besucher, Kinderstunde und Bibliothekare. Ebensowenig werden unsere Bücher als Heizmaterial für Badewasser enden. Man wird sie auch nicht sorgfältig in einen Monolithiumfluorid-Kristallwürfel mit sechs Inch Kantenlänge einscannen.

Statt dessen habe ich den Verdacht, daß die Computer unsere Bibliotheken auf krummen Wegen von innen her zerfressen. Sie werden Mittel für neue Bücher verschlingen und Angestellte erfordern, die besser mit Rechnern als mit Kindern und Wissenschaftlern zurechtkommen. Die Büchereien werden sich darauf einrichten, das Publikum mit schneller, anspruchsloser Information zu versorgen.

Am Ende steht nicht die Bibliothek ohne Bücher, sondern die Bibliothek ohne Wert.

12//Worin der Verfasser sich mit Schwarzen Brettern und Anwendergruppen befaßt und die Nutzung seines Modems überdenkt

Sie möchten Ihr eigenes Schwarzes Brett einrichten? Wahrscheinlich haben Sie schon alles, was Sie dazu brauchen. Computer, Modem und Telefonverbindung bleiben dieselben, die Sie schon zum Einwählen in ein Netz benutzt haben. Besorgen Sie sich eine Kopie der passenden Software, geben Sie Ihre Telefonnummer bekannt, und schon kann's losgehen. Ihre Freunde programmieren ihre Rechner, Ihre Verbindung anzuwählen, die jeweiligen Modems schütteln sich die Hände, beginnen Gespräche, schicken Nachrichten ab und tauschen *shareware* aus. Ein wundervoll einfacher Weg, frohe Botschaften zu verbreiten, Menschen für eine gute Sache zu gewinnen oder ein paar Gerüchte aufzuschnappen. Eine elektronische Oase.

Oder vielleicht haben Sie genug davon, immer wieder dieselben alten Newsgroups im Usenet zu lesen. Um eine neue zu gründen, müßten hundert oder mehr andere Nutzer zustimmen – eine beträchtliche Hürde. Also stellen Sie die E-Mail-Adressen einiger Bekannter zusammen und eröffnen eine *mailing list*. Immer, wenn Ihnen jemand etwas schickt, leitet jetzt Ihr Computer die Botschaft an die übrigen Anschriften weiter. Im Handumdrehen sind Sie gleichzeitig

Informationsquelle, Konferenzzentrum, Herausgeber und *junk mailer*.

Und es gibt noch mehr Arten, Neuigkeiten zu verbreiten. Übermitteln Sie Ihre Botschaft an einen Dateiserver, so daß andere sie über Internet oder einen kommerziellen Dienst abrufen können. Senden Sie Daten von Ihrem Modem an das eines Freundes. Schicken Sie eine Diskette mit der Post, oder greifen Sie einfach zum Telefon.

Im Internet gibt es eine *mailing list* zum Austausch von Häkelornamenten. Anderswo stieß ich auf ein Programm, das beim Entwerfen von Schnittmustern hilft. In der Newsgroup *alt.sewing* verfolgte ich eine Diskussion über die Instandsetzung von Nähmaschinen mit Pedalantrieb, und verschiedene Nutzer auf *rec.crafts.quilting* organisieren einen regelmäßigen Erfahrungsaustausch übers Absteppen. Unter *rec.pets.cats* bietet das Usenet ein Forum für Katzenliebhaber. Es besteht sogar eine *mailing list*, die davor warnt, mit Taschenlampen auf Höhlenforschung zu gehen oder durch die Aufzüge verlassener Getreidesilos zu kriechen. Tolle Sachen also. Ich schalte mich immer ein, um mich von einer stumpfsinnigen Arbeit zu erholen.

Von San Juan, Puerto Rico aus leitet Sharon Castellanos über *CompuServe* eine Online-Gebetsgruppe. Rabbi Kalman Packouz verschickt im Internet per Fax ein wöchentliches Sabbat-Shalom an mehrere tausend Juden. Jazakallah Khairun und Nauman Mysorewala moderieren die Newsgroup *soc.religion.islam*. Im günstigsten Fall bieten diese und andere Plattformen einen Ort, um andere Religionen kennenzulernen, Menschen derselben Konfession zu begegnen und abweichende Interpretationen zu diskutieren. Im schlimmsten Fall findet man reichlich selbstgerechten Fanatismus und Intoleranz.

Etwas wie *Joes Mailbox* mit ihren wenigen Einwahl-Zugängen und einer Verbindung zum Internet hat man bisher noch nicht gesehen. Joe läßt jeden sein System benutzen, ohne Partei zu ergreifen. Er ist nur daran interessiert, Leute zu treffen, Gerüchte mitzukriegen oder vielleicht Gebühren für Online-Verbindungen einzusammeln.

Joe ist ein allgemeiner Träger wie die Telefongesellschaft oder eine Speditionsfirma. Seine Dienste stehen jedem zur Verfügung, der seine Gebühren zahlt. Wie die Telefongesellschaft schreibt Ihnen auch Joe nicht vor, was Sie mitteilen sollen. Weder liest er Ihre Post, noch filtert er Ihre Kommentare. Oder doch? Es gibt Systemoperatoren, die unliebsame Botschaften beseitigen – Hetztiraden, Flüche, Reklame. In der Tat gehört es zu den lästigen Aufgaben beim Betrieb eines Schwarzen Brettes, die Eingaben nach Viren und Werbung abzusuchen. Außerdem werden allgemeine Träger zwangsläufig besteuert, lizensiert und reguliert – kaum geeignet für den Teenager von nebenan.

Ein Mailboxsystem ist also kein wirklich allgemeiner Träger: Die Betreiber müssen auf den Inhalt der durch sie verbreiteten Information achten.

Dann ist Joe vielleicht ein Herausgeber? Wie eine Zeitung bietet sein Schwarzes Brett einen Ort für Fakten und Meinungen. Autoren schreiben Artikel, und Joe gibt sie zum Lesen an die Öffentlichkeit weiter. Er ist Freizeitredakteur, -drucker und -verteiler, ein Grenzgänger der freien Presse, und versorgt uns mit Informationen. Aber Herausgeber stehen zu jeder Meldung, die sie drucken. Unkorrekte Berichterstattung kann Verleumdungsklagen nach sich ziehen, so daß Reporter, Redakteure und Autoren sorgfältige Arbeit abliefern müssen. Fehlerhaftes landet nicht selten vor Gericht.

Anders bei Mailboxbetreibern. Sie werden für das, was über ihre Modems weitervermittelt wird, nicht zur Verantwortung gezogen. Und in der Tat können Systemoperatoren bei Hunderten von Botschaften täglich den Posteingang kaum auch nur überfliegen, geschweige denn auf üble Nachrede im Sinne des Gesetzes hin überprüfen. Gewiß werden die meisten offenkundiges Kesseltreiben wegkürzen, sind aber schon aufgrund der schieren Menge an Texten nicht in der Lage, diese Satz für Satz zu kontrollieren. Ferner werden viele Schwarze Bretter von Amateuren ohne ersichtliche Hilfsmittel verwaltet. Ihnen die Standards des Pressewesens abzuverlangen würde das gesamte System rasch zusammenbrechen lassen.

Kleine Mailboxsysteme benötigen eine gesetzlich verankerte Freiheit zur Veröffentlichung und Schutz vor Strafverfolgung. Bislang tragen sie die Risiken eines rechtsfreien Raumes, auch wenn die Gerichte derzeit noch nicht dazu neigen, die Betreiber für Botschaften haftbar zu machen, die andere an ihr System schicken.

Das Schwarze Brett läßt sich auch aus anderen Blickwinkeln betrachten. Vielleicht handelt es sich um ein elektronisches Podium nach Art der Londoner *Speaker's Corner* – einen öffentlichen Ort, an dem jeder seine Meinung kundtun kann, ohne über weitreichende Folgen nachzudenken. Oder man vergleicht es mit der Empfangshalle eines Hotels, wo Besucher ein und aus gehen und zeitweise miteinander in Beziehung treten, dabei aber doch ein gewisses Maß an Privatsphäre erwarten.

Wenn ein Mailboxsystem einem Verlag entspricht, warum hat es dann nicht schon mehr Verleumdungsklagen gegeben? Ein Blick auf die Beleidigungen und *flames* im Netz genügt; sicherlich nimmt jemand Anstoß daran. Und viele der Nutzer senden und empfangen diese Botschaften bei der Arbeit – nicht selten finanzstarke High-Tech-Läden.

Im Usenet kommen Leute mit Sachen davon, die man ihnen auf der Straße niemals durchgehen lassen würde. Rutscht Ihnen in einem hitzigen Streit die Hand aus, können Sie festgenommen oder verklagt werden, selbst wenn es nicht einmal zu körperlicher Berührung gekommen ist. Beschimpfen Sie jemanden fortwährend, kriegt man Sie wegen Beleidigung oder übler Nachrede dran. Schreiben Sie es nieder, ist es Verleumdung.

Warum also haben angesichts der Unmenge falscher Anschuldigungen, die für jeden sichtbar durchs Internet strömen, nicht mehr Nutzer Klagen und einstweilige Verfügungen am Hals? Vielleicht sind die meisten Leute nicht so empfindlich. Manch einer ignoriert die Beleidigung einfach. Andere halten das Medium für zu unbedeutend, um einen Prozeß anzustrengen.

Ich vermute außerdem, daß die geringe Zahl von Gerichtsverfahren damit zusammenhängt, daß das Netz ein ideales Forum für Gegendarstellungen ist. Was auch immer jemand online gegen Sie vorbingt, Sie können darauf binnen weniger Stunden mit derselben Breitenwirkung und demselben Adressatenkreis antworten.

Und anders als bei Zeitungen, wo der versteckten Rubrik »Berichtigungen« die Wucht einer Schlagzeile auf der Titelseite abgeht, hat jede Usenet-Post dasselbe Gewicht. Entgegnungen erreichen in etwa dieselbe Leserschaft wie die ursprünglichen Kommentare. Es gibt keinen Grund, ein Schiedsgericht anzurufen: Wir werden nach der Stärke unserer Argumente beurteilt.

Und doch wird es zu Prozessen kommen. Solange sich die

Quelle ausmachen läßt, kann auch gegen den Urheber einer Botschaft vorgegangen werden.

Was aber geschieht im Falle anonymer Verleumdungen? Ein jeder kann dergleichen über kommerzielle Dienste wie *America Online* oder Schwarze Bretter von Amateuren verschicken, oder auch mittels spezieller Internet-Postumleiter, die die Kennungen der Botschaft beseitigen.

Eine Lösung bestünde darin, Mailboxsysteme für anonyme Nutzer zur Verantwortung zu ziehen. Wenn Sie von Unbekannt verleumdet werden, klagen Sie gegen den elektronischen Herausgeber. Dienste, die die Identifikation der Teilnehmer verlangen, wären hingegen nicht haftbar.

Das klingt nach einem vernünftigen Mittelweg, obwohl er sicherlich vor allem anonyme Mailboxsysteme treffen würde, weil sie den Schutz gegen gerichtliche Verfolgung verlören. Und wahrscheinlich wird man ihn auch einschlagen – im Internet sind Kompromisse unbeliebt.

Elektroingenieure sprechen vom Signal-Rausch-Quotienten – einer Maßeinheit für die Qualität eines Übertragungskanals. CDs haben einen höheren S/R als Schallplattenaufnahmen; Kurzwellen- einen besseren als Mittelwellensender.

Es gibt kein besseres Beispiel dafür als das Usenet. Bei seinen Tausenden von Newsgroups muß ich eine gewaltige Menge Post durchpflügen, bis ich auf etwas Brauchbares stoße. Ich fördere enorme Mengen Erz auf der Suche nach einem Goldkorn. Mit der wachsenden Zahl von Leuten, die Botschaften ins Netz schicken, steigt der allgemeine Geräuschpegel an. Diejenigen wiederum, die wirklich etwas zu sagen haben, bleiben fern. Einmal mehr Greshams Gesetz: Geplapper vertreibt den Dialog.

Moderierte Usenet-Konferenzen sind da um einiges besser. Doch es ist schwierig, jemanden aufzutreiben, der täglich eine Stunde damit zubringen möchte, die Spreu vom Weizen zu trennen.

Da so viele schön kategorisierte Nachrichten ans Usenet geschickt werden, sollte man eigentlich erwarten, auf gutgestellte Fragen auch Antworten zu erhalten. Statt dessen ist es wie Trinken aus einem Feuerwehrschlauch. Man wird ziemlich naß und zieht doch durstig von dannen. Tag für Tag strömen weit über 100 Megabyte an Sendungen vorüber – viel zuviel, um sie auch nur zu überfliegen. Man sucht sich also etwas aus.

Am besten verfolgt man erst den gesamten Verlauf der jeweiligen Konversation, bevor man selbst etwas dazu beiträgt, um niemandem auf die Füße zu treten. Aus diesem Grund verwenden manche Studenten mehrere Stunden täglich darauf, Usenet-Beiträge zu verfolgen. Sie halten sich über hundert Gespräche auf dem laufenden. Wenn sie einmal aussetzen würden, könnten sie ein Bonmot verpassen.

Beim Durchblättern dieser Botschaften wird einem bewußt, welche Unmenge von Information täglich an einem vorüberzieht. Charles Kuralt, ein pensionierter Nachrichtenkorrespondent des Senders CBS, sagte: »Dank des Autobahnnetzes ist es möglich, das ganze Land zu durchqueren, ohne irgend etwas zu sehen. Ich frage mich, ob die Datenautobahn ähnliche Nebenwirkungen haben wird – einen abstumpfenden Effekt auf unsere Hirnrinde.«

In der Tat: Ich bekomme glasige Augen beim Lesen all der nichtssagenden Botschaften – ein ungeheuerer Abgrund, der endlos von den Echos derer widerhallt, die ihre eigene Stimme hören wollen. Eine gestern gestellte Frage wird vielleicht heute beantwortet und dann den Rest der Woche diskutiert. Einen Monat später will jemand dasselbe wissen, und das Spiel beginnt von vorn.

Nehmen wir an, nur eine von hundert Personen sei verrückt. Bei einer Million Internet-Nutzern macht das Tausende von Bekloppten. Die meisten davon werden Sie in Ruhe lassen. Bleiben nur noch wenige tausend, die auf Teufel komm raus Sand ins Getriebe werfen wollen. Das sind die Idioten, die rassistische und antisemitische Dreingaben an Newsgroups schicken oder das Netz mit Tausenden identischer Nachrichten verstopfen. Die Dreckskerle, die Software mit Viren infizieren und in ein Archiv einspeisen. Verborgen hinter der Anonymität der Online-Dienste belästigt anderes Gesindel Frauen über *chat lines* und E-Mail.

Im wirklichen Leben wissen wir, wie wir die Begegnung mit solchen Typen vermeiden können. Im Netz dagegen hat man keine Chance. Es springt einem buchstäblich in die Augen. Im *New Yorker* berichtete John Seabrook von seinem Schock beim Lesen der ersten an ihn adressierten Beleidigung. Ich habe mittlerweile Hunderte in meiner Mailbox gefunden und bin darüber etwas dickfelliger geworden.

Schulhoftyrannen, die jetzt vor der Tastatur hocken, attackieren Sie, wenn Sie anderer Meinung sein sollten. Grobiane lassen ihre Aggressionen an Neulingen aus und pöbeln sie wegen kleiner Ungeschicklichkeiten an, was an die heftige Feindseligkeit von Autofahrern in einem Verkehrsstau erinnert. Wieder andere tun ihr Bestes, um Diskussionen kaputtzumachen, indem sie bewußt provozierende Botschaften senden. Solche Possenreißer fragen zum Beispiel: »Kann mir jemand diese erstaunliche Datei darüber schicken, wie man das Finanzamt dazu bringt, einem Millionen von Dollar zu überweisen?« Sie lachen dann, wenn Dutzende von Anfängern nach Kopien fragen und serienweise Hinweise eingehen, daß es so etwas nicht gibt. Die virtuelle Gemeinschaft ist keine tolerante und gastfreundliche Umgebung.

Schicken Sie eine einfache, direkte Frage ins Netz: »Wie halte ich die Waschbären von meinem Hof fern?« Binnen eines Tages erhalten Sie die offensichtlichen Antworten: »Mit einem Elektrodraht.« – »Verwenden Sie eine Falle.« – »Spritzen Sie sie mit einem Gartenschlauch weg.« Es folgt eine Welle von Einsprüchen: »Elektrodraht verletzt Tiere.« – »Waschbären sind zu schlau für Fallen.« – »Gartenschläuche verschwenden Wasser.« Eine weitere Serie von Retourkutschen wird persönlicher: »Wie können Sie auch nur daran denken, unschuldige Pelztiere zu verletzen?« – »Wie können Sie es wagen, mir Wasserverschwendung vorzuwerfen?« – »Stopfen Sie das verdammte Ding einfach aus.« Und so weiter. Nach wenigen Tagen ist ein verbaler Krieg ausgebrochen, in dem sich ein paar Leute gegenseitig niedermachen, während sich der Rest am Kopf kratzt.

Die ersten paar Dutzend Male lächelte ich angesichts solcher Debatten um Nichtigkeiten. Nach ein paar Monaten begann ich mich zu fragen, ob ich dabei eigentlich etwas lernte. Schließlich bekam ich Kopfschmerzen von dieser virtuellen Kakophonie. Es ist, als ob man die Mitschriften einer Radiosendung mit Höreranrufen liest. Heute bin ich eher ein heimlicher Beobachter des Usenet, lese nur dann und wann Newsgroups und schicke noch seltener eine Botschaft.

Die virtuellen Gemeinschaften erscheinen uns nur deshalb so verlockend, weil die wirklichen weitgehend verschwunden sind. Doch welch armseliger Ersatz für ein Abendessen mit meinen Nachbarn oder einem Höhlenausflug mit Jon Gradie!

Womit steht mein Modem heute in Verbindung? Es sind in wachsendem Maße Schwarze Bretter lokaler Reichweite, eine Armlänge vom Internet entfernt. Häufig treffen sich dort nur ein paar Dutzend Anwender – kleine, freundliche Zusammenkünfte, bei denen ich mich nicht scheue, Fragen zu stellen. Diese Systeme, die praktisch alle von Amateuren betrieben werden, spezialisieren sich auf lokale Angelegenheiten oder Hobbies. Genau der richtige Platz, um Nachbarn zu treffen, Hilfe bei einem widerspenstigen Programm zu bekommen oder herauszufinden, was in der Umgebung so läuft. Hier macht es Spaß. Und da diese Schwarzen Bretter nur wenige Kilometer von zu Hause entfernt sind, fallen keine Kosten für Fernverbindungen an. Auch keine Nutzergebühren. Und ich kann die ganze Bande bei Kaffee oder Eis von Angesicht zu Angesicht treffen.

Lokale Mailboxsysteme füllen die Lücke, die entstanden ist, seit Fernsehen und Schlafstädte die Kneipen und Cafés um die Ecke haben aussterben lassen. Anstelle von Brezeln und Pommes frites bieten nun Systemoperatoren *shareware* zum Abspeichern. Die Klugen unter ihnen haben gelernt, daß eine freundliche Aufnahme die Wiederkehr der Stammgäste gewährleistet.

Ihr örtliches Schwarzes Brett ist mehr als eine elektronische Informationsquelle. Als der *Mac* von *Apple* gerade erst eingeführt worden war, wurde drüben in Berkeley die *Berkeley Macintosh User's Group* gegründet, um Erfahrungen auszutauschen. Heute kann man im BMUG-Brett Tratsch lesen und weiterhin Erfahrungen austauschen – nicht nur über Computer. Es finden sich Hinweise auf viele lokale Ereignisse wie Seminare, Straßenfeste und Ausflüge.

Und die Treffen der Nutzergruppen! Eine große Computerkonferenz mag zehntausend Teilnehmer anlocken, ein

Nutzergruppentreffen vielleicht nur fünfzig. Aber hier werden Fragen beantwortet, hier trifft man Freunde und hört die Gerüchte über die letzten Neuheiten. Wenn ein Verkäufer auf ein Gespräch vorbeikommt oder ein anderer Anwender darüber spricht, wie man eine 3-D-Tabellenkalkulation bewältigt, kann ich mich mit Fragen zu Wort melden, statt passiv zuzuhören.

Nutzergruppen und Schwarze Bretter, Büchereien und Schulen. Es gibt sie allerorten, in jedem Wohnviertel; Paletten der Lokalfarben, aus denen kommunale Identität entsteht. Gewiß fehlt örtlichen Mailboxsystemen das Geheimnisvolle und Großartige des globalen Internet ebenso wie die ehrfurchtgebietende Datenmasse internationaler Archive. Und manche von ihnen sind ziemlich zwielichtig; kaum mehr als Piratennester zum Austausch gestohlener oder pornographischer Software.

Und doch: Zäh wie Unkraut, das nie endgültig zugepflastert werden kann, blühen weiter originelle Ideen an den Schwarzen Brettern. Ich registriere lächelnd, wie verschiedene Erstanwender das Medium immer wieder anders auf ihre persönliche Weise zu nutzen wissen. Bei allen Bedenken grinse ich über beide Ohren, wenn Leute Grenzen überschreiten und neue Ausdrucksmöglichkeiten finden.

12½//Ein peinliches und selbstreferentielles Addendum zum Kapitel 12, hier aufgenommen, weil die Schwester des Verfassers ihm widrigenfalls Schläge angedroht hat

Einige der seltsamsten Diskussionen finden im *Well* statt. Dieser Computer befindet sich in Sausalito, Kalifornien, und ist stark von den Leuten beeinflußt, die uns den *Whole Earth Catalog* beschert haben. Interessenten wählen sich von überall her ein, vor allem freilich aus San Francisco.

Aus irgendeinem Grund sind die Debatten im *Well* ein Stück hochfliegender als im eher nüchternen Usenet. Ich komme nicht darauf, woran es liegt – seine Schnittstelle ist primitiv und schwierig anzusteuern. Der Dienst ist weder umsonst noch allgemein zugänglich. Vielleicht wirkt das als ein grober Filter: Nur die wirklich Engagierten bleiben dabei.

Im Gegensatz zum Usenet gibt es keine anonyme Post; jeder identifiziert sich. Darüber hinaus unterstellt *Well* jede Gruppe einem *Wirt* – niemand würde ihn als Zensor oder Polizisten bezeichnen. Wenn die Dinge einmal aus dem Ruder laufen, gießen die Wirte Öl auf die virtuellen Wogen. Kurz, der *Well* ist ein Ort relativer Toleranz in der vernetzten Welt.

Es folgt ein Auszug aus einem atypischen Gesprächsfaden im *Well*, dem *Whole Earth 'Lectronic Link*. Es geht um ein mir wohlbekanntes Thema. Man beachte die freundlichen Neckereien, den Wechsel des Diskussionsgegenstandes sowie die gelegentlichen *flames*. Es begann am 17. Oktober 1992 in der Bücherkonferenz...

Thema 484: Ghostwriter und ihre Werke

Von: Kathleen Johnston

Ich habe endlich das *Kuckucksei* gelesen und fand es einen wirklich guten Kriminalroman. Wunderschöne Schreibarbeit. Dann wurde mir klar, daß Cliff wohl kaum beim ersten und einzigen Mal ein solches Meisterwerk zustande bringen würde.

Wer hat dieses Buch geschrieben? Welche anderen Ghostwriter habe ich schon übersehen?

17.22 Bryan Higgins:

Daß das *Kuckucksei* gut ist, heißt noch nicht, daß Stoll es nicht als Erstlingswerk verfaßt haben könnte. Ich denke, die Fähigkeit zum Schreiben ist eher eine Sache des Talents als etwas, das durch die Veröffentlichung vorausgehender Bücher erlernt werden könnte. Und wer weiß, wie viele unveröffentlichte Arbeiten er schon angefertigt hat. Ich finde Ihre Frage ein wenig beleidigend.

17.46 Kathleen Johnston:

Bryan Higgins, wenn Sie über die Beleidigung hinwegkommen, beachten Sie doch bitte, was für ein brillanter Roman in klassischer Form das ist. Und dann die beiden Leute aus der Danksagung, die wahrscheinlich die eigentlichen Verfasser sind.

Vielleicht ist das Ganze stark überarbeitet worden. Die Geschichte eines Hackers am Bildschirm in einen packenden Thriller zu verwandeln dürfte einen eingefleischten Astronomen jedenfalls überfordern.

17.52 William Calvin:

Gewiß, aber dieser Astronom ist aus Berkeley...

17.57 Mike Godwin:

Kathleen, das *Kuckucksei* ist nicht von Ghostwritern verfaßt worden. Redigiert, natürlich. Aber ich lese Cliff Stolls unveröffentlichte Prosa ziemlich regelmäßig und kann bestätigen, daß er (a) gut genug schreibt, um Autor dieses Buches sein zu können, und es (b) in seinem Stil formuliert ist.

Da Cliff selbst ein WELLensittich ist, fände ich es nett, wenn Sie sich bei ihm entschuldigen würden.

18.08 Katherine Hardy:

Meiner Meinung war das eine voreilige und zweifelhafte Schlußfolgerung.

18.19 Kathleen Johnston:

Ja, das war voreilig. Und provozierte eine bewundernswert prompte Antwort auf eine Frage, die mich gequält hatte. Ich werde mich ganz gewiß nicht entschuldigen; schließlich habe ich ihn schon mit Ehre überhäuft. Großartiger Schriftsteller. Ich nehme an, daß das Handlungsgerüst redaktionell in eine packende Erzählung verwandelt wurde.

Es erinnert mich an Watsons *Doppelhelix.* Erstklassiger Autor verwandelt sich für ein einziges Mal in einen klassischen Krimiautor.

Wo verläuft die Grenze zwischen Ghostwriting und Lektorat?

19.27 Bryan Higgins:

Weshalb soll man als Astronom nicht gut schreiben können? Ich bin Programmierer – wie gut kann ich denn schreiben?

19.29 Bryan Higgins:

Und ich denke, es ist ein Thriller, weil Stoll es damals so empfand, und nicht als Ergebnis eines schriftstellerischen Kunstgriffs. Aber natürlich ist es auch gut geschrieben.

19.41 Alan Eshleman:

Ich wäre nie auf die Idee gekommen, daß das *Kuckucksei* von einem Ghostwriter stammen könnte. Cliff verfaßt ganz bestimmt unterhaltsame E-Mail. Mir scheint, daß er (1.) eine großartige Story, (2.) seine Stimme gefunden und (3.) Vertrauen in seinen Lektor hatte.

19.46 Kathleen Johnston:

Ja, er vertraute seinem Lektor. Und: Ja, auch Leute, die nicht Englisch als Hauptfach hatten, können schreiben. Aber um dieses Niveau zu erreichen, braucht es Übung. Oder gute Lektoren. Aber wahrscheinlich werden wir es nie erfahren. Cliff? Wir sind ganz Ohr.

21.02 Kim Serkes:

Ich muß die Annahme, Stoll könnte das Buch nicht selbst geschrieben haben, in Frage stellen. Ich sehe keinerlei Beweis, auf den sich eine solche Behauptung stützen könnte. Und wer weiß, was Stoll sonst noch in der Schublade hat, vielleicht weitere unveröffentlichte Manuskripte.

21.50 Kathleen Johnston:

Ich habe gar keine Probleme mit Ghostwriting oder starken Überarbeitungen. Ich urteile also nicht groß über ihn. Ich habe jedoch ein grundlegendes Urteil über die Qualität seiner Arbeit getroffen.

23.44 Bob Rossney:

Aber ja: Sie haben geurteilt, daß sie zu gut sei, um von ihm verfaßt worden zu sein. Was allemal verdammt beleidigend ist.

23.47 Jeanne Devoto:

Mein Gott, Kathleen. Sie beschuldigen den Mann, unter eigenem Namen eine Arbeit veröffentlicht zu haben, die er nicht geschrieben hat, lassen durchblicken, daß er als Astronom wohl kaum ein guter Autor sein könne, und verstehen nicht, weshalb eine solche Behauptung ohne die Spur eines Anhaltspunktes, geschweige denn eines Beweises, unter Umständen eine Entschuldigung verlangen könnte? Nur im Falle eines Falles, falls jemand zufällig dem anal verhafteten Typus zuzurechnen ist, der Beschuldigungen falscher Autorenschaft ernst nimmt?

23.57 Mark Theodoropoulos:

Herrje, wir sollten jetzt besser herausfinden, wer sich hinter der unwahrscheinlichen Prosa eines Isaac Newton oder Harlow Shapley verbirgt.

Stg, 18. Oktober '92, 00.10 Bob Rossney:

Und dieser Darwin. Diese Biologen sind berüchtigte Eierköpfe.

01.00 Earl Crabb:

Gibt es also wirklich eine Kathleen Johnston, und, wenn ja, wer schreibt dieses Zeug unter ihrem Namen? Jemand sollte ihr wirklich Bescheid sagen, bevor die Sache hochkocht.

09.58 Calton Bolick:

Es tut mir leid, aber ich glaube, dieser elitäre Unsinn sollte nicht unwidersprochen bleiben. Als großer Fan des *Kuckuckseis* war ich absolut entsetzt über Kathleen Johnstons Anwürfe. Worauf gründete sich ihre umstandslose Unterstellung, das Buch sei von einem Ghostwriter geschrieben? Darauf, daß Stoll schließlich Astronom ist und kein professioneller Autor. Warum? Gelten wissenschaftliche Kopfarbeiter automatisch als unfähig zu kohärenter Prosa und strukturierter Erzählform? Wird so etwas nur Angehörigen der schriftstellerischen Priesterkaste zugestanden? Das erinnert mich an das idiotische alte Argument, Bacon müßte die Shakespeare zugeschriebenen Stücke verfaßt haben, weil ein Bürgerlicher wie Bill offenkundig nicht solch feinsinniger Empfindungen fähig gewesen wäre... Ich glaube, Sie schulden Cliff eine Entschuldigung. »Es ist ein großartiges Buch, aber Stoll ist zu blöd, um der Autor zu sein« würde ich nicht gerade als Kompliment bezeichnen, und Ihre Rückzugsposition (»Nun gut,

Sätze schreiben kann er, aber er ist selbstverständlich nicht in der Lage, sie in die richtige Reihenfolge zu bringen«) macht es nicht viel besser.

10.12 Scott Marley:

Meiner Meinung war Kathleens Kommentar nur als amüsante Gehässigkeit gedacht. Ihr war nicht bewußt, daß sie keinen völligen Fremden aufs Korn nahm, sondern einen hochgeachteten Freund oder Bekannten vieler von uns im WELL. Vielleicht erlaubt sie den Wirten, dieses Thema abzubrechen, das uns allen keine Freude, sondern nur beträchtliche Verlegenheit bereitet.

10.21 William Calvin:

Aber hallo! Kathleen hat ihn gelobt, falls Sie das nicht bemerkt haben sollten. Ich stimme ihr zu, daß das *Kuckucksei* als Krimi und Abenteuerroman sehr gut ist und nicht gerade das, was Sachbücher schreibende Naturwissenschaftler (mich eingeschlossen) normalerweise aus dem Ärmel schütteln. Trotzdem hat es schon manch einer getan, vor allem, wenn er von gutem Rat oder einem fähigen Herausgeber profitierte. Es gibt Regeln der Belletristik, die sich den meisten Sachbuchautoren einfach nicht erschließen, während Cliff sie entdeckt zu haben scheint. Kathleen hat das bemerkt, und ich ganz gewiß auch (ich bin neidisch).

10.30 Katherine Hardy:

Meiner Meinung besteht ein großer Unterschied zwischen der Kritik eines Werks und der Aussage, ein Buch sei zu gut, um vom »vorgeblichen« Autor geschrieben worden zu sein.

11.05 Stewart Brand:

Viele Leute überschätzen, was Verlagslektoren heutzutage tun. Sie machen eigentlich nur die Verträge. Die Tage der großen Partnerschaften zwischen Autor und Verlagslektor sind praktisch völlig vorüber. Viele Schriftsteller beschäftigen heutzutage ihren persönlichen Lektor, weil ihnen so wenig Zeit oder Talent vom Lektor ihres Verlags zur Verfügung steht. Zum *Medienlaboratorium* erhielt ich von meinem Agenten John Brockman bessere Ratschläge als von meinem Lektor Dan Frank bei *Viking*, und Dan ist noch einer der guten.

13.23 Sharon Fisher:

Ich vermute, die Leute glauben, daß er auch seine Kekse nicht selber macht.

13.25 Mike Godwin:

Seine Kekse sind so gut – von einem Astronomen können die einfach nicht sein.

18.41 Scott Marley:

Kathleen hat das Buch gelobt. Von Herrn Stoll hat sie gesagt, daß er es nicht geschrieben haben könnte. Wenn das ein Kompliment sein soll, erinnern Sie mich daran, Sie niemals zu fragen, was Sie von meinen neuen Oberhemden halten.

18.59 Mike Godwin:

Scott, Ihre neuen Hemden haben mächtig Eindruck gemacht.

19.10 Kathleen Johnston:

Es scheint, daß es hier nicht viele Leute gibt, die über Ghostwriting sprechen wollen.

Es scheint ebenfalls, daß es Scott ablehnt, die Erläuterungen meiner Aussagen zur Kenntnis zu nehmen, die ich an anderer Stelle gemacht habe.

Und es scheint, daß die wütendsten Leute hier darauf bestehen, sich öffentlich Luft zu machen, statt die Sache über E-Mail zu klären.

Mit dem achten Beitrag endete, soweit ich sehe, die sachliche Auseinandersetzung. Und die einzige Person, die mit mir etwas Persönliches zu regeln hätte, hat sich nicht zur Wort gemeldet.

Also auf zu den wirklichen Menschen. Was ist so schlimm am Ghostwriting?

19.25 William Calvin:

Was so schlimm am Ghostwriting ist?

Hängt davon ab, ob sich die Person mit dem Buch in den Vordergrund spielt und ob die Qualität des Werks einen falschen Eindruck der intellektuellen oder professionellen Kapazitäten des oder der Betreffenden vermittelt. Ein Ghostwriter-Buch über einen Drehbuchautor würde mich beunruhigen. Ghostwriter-Bücher, die vorgeben, dem Denken eines zur Wahl stehenden Politikers zu entspringen, sind meiner bescheidenen Meinung nach unmoralisch. Doch die meisten Sachbücher fallen nicht in diese Kategorie, und dann bereitet mir Ghostwriting auch kein Kopfzerbrechen, zumal, wenn es das Werk lesbarer und einem größeren Publikum zugänglich macht. Von anderen verfaßte Ansprachen für Redner bei Festbanketten sind etwas irreführend, aber wohl kaum unmoralisch.

19.47 Scott Underwood:

Mich interessiert das Thema, und es ist schade, daß davon abgewichen wurde. Ich habe das *Kuckucksei* gelesen, kenne aber Herrn Stoll nicht und fand es infolgedessen absolut glaubhaft, daß ein beliebtes Buch von einem Ghostwriter stammen könnte. In ähnlicher Weise veranlaßt mich die Tatsache, daß William Safire (wie ich annehme) die »nörgelnden Nabobs der Negativismen« erfand und andererseits George Bushs »tausend Lichterspitzen« sowie das »freundlicher, sanfter« vermutlich von seinem Redenschreiber bei Dylan Thomas entlehnt worden sind, praktisch an alles zu glauben, was im Allgemeinen über das Abfassen von Texten gesagt wird.

Wo verläuft die Grenze zwischen Ghostwriting und Lektorat? Und weshalb sind Schriftsteller die einzigen Künstler, die mikroskopisch untersucht werden, bevor ihr Werk veröffentlicht wird? Helfen Sie mir... geben Sie mir den Glauben an die Literatur zurück!

Bis hierhin hatte ich von der Diskussion nichts mitbekommen – ich verbringe vielleicht viel Zeit online, aber verfolge sicherlich nicht sämtliche Newsgroups. Dann schickte mir Kathleen Johnston E-Mail über diesen Verbalkrieg. Gegen drei Uhr morgens wähle ich mich also ein, überfliege die Botschaften und frage mich, wie ich reagieren soll.

Versetzen Sie sich in meine Lage. Vergegenwärtigen Sie sich die Unmöglichkeit, zu beweisen, daß ich das *Kuckucksei* selbst geschrieben habe. Da mir während der Arbeit nicht ständig eine Anstandsperson auf die Finger sah, wird niemand für meine Autorenschaft einstehen.

Sollte ich Kathleen Johnston niedermachen? Sie bettelte ja geradezu darum. Vor allem ihre Nebenbemerkung, daß Astronomen nicht schreiben könnten. Wie steht es mit Galileo, Newton und Sagan? Ein geschliffener, ätzender Kommentar würde sie auf Normalmaß zurechtstutzen und mir viele Punkte bei den hinteren Rängen einbringen.

Ich schrieb ein solches Pamphlet; vernichtend genug, um sie zum Schweigen zu bringen. Nachdem ich es ausgedruckt hatte, lächelte ich einen Augenblick lang, las es noch einmal und warf es weg. An dieser Gesellschaft würden meine Worte einfach abperlen.

Und überhaupt: Ich bin gar nicht böse. Eigentlich ist die Aufmerksamkeit schmeichelhaft, und die Kommentare von Freunden und Unbekannten lassen es mir warm ums Herz werden. Vergeben Sie mir trotzdem ein Kichern – hier diskutieren doch tatsächlich ein Dutzend Leute mein Buch in einem Atemzug mit dem Werk Shakespeares. Hurra!

Wie wäre es, Kathleens Frage mit einer Geschichte zu beantworten? Das ist die Fahrkarte – der Beweis, daß ich das Buch selbst geschrieben habe, in meinen eigenen Worten. Hier also meine Erwiderung:

Uff! Heißes Authentizitätsproblem.

Vorweg: Ich fühle mich nicht beleidigt (ob absichtlich oder nicht). Man hat mich schon öfter gefragt, ob das *Kuckucksei* von einem Ghostwriter stammt. Tut es nicht, und es wurde auch nicht stark überarbeitet.

Zurück ins Jahr 1988. Rich Muller, ein Astronom in Berkeley, schlug mir vor, ein Buch zu schreiben. »Ich kann das nicht«, sagte ich ihm. »Ich weiß nicht, wie man das macht.«

»Ganz einfach«, erwiderte er, »Verfasse eine Skizze, ein Probekapitel und einen Lebenslauf. Schick es an John Brockman. Er ist Bücheragent in New York.«

Nun, ich hatte noch nie etwas von John Brockman gehört, aber dafür zwei freie Tage. Ich machte mich an das Exposé: einen Absatz für jedes Kapitel. Sachen über Netze, Betriebssysteme und Verschlüsselung. Dann schrieb ich ein komplettes Kapitel und ein paar Zeilen zu meiner Person und schickte das Ganze nach New York. Eine Woche später rief John Brockman aus New York an. »Ich kann Ihr Buch nicht verkaufen«, sagt er. »Sie haben da eine interessante Geschichte, aber Sie können nicht schreiben.«

Mehr sagt er nicht. Keine Kritik, keine Vorschläge. Ach, doch: einen Ghostwriter in der Bay Area von San Francisco. Ich rufe ihn an. Ihn interessiert nur das Geld, nicht die Geschichte. Mich interessiert das Geld nicht, und ich werde rappelig bei der Vorstellung, wie jemand anderes meine Geschichte erzählt.

Ich widme mich also wieder der Datenverarbeitung und Astronomie. Ein Monat verstreicht. Der zweite. Der dritte. Ein deutscher Staatsanwalt hält nicht dicht. Zwei Tage später kommt die *New York Times* mit der Schlagzeile: »Astronom aus Berkeley knackt Ring von Computerspionen«.

Der erste Anruf an diesem Morgen kommt von John Brockman. »Lassen Sie mich Ihr Buch verkaufen.«

»John, ich kann heute nicht besser schreiben als vor drei Monaten.«

»Spielt keine Rolle. Lassen Sie mich Ihr Buch verkaufen.«

Also gut; warum nicht? Ich hänge ein und mache eine Notiz in meinem Kalender. »Was soll rausspringen?« frage ich mich. Umsonst werde ich es nicht machen. Bei fünfhundert Dollar stimme ich zähneknirschend zu. Für tausend schreibe ich es, ohne mich zu beklagen.

Zehn Stunden später ruft John Brockman zurück. »Ich habe Ihr Buch verkauft, Cliff. X-tausend Dollar.«

Puh... für das Geld würde ich x Bücher schreiben, ohne mit der Wimper zu zucken. *Doubleday* hat den Zuschlag erteilt. Mir bleiben sieben Monate, das Buch fertigzustellen. Ich tauche ab, folge meinem Rohentwurf und schreibe die ersten fünf Kapitel. Zeige sie dann meinem Kumpel Guy Consolmagno. Er überlegt gerade, ob er den Jesuiten beitreten soll.

Seine Mundwinkel gehen nach unten, während er liest. »Cliff, das ist schauderhaft. Alles dreht sich um Computer, Betriebssysteme und Verschlüsselung.«

»Genau. So sieht es die Skizze auch vor.«

»Cliff, schreib nicht über Computer. Schreib von Menschen.«

»Aber es geht nicht um Menschen. Es ist ein Buch über Computer.«

»Ich kann dir nicht helfen, Cliff. Dein Problem ist, daß du keine Ahnung hast, wie man schreibt.«

Aber er half mir doch. Empfahl mir, ein Buch über gutes Schreiben zu kaufen. Ich radelte also hinunter zu Cody und schaute mich bei den Klassikern um: Fowler, Stunk und White, Sir Arthur Quiller-Couch. Sie wandten sich an gestandene Schriftsteller. Ich verstand sie nicht. Sie empfahlen, erinnerungswürdige Passagen voller Stil und Eindrücke zu verfassen. Keine große Hilfe, wenn ich nicht einmal wußte, was ich sagen wollte.

Dann stieß ich auf *Bring es auf den Punkt* von Bill Stott. Was für ein Unterschied! Er ermutigte mich, das verbotene Wort »ich« zu verwenden. Empfahl, Fragen zu stellen. Erlaubte Dialoge. Und kurze Sätze.

Die folgenden fünf Monate lang schrieb ich halbtags zu Hause und arbeitete die übrige Zeit am *Lawrence Berkeley Laboratory* und dem *Harvard-Smithsonian Center for Astrophysics*. Die meiste Zeit sprang ich zwischen meinen haupt- und nebenberuflichen Aufzeichnungen hin und her. Es gibt aber nichts zu beschönigen; ich überzog den Abgabetermin um einige Tage, um Brüche in der Geschichte auszubügeln.

Meine Schwester Jeannie half beim Redigieren, während ich kritzelte. Sie schrieb auch einen Abschnitt (wie sie einem Sekundarschüler in Washington nachjagte) und schlug mir ein paar Absätze vor. Kurz gesagt, ich mochte keinerlei Resümee abfassen. Sie wiederum fand, daß das Buch unvollständig wäre, wenn nicht die Hauptperson am Ende erwachsen würde. Was schließlich auf traurige Weise auch geschah.

Meine Erfahrung ähnelt sehr derjenigen von Stewart Brand. Mein Lektor bei *Doubleday*, David Gernert, redigierte die Geschichte ohne viel Federlesens. Er besorgte das Technische und straffte die Passagen über das Leben in Berkeley. Heute arbeitet Rich Muller an der automatischen Supernova-Suche am *Lawrence Berkeley Laboratory*. Jeannie hat gerade ihre dritte Tochter bekommen und lebt in Oxon Hill, Maryland. Guy Consolmagno ist Jesuitenbruder und arbeitet an Observatorium des Vatikan.

06.56 Kathleen Johnston:

Danke, daß Sie sich gezeigt haben, Cliff. Ihre reizende Sendung macht Appetit auf weitere Geschichten. Ich werde also die nächste in Leinen gebunden kaufen.

07.02 William Calvin:

Eben ein Naturtalent. Willkommen, Cliff.

10.06 Howard Rheingold:

Wenn ich es nicht zugeben würde, wüßte niemand, daß es sich bei dem offenkundig vernagelten Ghostwriter, den Cliff angerufen hat, um mich handelte. Und er hat recht. Noch ein Buch über Computer war so ziemlich das letzte, was mich interessierte. Ich übe heute dieses Handwerk nicht mehr aus, aber als ich es noch tat, ging es mir in erster Linie ums Geld. Warum sollte ein Schriftsteller so etwas auch sonst tun? Es ist paradox. Wenn ich damals das Ghostwriting erledigt hätte, wäre das Buch wohl wie ein Stein untergegangen.

10.37 Carrie Lynne Phyliky-Lay:

Großartig, daß Du das zuzugeben hast, Howard. Meinem guten Eindruck von Dir hat das nicht geschadet.

10.45 Howard Rheingold:

Ich habe gebeichtet, weil ich zunächst dachte, »Was für ein Idiot!«, als Cliff diesen Söldner des Ghostwriting schilderte, der das Angebot des Jahrhunderts in den Wind schlug, und dann erst merkte, daß ich diesen Idioten zufällig nur zu gut kannte.; –)

14.03 Sharon Fisher:

Tolle Post von Ihnen, Cliff. Wer hat das für Sie geschrieben?

13//Ein Schluß, in dem keine Axolotl-Salamander vorkommen

Der volkstümliche Mythos will es, daß Netze leistungsstark, weltumspannend, schnell und preiswert sind. Sie sollen der rechte Ort sein, um Freunde zu treffen und Geschäfte zu machen. Man findet dort angeblich Unterhaltung, Fachwissen und Bildung. Kurz: Es kommt darauf an, online zu sein.

Das ist nicht unbedingt der Fall.

Unsere Netze können frustrierende, teure und unzuverlässige Verbindungen sein, die sinnvoller Arbeit in die Quere kommen. Es ist eine hochgejubelte, inhaltsleere Welt, der jegliche Wärme und Mitmenschlichkeit fehlt.

Die vielgepriesene Informations-Infrastruktur geht an den meisten sozialen und wirtschaftlichen Zeitfragen vorbei. Gleichzeitig bedroht sie wertvolle Bestandteile unseres gesellschaftlichen Lebens, wie Schulen, Büchereien und soziale Institutionen.

Vögel singen da nicht.

Allen Verheißungen virtueller Gemeinschaften zum Trotz: Es ist wichtiger, ein wirkliches Leben in einer wirklichen Umgebung zu führen.

Ich begann die Niederschrift dieser Überlegungen in einem Zustand des Zweifels und inneren Zwiespalts gegenüber Computern, Netzen und der Kultur, in die sie sich einbetten.

Zuerst wollte ich über technische Angelegenheiten nachdenken. Doch ich fand mich immer wieder bei demselben Gedanken wieder: daß wirkliches Leben und authentische Erfahrung weit mehr bedeuten, als ein Modem jemals bieten kann. Informationskultur ist nicht gleichbedeutend mit Wissen. Elektronische Netze untergraben wichtige Teile unseres Gemeinwesens. Wie Autos und Fernsehgeräte erteilen sie uns eine höchst verführerische Freiheit, nämlich die »Freiheit zu«. Während ich zu den lockenden Botschaften aus meinem Computer auf Distanz gehe, fange ich an, mich mit einer anderen Sorte Freiheit vertraut zu machen – nennen wir es die »Freiheit von«.

Natürlich wird jetzt kaum jemand seinen Rechner wegwerfen oder vor der Tastatur zurückschrecken. Dazu sind die Netze viel zu nützlich, und das Modem hält so viel bereit.

Ach?

Es ist ein später Oktoberabend in Oakland; aus der Küche dringt der Duft von Puffreis.

Genug meditiert.

Um herauszufinden, auf welche Weise unterschiedliche Schreibhilfen den Stil beeinflussen, unternahm ich ein Experiment: Beim Verfassen dieses Buches benutzte ich abwechselnd Papier und Bleistift, eine *Sears*-Schreibmaschine sowie ein Textverarbeitungsprogramm. Ich habe die Information darüber verschlüsselt, welche Passagen wie verfaßt worden sind.*

5 9 79 44 79 14 21 7 9 21 7 13 79 12 81 22 79 17
5 9 79 7 26 7 2 79, 5 9 79 79 9 14 79 12 22 6 7 12-
5 17 6 9 14 9 12 79 91 12 5 12 6 12 28 9 12 44
7 6 22 79 9 21 7 7 6 12 5 14 21 7 17 9 1 13-
2 9 21 7 18 79 17 1 6 204 13, 5 9 79 6 22-
14 21 7 12 9 13 13 79 81 22 79 17 22 81 21 7 79-
17 79 9 79 12 91 12 5 5 91 22 9 15 16 79 13 79 17
16 9 13 16 79 9 12 79 17 14 21 7 17 79 9 22-
16 6 14 21 7 9 12 79, 5 79 12 17 79 14 13 16 9 13
5 79 16 10 17 15 44 17 6 16 16 11 91 17
13 79 3 13 18 79 17 6 17 22 79 9 13 91 12 44.

* Anm. d. deutschen Lektorats: Für sprachbegabte Tüftler, die den Schwierigkeitsgrad erhöhen wollen, haben wir auf der folgenden Seite die Original-Verschlüsselung und die dazugehörige englische Vorbemerkung wiedergegeben.

How do different tools affect writing style? I was curious, so I tried an experiment: to compose this book, I used a pen and paper, a Sears Typewriter, and a word processor. The following substitution cryptogram tells which sections I wrote with which tools.

5 40 9 62 7 2 7 19 2 56 7 62-
9 5 2 56 3 63 62 33 7 7 19 2 17 3-
118 2, 9 3 5 24 9 62 3 14 17 3 9 7,
3 4 14 4 3 4 61 5 4 30 5 4
24 62 4 30 19 3 4 14. 7 19 2 24 5-
63 9 3 9 21 3 4 14 14 33 63 5 62 1 2-
7 2 9 56 2 17 7 5 62 4 56 17 3 1 2
32 9 62 1 1 21 7 21 67 2 40 9 5-
7 2 9. 7 19 2 9 2 56 7 40 3 56
40 62 9 14 67 9 62 17 2 56 56 2 14.

7 62 14 3 21 5 56 19 3 24 24 62-
40 2 2 4, 3 4 14 7 19 2 30 9 3 17 208-
24 2 56 1 5 24 2 56 3 7
7 19 2 24 62 62 4.

Anhang

Eine nicht ganz ausgewachsene Bibliographie

Erinnern Sie sich an den Wettlauf zwischen John Henry und dem dampfgetriebenen Bolzentreiber? Nun, hier haben Sie Ihre Chance, mich zu widerlegen. Wie viele dieser Bücher bekommen Sie übers Internet? Wie viele in Ihrer Bibliothek? Ihrem Buchladen? Ihrem Computer? Wie viele sind ins Deutsche übersetzt?

Who Owns Information? (Wem gehört die Information?) von Anne Branscomb. Gehört Ihre Telefonnummer Ihnen selbst, der Telefongesellschaft oder der Öffentlichkeit? Wie steht es mit Ihrer Anschrift? Ihren medizinischen Daten?

The Vanished Library (Die verschwundene Bibliothek) von Luciano Canfora. Ich weinte bei der Lektüre über die Zerstörung der Bibliothek von Alexandria.

The Experts Speak (Die Fachleute haben das Wort) von Christopher Cerf und Victor Navasky. Hören Sie bedeutende Persönlichkeiten die Zukunft vorhersagen. Alles falsch.

Firewalls and Internet Security: Repelling the Wily Hacker (Brandmauern und Sicherheit im Internet: Wie man verschlagene Hacker abwehrt) von William R. Cheswick und Steven M. Bellovin. Ein herausragendes Computerbuch über die Lektionen einer erfolgreichen Hackerjagd in einem Rechner.

The Internet Guide for New Users (Der Internet-Führer für Einsteiger) von Daniel Dern. Ein detailreiches Buch, das Anfängern mit praktischen Tips den Netzzugang erleichtert. Guter Rat zu so gut wie allen Aspekten des Internet.

What Computers Still Can't Do: A Critique of Artificial Reason (Was Computer immer noch nicht können. Eine Kritik der künstlichen Vernunft) von Hubert L. Dreyfus. Die Anbeter der Künstlichen Intelligenz hassen dieses Buch. Dreyfus zeigt auf, wie ihr naiver Optimismus in Sackgassen führt. Keine einfache Lektüre.

The Rise of the Expert Company: How Visionary Companies Are Using Artificial Intelligence to Achieve Higher Productivity and Profits (Der Aufstieg des Expertenunternehmens. Wie visionäre Firmen sich der Künstlichen Intelligenz bedienen, um Produktivität und Gewinne zu erhöhen) von Edward Feigenbaum, Pamela McCorduck und H. Penny Nii. Großbetriebe werden jede Menge Geld scheffeln, wenn sie sich Expertensysteme nutzbar machen. Die Japaner werden einen superschnellen Computer bauen, der den Rest der Welt auf die Plätze verweist. Gewiß doch. Lesen Sie dieses Werk zusammen mit *Fachleute haben das Wort*.

Unix *Hater's Handbook (Handbuch des* Unix-*Hassers)* von Simson Garfinkel, Daniel Weise und Steven Strassmann. Der Titel sagt alles.

Endangered Minds (Gefährdetes Denken) von Jane Healy. Sie glauben, *Sesamstraße* sei ein Bildungsprogramm? Denken Sie noch mal drüber nach!

Zen and the Art of the Internet (Zen und die Kunst des Internet) von Brendan Kehoe. Eine unterhaltsame Reise durchs Netz.

Four Arguments for the Elimination of Television (Vier Gründe für die Beseitigung des Fernsehens) von Jerry Mander. Vieles von dem, was er über das Fernsehen sagt, gilt auch für die Datenverarbeitung: Es verhindert unmittelbare Erfahrung, ersetzt menschliche Bilder durch künstliche und erschwert das sinnliche Erleben. Bevor Sie mich mit *flames* bedenken, lesen Sie dieses Buch.

Library Research Models (Bibliothekarische Forschungssysteme) von Thomas Mann. Hier haben wir einen Bibliothekar, der sich mit Computern auskennt. Er wird Ihnen sagen, was Ihnen entgeht, wenn Sie sich ausschließlich dem Online-Gott anvertrauen. Er hat sich darum verdient gemacht, das Offensichtlichste wie das Abseitigste nachzuschlagen – auf Weisen, wie es kein Online-System vermag.

Plain Magazine (Simpelmagazin), veröffentlicht in Chesterhill, Ohio. Wie man ein einfaches, direktes Leben führt. Erfrischende Alternative zu *Wired*, *Mondo 2000* und Dutzenden anderer Computerzeitschriften. Keine Lobeshymnen auf Hochtechnologie, sondern handgedruckte Titelseiten auf Zeitungspapier.

The Cult of Information (Der Informationskult) von Theodore Roszak. Eine wohldurchdachte Abhandlung über Trugschlüsse des Denkens im Informationszeitalter.

Clifford Stoll

Kuckucksei

Die Jagd auf die deutschen Hacker,
die das Pentagon knackten

Aus dem Amerikanischen von
Gabriele Herbst

Band 10277

Als neu eingestellter Systemmanager am Lawrence Berkeley Laboratory in Kalifornien mußte C. Stoll einen Abrechnungsfehler von 75 Cent für in Anspruch genommene, aber nicht bezahlte Computerarbeitszeit überprüfen. Dies bereitete ihm um so mehr Kopfzerbrechen, als er bei dieser Überprüfung auf die Spur von Hackern stieß, denen es gelungen war, in seine Datennetze einzudringen. Datennetze, die von hochgeheimen Militärunterlagen bis zum bargeldlosen Zahlungsverkehr alles mögliche verwalten. Stolls Warnungen an FBI-Bürokraten in Washington fruchteten nichts. Auf eigene Faust verfolgte er die Hacker nun durch die Datennetze. Dabei erfährt der Leser auf höchst spannende und anschauliche Weise, wie man durch Löcher im elektronischen Zaun schlüpft, in Computer einbricht, digitale Fallen stellt und seine eigenen Daten besser schützt. Aber auch die Hacker waren clever und ihrem Verfolger meist um eine atemberaubende Nasenlänge voraus. Ein Jahr dauerte es, bis Stoll sie nach einer digitalen Reise quer durch Nordamerika und Europa in Hannover lokalisieren konnte. Und in der Tat stellte sich heraus, daß die Hacker hauptsächlich militärische Geheimnisse der Amerikaner ausgeforscht hatten – im Auftrag des KGB. Eine authentische Geschichte, die wieder einmal beweist, daß die Wirklichkeit viel sensationeller sein kann als jede Fiktion.

Fischer Taschenbuch Verlag

fi 1931 / 7

Vilém Flusser

Medienkultur

Herausgegeben von Stefan Bollmann

Band 13386

Vilém Flusser gilt als »Medienphilosoph« (taz), als »digitaler Philosoph des 20. Jahrhunderts« (FAZ). Seine Philosophie der neuen Medien, so euphorisch sie sich auch manchmal gibt, entspringt allerdings der Abrechnung mit jener Sparte von Medien, die wir gewöhnlich für die Medien schlechthin halten: den Massenmedien. Im so aufregenden wie aufgeregten Prozeß des Zusammenwachsens von Telekommunikation und digitalen Technologien sah Flusser die Chance, der Fernsehkultur zu entkommen. Die Vernetzung der Gesellschaft durch die neuen Medien bedeutet letztlich einen Umbruch im Kulturprozeß, eine »Katastrophe der bürgerlichen Kultur«, die freilich auch Möglichkeiten für eine neuartige Einbildungskraft eröffnet: »Es gibt nichts Neues vor der Katastrophe, erst nach ihr.«

Fischer Taschenbuch Verlag

fi 710 / 8

Paul Virilio

Rasender Stillstand

Essay

Aus dem Französischen von Bernd Wilczek

Band 13414

In seinen Essays *Krieg und Kino* und *Der negative Horizont* hat Paul Virilio zwei Aspekte seines Generalthemas dargestellt: die Verwandlung der Filmkamera in eine Waffe, die Umformung von Wahrnehmung in einen aggressiven Akt und den Ablauf und die Gesetze der Menschheitsgeschichte als Beschleunigungsprozeß, der heute, im Zeitalter gigantischer Informationsnetzwerke, auf seinen Endpunkt zurast. Der vorliegende Essay beschreibt den drohenden Endzustand dieser gewalttätigen Beschleunigung in der alles beherrschenden Telekommunikation. Der Wahn, dank elektronischer Telekommunikation überall und jederzeit dabeizusein, die Verführung der simultanen Teilhabe an allem, die Erfahrung der geschichtslosen Augenblicklichkeit im Beobachten: Virilio hat diesen Zustand als die Leichenstarre der Bewegungslosigkeit, als mediale Ghettoisierung, als elektronische Apartheid, als Koma diagnostiziert. Der rasende Stillstand einer Gesellschaft, die Zeit und Raum hochtechnologisch beherrscht, aber damit an der Auslöschung ihrer selbst arbeitet.

Fischer Taschenbuch Verlag

fi 2095 / 3

Edward Tenner

Die Tücken der Technik

Wenn Fortschritt sich rächt

Aus dem Amerikanischen von Michael Bischoff

448 Seiten. Geb.

Jeder kennt es aus dem Alltag und aus den täglichen Meldungen: Technik, die frustriert, die unsere Nerven strapaziert, die »nach hinten losgeht«. Seien es Klimaanlagen, die für Erkältungen sorgen, oder Computerprogramme, deren Beherrschung mehr Zeit kostet, als sie angeblich einsparen – solche unvorhergesehenen Effekte des Fortschritts vergällen uns regelmäßig die Freude am Umgang mit moderner Technik. Edward Tenner ist diesem »Rache-Effekt« systematisch nachgegangen und ist dabei auf eine Vielzahl verblüffender und häufig auch kurioser Phänomene gestoßen. Dabei hat er sich auf vier Felder konzentriert, auf denen noch immer ein besonders naiver Fortschrittsglaube propagiert wird: Sport, Medizin, Umwelttechnologien sowie Computer am Arbeitsplatz. Sein Augenmerk gilt dabei nicht den großen, doch vergleichsweise seltenen Katastrophen, sondern den chronischen Desastern, mit denen wir uns längst abgefunden haben und die wir daher als selbst verursacht gar nicht mehr wahrnehmen. Warum machen uns die Segnungen der Technik nicht glücklich? Weil fortschreitende Technik »Systeme« hervorbringt, deren Komplexität uns überfordert. Denn je komplexer die Technik, desto unabsehbarer ihre Langzeitwirkungen und desto größer die ständige Wachsamkeit, die sie uns abverlangt. »Menschliches Versagen« ist damit vorprogrammiert. Tenner plädiert daher für eine bewußtere Steuerung der Technik, die menschliche Grenzen mit berücksichtigt.

S. Fischer

fi 2009 / 4